대집사
고양이
상담소

대집사 고양이 상담소

1판 1쇄 발행 2020. 7. 7.
1판 3쇄 발행 2024. 1. 26.

지은이 나응식, 양이삭

발행인 박강휘, 고세규
편집 김민경 디자인 박주희 마케팅 이헌영 홍보 반재서
발행처 김영사
등록 1979년 5월 17일(제406-2003-036호)
주소 경기도 파주시 문발로 197(문발동) 우편번호 10881
전화 마케팅부 031)955-3100, 편집부 031)955-3200 | 팩스 031)955-3111

저작권자 ⓒ 나응식 · 양이삭, 2022
이 책은 저작권법에 의해 보호를 받는 저작물이므로
저자와 출판사의 허락 없이 내용의 일부를 인용하거나 발췌하는 것을 금합니다.

값은 뒤표지에 있습니다.
ISBN 978-89-349-9181-6 13490

홈페이지 www.gimmyoung.com   블로그 blog.naver.com/gybook
인스타그램 instagram.com/gimmyoung   이메일 bestbook@gimmyoung.com

좋은 독자가 좋은 책을 만듭니다.
김영사는 독자 여러분의 의견에 항상 귀 기울이고 있습니다.

무엇이든 물어보라냥

대집사 고양이 상담소

나응식·양이삭 지음
고양이다방 그림

김영사

들어가며 · 나응식

"고양이와 행복하게 살아간다는 것"

현재까지 수의사와 애묘인을 상대로 100회 가까이 강의를 했습니다. 그리고 유튜브 '냥신 TV' 채널을 통해서도 고양이 관련 교육 콘텐츠를 200회 이상 업로드했습니다. 최근에 누적 조회 수 1200만 뷰가 넘었다는 소식을 듣고 많이 놀랐습니다. 단순히 숫자의 많고 적음이 아니라, '정말 많은 분이 고양이와 함께 행복하게 살고자 이렇게 노력하고 있구나'라는 생각이 들었기 때문입니다. 놀랍고 감사하면서 한편으로는 애묘인들의 고민에 저 스스로가 얼마나 명쾌하게 답을 드리고 있는지, 고양이에 관한 궁금증을 얼마나 쉽고 정확하게 풀어드리고 있는지 생각해보게 되었습니다.

대한민국에는 현재 약 100만 명의 집사님들이 약 300만 마리의 고양이와 살고 있습니다. 모두 비슷하면서도 미묘하게 다른 집사 생활을 하고 계신데요, 그렇다 보니 일상생활 속 각자의 육묘 팁을 교환하기도 하고 인터넷에서 다양한 정보를 얻는 모습을 볼 수 있습니다. 고양이란 우리가 생각하는 것보다 훨씬 더 복잡한 생명체이기에 어느 한 사람의 체험으로 얻은 지식이 내 것이 되기란 매우 어렵습니다. 그것이 전문가의 의견이 아니라면 더욱 그렇습니다. 잘못된 정보는 고양이에게 스트레스를 주고, 보호자가 원하는 고양이상과 거리가 멀어지게 하기도 합니다. 그래서 혼란을 없애고, 정확한 솔루션을 전달하기 위해 무분별하게 잘못 퍼져 있는 '고양이 이야기'를 바로잡아야겠다고 생각했습니다.

우선 고양이와 생활하는 집사님들의 현실적인 고민과 이야기를 듣고 싶었습니다. 유튜브 영상에 달리는 댓글들, 강연 때마다 묻는 수많은 질문들, 동호회나 커뮤니티에서 공감이 높은 고민을 메모하고, 정리했습니다. 그리고 더 자세한 고민을 수집하기 위해 '대집사 설문조사'를 실시했습니다. 그 결과 2주 동안 약 2천여 분의 집사님들이 설문에 응해주셨고, 총 6천 개의 솔직하고도 진솔한 답변과 질문들을 받을 수 있었습니다. 보내주신 소중한 의견을 양이삭 수의사와 하나하나 정리하고 검토하면서 그에 맞는 키워드로 분류하고 고양이의 주거환경, 집사와의 유대관계, 질병, 심리문제 등의 카테고리로 정리했습니다.

《대집사 고양이 상담소》에는 고양이를 키울 때 꼭 필요한 기본교육부터 움직임으로 보는 관절문제, 음수문제, 식이문제, 비만문제 등 집사님들이 일상생활에서 가장 많이 겪는 생활 밀착형 고민을 우선순위로 정하고 그에 맞는 해결책을 담았습니다. 때때로 강조해야 하는 것은 반복하기도 했습니다. 최대한 솔루션에 혼란이나 오해의 여지가 없도록 주의했고 누구나 적용해볼 수 있도록 쉽게 설명하기 위해 노력했습니다. 또한, 매우 기본적인 교육을 설명하더라도 왜 이 교육이 중요한지, 이런 솔루션이 어떻게 나오게 되었는지에 대해 양이삭 수의사의 빅데이터 자료로 뒷받침해 신빙성을 더했습니다.

집사님들이 고양이를 데리고 병원에 오면 가장 많이 하시는

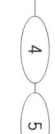

말씀이, "우리 고양이는 대체 왜 그럴까요?"입니다. 이 말은 "우리 고양이가 행복하면 좋겠어요"라는 의미일 것입니다. 이제는 흔하게 쓰이는 '반려'의 의미를 한 번 더 되새겨봐야 하는 때가 아닌가 싶습니다. 영원히 함께하는 가족이자, 동료이자 친구인 사랑스러운 고양이가 여러분과 생을 함께하면서 과연 행복할까 되새겨보시기 바랍니다. '고양이와 행복한 관계'를 맺고 싶으신가요? 줄여 '고행'은 보호자가 얼마나 제대로 알고 행동하는가에 따라 고양이와 행복한 관계를 만들어나갈 수도, 말 그대로 힘든 여정이 될 수도 있습니다. 이 책이 고양이와 행복한 삶의 여정을 함께하는 데 유용한 안내서가 되기를 진심으로 바랍니다.

들어가며 · 양이삭

"가장 팩트에 가까운 내용을
전하기 위한 노력"

19세기까지만 해도 산부인과 의사들은 산모를 진료하기 전에 손이나 수술도구를 씻지 않았습니다. 그 당시에는 세균이나 바이러스, 감염에 대한 개념이 없었고 의사조차 공기 중의 유독한 증기를 마셔야 질병이 퍼진다고 믿었으니까요. 세균이 위험하다는 사실은 19세기 후반에 들어서야 밝혀졌지만 병원의 위생상태가 환자의 상태를 악화한다는 점은 19세기의 의사들이 받아들일 수 없는 생각이었습니다. 역사적 기록에 따르면 당시 의사들은 시신을 해부할 때 아무런 보호 장비를 착용하지 않았으며, 의대생들 역시 해부 수업을 듣다가 옷과 손에 살점과 피를 그대로 묻힌 채 병동과 분만실에 드나들었다고 합니다.

19세기 중반 빈 종합병원에 근무하던 헝가리 출신의 의사 제멜바이스Ignac Semmelweis(1818~1865)는 분만 시술 이후 산부인과 환자 사망률에 대한 데이터를 분석하다가 이상한 점을 발견하게 됩니다. 같은 병원, 같은 시설에서 남자 의대생들이 돌본 산모와 여자 산파들이 돌본 산모의 사망률이 크게 달랐던 것입니다. 1847년을 기준으로, 남자 의대생이 돌본 산모의 사망률은 9.8퍼센트에 이르렀던 반면 산파들이 돌본 산모의 사망률은 3.6퍼센트였습니다. 이는 통계적으로 유의미한 차이였지만, 당시 의사들은 이러한 데이터에 별다른 의미가 없다고 보고 단순히 산모를 다루는 방식(남자 의대생들이 산모를 더 거칠게 다룬다 등) 때문에 차이가 발생한다고 생각했습니다.

하지만 제멜바이스는 데이터에 담긴 힌트를 그냥 지나치지 않았습니다. 그는 분만실에 들어가기 전 의대생들과 산파들의 행동이 어떻게 다른지 주의 깊게 관찰했습니다. 이때 발견한 가장 큰 차이는, 출산하는 산모를 돌보기 전 의대생들이 해부나 수술을 흔히 시행하는 반면 산파들은 그러지 않았다는 것입니다. 제멜바이스는 당시 출산 후 산모들의 사망 원인이 되곤 했던 산욕열(자궁경관이나 질에 있던 세균이 출산 후 번식하거나, 제왕절개 또는 회음봉합 부위 상처가 감염되어 걸리는 질병)이 시체로부터의 알 수 없는 감염물질 때문이라는 결론을 내리고, 병원에 소독제를 가득 담은 대야를 설치했습니다. 그리고 해부실에 있다 분만실로 가는 의대생들에게 산모를 접하기 전에 손을 씻도록 했습니다.

그러자 다음 해 산모 사망률은 9.8퍼센트에서 1.2퍼센트로 급감했습니다. 1880년대에 들어서자 산부인과 의사들이 분만 시술 전에 소독제로 손을 씻는 것은 상식이 되었습니다. 이후로 19세기 말에야 이 세상에 세균이라는 것이 존재하며 질병을 일으킬 수 있다는 사실이 밝혀져 정설이 되었습니다. 제멜바이스는 산욕열의 정확한 병리기전이 밝혀지기도 전에 데이터 분석과 면밀한 관찰을 통해 많은 산모의 생명을 구한 것이지요.

깐깐한 식성, 이상한 행동, 화장실 테러 등 고양이와 관련한 수많은 문제가 있고, 보호자들은 커뮤니티 등에 고민과 해결방법을 나누곤 합니다. 하지만 통계적인 분석이 가능한 설문조사를 통해 실제 집사님들이 가장 힘들어하는 부분을 파악하고, 어떤 환경요소가 고양이의 문제행동에 영향을 주는지 분석한 경우는 없었습니다. 고양이 보호자들이 실제로 고양이 양육에 있어 가장 힘들어하는 부분은 무엇인가? 과학적 사실과 데이터를 기반으로 어떤 조언과 도움을 드릴 수 있는가? 이 두 가지가 '대집사 설문조사'를 기획하면서 가장 중요하게 생각한 주제입니다. 설문결과를 정량적으로 분석하기 위해 수의학적 참고문헌들과 국내의 양육환경을 사전 조사하며 수차례에 걸쳐 기획회의를 진행했습니다. 그리고 보호자의 특성, 고양이의 특성, 생활환경, 평소 문제가 되는 행동이나 궁금했던 점까지 크게 네 가지 사항에 대해 110여 개 세부 설문항목을 작성했습니다.

단순히 보호자의 질문만 받지 않고 구체적인 양육환경에 대해서도 조사한 이유는, 보호자가 주로 겪는 문제 상황이 나타났을 때 그 문제 상황을 겪는 보호자들과 그렇지 않은 보호자들 사이에 어떤 차이점이 있는지 검증하기 위해서였습니다. 따라서 거주형태, 연령대 등 기본정보 이외에도 고양이에게 제공되는 식기/장난감의 종류나 개수, 상호작용 놀이 패턴에 이르기까지 아주 구체적인 사항을 조사해야 했습니다.

'대집사 설문조사'는 많은 분량과 까다롭게 구성된 설문항목에도 불구하고 2주 만에 2,100여 명의 집사님들이 응답해주셨고, 우리는 집사님들이 처한 가장 현실적인 문제들에 대해 제일 실질적인 솔루션을 제시하고, 통계적으로 고양이의 특성과 문제행동이 서로 어떤 관계를 맺고 있는지 분석했습니다. 집사님들이 궁금해하시는 부분에 대해 가장 팩트에 가까운 내용을 제시해드리려는 노력이었습니다.

차례

들어가며 • 4

① 고양이에게 좋은 환경을 제공하고 있나요?

- 생활환경을 어떻게 조성해주는 게 좋을까요? • 16
- 캣 타워가 없어도 괜찮나요? • 19
- 가구 배치, 어떻게 해야 하나요? • 22
- 고양이에게 풍부한 자극을 제공해주고 싶어요 • 25
- 식탁이나 싱크대에 계속 올라와요 • 27
- 푹신한 곳을 마련해줘도 굳이 불편한 곳에만 있어요 • 31
- 사람 화장실처럼 더러운 곳을 좋아하는 고양이, 어쩌죠? • 34

② 깨물어요. 울어요. 보채요.

- 이 방법 저 방법 다 해봐도 깨무는 버릇이 고쳐지질 않아요 • 42
- 이유도 없이 일단 물어요 • 45
- 다른 사람한테는 안 그러는데 제 손만 물어요 • 47
- 무는 버릇이 점점 심해져요 • 49
- 가족 중 저한테만 와서 울어요 • 52
- 현관문이나 베란다에서 애절하게 울어요 • 55
- 건강상의 문제가 없다는데 왜 우는지 모르겠어요 • 58
- 새벽만 되면 악을 쓰듯 소리를 질러요 • 60
- 새벽마다 저를 깨워요. 어떡하죠? • 63
- '궁디팡팡'을 자주 해달라고 보채요 • 66
- 갑자기 보채고 우는데 왜 그런지 모르겠어요 • 68

③ 겁이 많아요. 낯을 가려요. 종잡을 수 없어요.

- 세상만사에 겁을 먹어요 • 78
- 가족 중에 누군가를 무서워해요 • 82
- 이동장에 들어가는 걸 싫어해요 • 85
- 병원에 한 번 다녀온 뒤로 핸들링을 거부해요 • 88
- 길냥이를 입양했는데 사회화가 너무 힘들어요 • 91
- 에너자이저 고양이를 지치게 하는 방법은 없나요? • 95
- 혼자 있는 걸 좋아하고 잠만 자는데 괜찮을까요? • 99
- 점프를 잘 못하는 것 같은데 괜찮을까요? • 102
- 장난감에 흥미가 없어요 • 105
- 새로운 장난감을 무서워해요 • 109
- 고가의 놀이기구에 대한 고양이들의 선호도가 궁금해요 • 112
- 어릴 때 '쭙쭙이' 하던 버릇이 커서도 그대로인데 괜찮을까요? • 115
- 몸에 피가 날 정도로 그루밍을 해요 • 118
- 제 고양이가 지각과민증후군인가요? • 122

④ 서로 싸워요. 혼자는 외로울까요?

- 한 아이가 다른 아이를 일방적으로 괴롭혀요 • 138
- 두 아이가 미친 듯이 싸워요 • 142
- 중성화 후에도 다른 고양이에게 짝짓기 행동을 해요 • 146
- 레슬링 하는 고양이들, 장난과 싸움의 차이가 뭔가요? • 148
- 놀이가 싸움으로 번지면 어떻게 개입해야 하나요? • 151
- 알로그루밍과 서열정리를 위한 그루밍을 구별할 수 있나요? • 154
- 각각의 고양이와 따로 놀아줄 수 있는 팁이 있나요? • 157
- 친구와 사별한 고양이에게 새 친구를 붙여줘도 괜찮을까요? • 160
- 놀아주는 시간이 적으면 고양이가 스트레스를 받지 않나요? • 163
- 홈 캠으로 집을 보면 고양이들이 무기력한 것 같아요 • 165

⑤ 식탐이 심해요. 비만일까요?

- 사람 음식까지 먹으려고 해요 • 176
- 식탐이 강하면 오히려 자율급식을 해야 한다던데, 그런가요? • 180
- 한 고양이가 다른 고양이 사료까지 전부 뺏어 먹어요 • 183
- 고양이 사료 급여량을 어떻게 알 수 있나요? • 186
- 건식사료와 습식사료를 어떻게, 얼마나 주는 게 좋을까요? • 190
- 고양이 간식은 얼마나 줘야 하나요? • 192
- 다이어트 중인데 놀이 보상으로 주는 사료는 먹지 않아요 • 195
- 중성화 수술 후에 찐 살이 안 빠져요 • 197

⑥ 편식해요. 아무거나 씹어요.

- 다 커서도 이유식만 고집하는 고양이, 괜찮을까요? • 208
- 습식사료를 먹어줬으면 하는데 안 먹어요 • 211
- 일주일마다 사료 종류를 갈아치우는 고양이, 계속 이렇게 바꿔줘도 될까요? • 213
- 전선을 씹는 고양이, 어떻게 해야 하죠? • 216
- 밥을 먹고도 종이나 화장지를 뜯어 먹어요 • 219
- 머리끈을 먹은 고양이, 아무 증상이 없는데 병원에 가야 하나요? • 221
- 새로 떠 온 물만 먹는 까다로운 고양이, 문제는 없을까요? • 224
- 방광염이 한 번 왔었는데 건식사료만 고집해요 • 227
- 온갖 물그릇을 써도 스스로 물을 먹지 않아요 • 231

⑦ 건강이상은 어떻게 알 수 있나요?

다묘 가정이라 화장실 체크가 어려워요 • 242
고양이마다 각자의 밥그릇을 정해줄 순 없나요? • 245
몸이 약해서 중성화 수술을 할 수 없어요.
소변 실수라도 줄일 방법이 있을까요? • 248
'똥 스키'를 타는 건 문제행동이 아닐까요? • 250
집에 혼자 있게 된 이후부터 오줌 테러를 해요 • 252
고양이가 아픈 건 어떻게 알 수 있나요? • 256
뭔가 이상할 때마다 병원에 가야 하나요? • 261
동물병원에 주기적으로 다녀야 하나요? • 263
믿을 만한 동물병원은 어떻게 찾아야 하죠? • 267

마치며 • 276
참고문헌 • 280

① 고양이에게 좋은 환경을 제공하고 있나요?

실내에서 영역동물로 사는 고양이에게 환경은 매우 중요한 요소입니다. 환경 자체가 세상의 전부라고 할 수 있기 때문입니다. 하지만 야생에서 많은 자극을 받으며 살다 안전하고 풍족한 자원이 제공되는 실내고양이로서의 삶을 선택한 순간부터 좋은 환경을 만들어주는 것이 보호자의 의무와 책임이 되어버렸습니다. 보호자들은 고양이를 위해 나름대로 많은 고민과 준비를 했다고 자부하는데, 과연 우리 고양이는 만족하고 있을까요? 행복한 묘생을 위한 환경 진단을 시작해보겠습니다.

1. 생활환경을 어떻게 조성해주는 게 좋을까요?

집 계약이 끝나가 곧 이사를 가려고 합니다. 고양이를 위해 투룸이나 복층을 고려하는 중인데 둘 중 어떤 공간이 좋을까요? 둘 다 창문이 있고 자동차, 사람이 꽤 다니는 편이에요. 덧붙여 고양이와 함께 살기 좋은 환경도 알려주세요!

1인 가구가 늘어감에 따라 원룸에서 고양이와 생활하는 분들이 많습니다. 그렇다 보니 자연스럽게 고양이의 생활환경에 대해 의문을 갖게 되는데요. **'내가 고양이에게 적절한 공간을 제공하고 있는지' '우리 고양이는 만족하고 있는지'** 등을 고민하며 친구이자 가족인 고양이의 삶의 질을 높여주고자 애쓰는 보호자 분들이 많습니다. 그중 이처럼 복층이나 투룸같이 기본적인 공간에 대한 문의부터 창문의 유무, 외부자극 등 세심한 부분까지 묻는 경우가 많습니다.

우선 복층이나 투룸이라는 평면적인 상황은 싱글묘의 경우 그렇게 중요한 사안이 아닐 수 있습니다. 혼자 지내는 싱글묘는 주로 지낼 만한 곳을 중심으로 환경을 조성해주시면 됩니다. 하지만 굳이 골라야 한다면 복층이 더 유리한 측면이 있는데, 복층의 위 공간과 아래 공간을 분리해서 제공해주면 좀 더 원활하게 고양이가 생활할 수 있고 공간 내 계단을 오르내리면서 자연스럽게 수직공간 및 재밌는 환경이 제공됩니다. 또한 보호자의 주된 생활공간과 고양이의 공간이 자연스럽게 층간 분리되어 생활할 수 있고 대부분의 복층은 단층의 투룸보다 창이 길고 높은 경우가 많아 커다란 개방감과 외부자극을 줄 수 있는 장점도 있습니다. 물론 투룸이라고 하더라도 적당한 외부자극이 제공되는 창문과 캣 타워가 있다면 충분히 즐거운 환경일 수 있습니다.

고양이와 함께 살기 좋은 환경 가운데 창문의 유무는 매우 중요합니다. 고양이와 함께 살 집을 선택할 때는 자동차와 사람이 자주 다니며 외부자극이 있는 창문이 있는 공간을 선택하는 게 좋습니다. 저는 공간에 대한 질문을 받을 때마다 '**창문은 고양이에게 TV를 선물해주는 것과 같다**'고 이야기합니다. 아무리 큰 창문이 있어도 외부에 아무런 자극이 없다면 채널이 몇 개 없거나 재밌는 프로그램이 방영되지 않는 쓸모없는 큰 TV를 제공하는 것과 같습니다.

하지만 모든 것이 과유불급이듯 외부자극이 너무 많은 창문은 가끔 고양이에게 좋지 않은 영향을 미치기도 합니다. 특히 창가에 길고양이가 많이 출몰하는 경우 불안감을 느낄 수도 있습니다. 영역이 중요한 고양이는 창밖의 고양이들이 자신의 영역을 침범할 수 있다는 위협을 느껴 집 안 곳곳에 갑작스러운 마킹(배뇨 행위)을 하는 경우가 생길 수도 있습니다. 마킹이라는 것은 자신의 영역을 표시하기 위해 하는 행동으로 소변으로 표현하는 경우가 많습니다. 중성화 수술을 했음에도 불구하고 집 안 곳곳에 소변으로 마킹 행위를 한다면 창문을 통해 이러한 외부자

극을 받고 있을 가능성이 큽니다. 간혹 창문을 통해 느끼는 자극 때문에 **'대상전환 공격성(화풀이 공격성)'**을 보이기도 합니다. 이는 다묘 가정에서 자주 발생하며 두 마리의 고양이가 창가에 앉아 바깥을 보고 있다가 외부의 고양이나 자극으로 인해 곁에 있는 고양이를 공격하는 경우를 말합니다.

결론적으로 고양이 한 마리와 생활한다면 복층 구조를, 다묘 가정이라면 투룸을 권해드립니다. 복층의 위층에는 보통 창문이 없는 경우가 많아 이곳에 고양이의 보금자리를 만들어주면 안전함을 느끼는 장점이 있습니다(하지만 창문이 없어 외부자극을 받기에 약간의 어려움이 있습니다). 그리고 투룸의 경우 각방에 창문이 있다면 다묘 가정의 고양이를 각각 분리해서 생활하도록 하는 장점이 있습니다. 또한 두 마리 사이 분쟁이 있을 때 분리와 합사 교육이 가능한 면도 있습니다. 이러한 장단점을 잘 파악하셔서 우리 고양이에게 좀 더 이로운 점이 무엇인지 파악해보시고 보호자와 고양이 모두 만족감을 느낄 수 있는 곳에서 생활하시기 바랍니다.

2. 캣 타워가 없어도 괜찮나요?

캣 타워가 아닌 캣 선반(캣 워커)을 이용하고 있는데, 캣 타워가 없어도 고양이를 만족시킬 수 있는지 궁금해요.

고양이를 키운다면 캣 타워는 필수 아이템이라고 할 수 있습니다. 환경 풍부화를 위한 **밴티지 포인트**vantage point(**상황을 관찰할 수 있는 제일 높은 공간: 망루**)가 있느냐 없느냐에 따라 고양이의 하부 비뇨기 질환의 발생 빈도에 영향을 주기도 하기 때문입니다. 고양이를 입양할 때 어떤 캣 타워를 구매해야 할 지 많이들 물으시는데 우선 질문으로 돌아가서 캣 타워가 꼭 필요하느냐고 물으신다면, 그 질문에 대해서는 '아니요'라고 대답해드릴 수 있습니다. '캣 타워가 그렇게 중요하다고 해놓고 왜 아니라고 하지?' 궁금하실 겁니다. 여기서 말하는 '캣 타워'는 기성 제품을 뜻합니다. 물론 캣 타워는 창가 같은 보호자가 원하는 곳에 이동 및 설치가 쉽고, 수직공간을 층으로 나눌 수 있다는 장점이 있습니다. 하지만 기성 캣 타워를 대체할 만한 것이 있다면 캣 타워는 필요하지 않습니다. 즉, 수직공간인 밴티지 포인트를 다양하게 제공할 수 있는 것이 가장 중요한 점입니다.

집 안 물품 가운데 밴티지 포인트가 될 수 있는 것은 대표적

으로 냉장고입니다. 냉장고 위에 올라가서 공간을 내려다보며 환경을 관찰하는 고양이들이 많습니다. 하지만 한 가지 위치에 고정된다는 단점이 있습니다. 그러므로 높이가 다른 책장이나 수납함 같은 가구를 이용해 계단식으로 수직공간을 만들어주는 것도 좋은 방법입니다. 그 위로 고양이가 다닐 수 있다면 자연스럽게 층간이 분리된 계단식 수직공간이 마련될 수 있습니다. 더불어 수직공간이 될 수 있는 창문 옆이나 캣 타워의 제일 높은 곳에 쉴 수 있는 방석을 제공해준다면 더욱 좋은 환경이 됩니다.

질문자처럼 캣 워크Cat walk를 제공해주고 계신다면 기성품인 캣 타워는 반드시 구매하실 필요가 없습니다. 그것만으로도 충분히 고양이에게 밴티지 포인트를 제공하고 있기 때문입니다. 캣 타워가 하나의 수식공간 포인트만을 제공한다면 캣 워크는 여러 지점의 수직공간을 제공하기에 더 큰 장점이 있습니다.

만약 벽에 선반을 설치할 수 있는 환경이라면 다채로운 공간을 제공할 수 있으니 굳이 캣 타워가 없더라도 걱정하실 필요가 없습니다. 단, 다묘 가정에서 선반을 이용하여 캣 워크를 만들어주실 경우, 고양이들끼리 동선이 중복되거나 마주쳤을 때 돌아갈 수 있는 길을 마련해주셔야 한다는 점을 꼭 유념하시기 바랍니다. 종합해보자면, 캣 타워의 유무보다 다양한 수직공간의 유무가 더 중요하고, 이러한 밴티지 포인트는 고양이의 실내생활 만족도와 연결됩니다.

3. 가구 배치, 어떻게 해야 하나요?

집의 구조가 각기 다르다 보니 캣 타워부터 밥그릇까지 고양이 물품들을 어디에 놓아야 하는 것인지 감을 잡기 어렵습니다.

나샘's 솔루션

고양이의 생활환경을 조성할 때는 제일 먼저 베이스캠프를 정해주는 것이 가장 중요합니다. 그리고 나서 고양이가 주로 어디서 생활할지, 보호자와 어떤 공간에서 자주 교감할지 등을 정한 후 사람의 가구와 어울려 함께 배치해주면 되는데요, 먼저 고양이에게 필요한 물건이 무엇인지 리스트를 작성하면 도움이 됩니다. 같이 생활하는 고양이의 숫자에 따라 달라질 수 있겠지만 일단 한 마리와 생활한다는 전제하에 필요한 물건을 나열해본다면 기본적으로 **캣 타워**(또는 수직공간), **숨숨집 2개, 화장실 2개, 터널, 밥그릇 2개, 물그릇 3개, 이동장 1개, 스크래처 3개, 먹이 장난감 2개, 상호놀이 장난감 6개**(장난감의 경우 숨겨놓을 수 있습니다) 정도가 될 듯합니다. 이렇게 필요한 리스트를 작성했다면 빈 종이에 집 도면을 대략적으로 그려봅니다. 맨 먼저 고양이가 잠을 자거나 쉬는 행위 등을 할 주 생활공간, 즉 베이스캠프를 점으로 표시합니다. 그곳에 캣 타워를 설치하고 그 점을 중심으로 고양이에게 필요한 물건들을 배치하며 방사형으로 확장해나갑니다.

캣 타워 아래 공간에는 밥그릇, 그 옆으로 조금 떨어진 공간에는 물그릇 1개를 배치합니다. 이때 숨을 수 있는 공간이 제공되는 캣 타워라면 괜찮지만 그렇지 않다면 그 주위에 숨을 수 있는 숨숨집도 하나 배치합니다. 화장실은 그로부터 최대한 떨어진 곳에 배치하는 것이 좋습니다. 캣 타워를 거실에 두는 경우 베란다 쪽을 이용하는 것도 좋은 방법입니다. 밥 먹는 곳이 캣 타워 근처라면 그로부터 가장 멀리 떨어진 곳에 화장실을 우선 1개 배치하고, 밥 먹는 곳이 다른 데에 있다면 캣 타워 근처에 화장실을 두어도 좋습니다.

또한 숨기 좋은 공간인 소파 옆이나 침대 옆에는 이동장(크레이트)을 배치하고 고양이가 평소에 쓰는 담요 등을 넣어주어 숨숨집으로 활용합니다. 이동장을 두려워하는 고양이라면 이곳에서 사료와 간식을 규칙적으로 제공해줍니다. 그러면 이동장에 대한 두려움을 줄일 수 있어 동물병원 방문 시 좀 더 원활히 이동할 수 있게 됩니다. 이외에 스크래처 등은 소파나 고양이가 꺾으면서 걸어 나가는 모서리 쪽에 배치해줍니다. 캣 타워에는 스크래칭할 수 있는 것들이 붙어 있기 때문에 조금 떨어진 가구나 벽면의 모서리 쪽이나 소파 옆쪽에 수직 스크래처를 배치해줍니다.

터널의 경우 평소 고양이가 숨을 수도 있고 놀 수도 있는 공간이므로 거실 정중앙이나 벽에 붙여 배치해주면 좋은 놀이터가 될 수 있습니다. 그리고 신선한 물을 선호하는 고양이 습성을 생각하여 콘센트 근처에 흐르는 정수기와 같은 물 공급기를 배치하는 것이 좋습니다.

고양이에게 가장 적합한 공간 하나를 꼽으라면 고양이가 쉬고 자면서 수직공간을 이용하고 보호자 없이 외부자극을 받으며 광합성 등을 즐길 수 있는 거실을 꼽을 수 있겠습니다. 다묘 가정의 경우 각 고양이의 베이스캠프를 집 안에서 가장 먼 양쪽 지점에 점으로 표시한 후 그곳을 기준으로 생활환경을 조성해주면 됩니다. 두 마리의 사이가 좋다면 한 공간을 문제없이 나누어 쓸 수 있지만 기본적으로 각자 좋아하는 공간을 따로 만들어주는 것이 고양이 사이의 다툼을 방지할 수 있습니다. 집의 구조가 여러 타입이어도 이렇게 베이스캠프가 되는 시작점을 기준으로 환경을 만들어준다면 고양이가 편안하고 안정적으로 생활할 수 있을 것입니다.

4. 고양이에게 풍부한 자극을 제공해주고 싶어요

반지하 원룸에서 고양이와 함께 지내고 있는데 창문이 있지만 옆집 벽에 가려져 고양이가 바깥 구경을 못 하고 있습니다. 고양이가 스트레스 받는 건 아닐까요?

창문이 있다는 것은 고양이에게 TV를 제공하는 것과 같은 시각적 자극을 준다고 말씀드렸습니다. 그만큼 창이라는 것은 고양이에게 중요한 자극원이 될 수 있으나 질문처럼 불가피하게 창문을 통한 시각적 자극을 줄 수 없는 경우도 있습니다. 고양이가 창가에 있기를 좋아하는 것은 청각적·시각적 자극을 포함한 다양한 자극이 창문을 통해서 제공되기 때문입니다. 창가에서 채터링chattering 하는 모습을 보이는 것도 이러한 자극을 받아 사냥 본능을 해소하는 행동 중 하나입니다. 하지만 창문이 없거나 혹은 있더라도 제한적인 자극을 줄 수밖에 없는 상황에서는 TV나 노트북 또는 아이패드와 같은 모니터를 이용하는 방법이 있습니다. 유튜브와 같은 동영상 제공 사이트에 들어가서 'Cat TV'를 검색하시면 매우 다양한 영상들을 확인할 수 있습니다. 이를테면, 새들이 먹이를 먹으러 날아왔다가 날아가는 8시간짜리 영상,

다람쥐나 물고기가 쉴 새 없이 움직이는 1~2시간짜리 영상 등 고양이의 호기심을 채워줄 수 있는 다양한 영상이 많습니다. 창문을 대신하는 이러한 영상들을 30분~1시간 정도 제공하면 고양이를 만족시키기에 충분하고, 때로는 창가가 아닌 노트북이나 아이패드의 화면을 제공해주는 것만으로도 만족하는 고양이들이 많습니다.

창문이 고양이에게 줄 수 있는 즐거움은 주로 청각적·시각적 자극이기 때문에 집에 작은 어항을 놓는 것도 좋은 방법입니다. 물고기가 움직이며 시각적 즐거움을 제공하고 산소가 나오는 소리가 청각적 자극을 줄 수 있기 때문입니다. 더불어 습도 유지도 되므로 환경에 도움이 된다고 할 수 있습니다. 고양이에게 풍부한 환경을 제공하지 못한다고 해서 마냥 좌절할 것이 아니라 이렇듯 항상 대안을 생각하는 것이 도움이 됩니다. 공간이 좁고 환경이 적절치 못하다고 해서 고양이의 즐거움을 포기해서는 안 되니까요.

5. 식탁이나 싱크대에 계속 올라와요

고양이가 식탁이나 싱크대 위에 계속 올라옵니다. <고양이를 부탁해>를 보고 고양이가 올라오면 바로 바닥에 내려놓고, 바닥에 있으면 간식을 주고 나름 애썼는데 개선이 안 돼요. 식탁에 올라와 음식을 그냥 발로 밟고 지나다녀 어쩔 수 없이 밥 먹을 때 방 안에 넣어놓는데 그러면 또 울기 때문에 신경이 쓰여요. 목이 아플까 걱정도 되고요. 정말 편하게 밥을 먹을 수가 없어요. ㅠㅠ

나쌤's 솔루션

싱크대나 음식이 놓인 식탁 같은 공간은 고양이에게 매우 매력적인 공간입니다. 가장 좋아하는 보호자가 요리를 하기 위해 머무는 공간이며 요리 준비를 위해 다양한 에피소드가 벌어짐과 동시에 청각과 후각 자극이 있는 공간이기 때문입니다. 게다가 싱크대라는 공간은 그 자체만으로도 수직공간적인 느낌을 주며 다양한 식기류가 촉각 자극까지 제공해 매우 흥미로울 수밖에 없습니다. 하지만 이런 매력에 비례해 많은 위험요소가 도사리기도 합니다. 인덕션의 경우 고양이가 잘못 밟기라도 하면 화재의 위험이 있고, 날카로운 칼 같은 주방용품은 자칫 잘못 건드려 크게 다칠 수도 있습니다. 또한 식기가 고양이에게 떨어져 타박상이나 골절상을 입을 수도 있습니다. 가끔 식탁에 놓인 양파나

아보카도처럼 고양이가 먹으면 안 되는 음식들을 먹거나 자극적인 양념이 들어간 음식 혹은 치킨 같은 뼈가 있는 음식을 삼켜 소화기 문제를 일으키기도 합니다. 그렇기 때문에 고양이가 싱크대 위를 탐험하는 행동은 매우 위험할 수 있으며 되도록 주방이라는 공간에 고양이가 들어오지 못하게 하는 것이 현명할 수 있습니다.

고양이가 식탁과 싱크대 위를 활보하지 못하게 하는 방법은 여러 가지입니다. 대표적인 방법은 공간에 대해 안 좋은 기억을 심어주는 것입니다. 고양이가 싫어하는 시트러스 계열 향을 뿌려놓거나 고양이가 점프하여 착지하는 공간에 양면테이프를 붙여놓는 방법도 있습니다. 그 공간에 즐거운 기억이 아닌 불쾌한 감정을 느끼게 만들어 지낼 수 없게 하는 것입니다.

다른 방법은 위험요소가 될 만한 것들을 사전에 예방하는 것입니다. 인덕션과 같이 고양이가 밟아 화재위험이 생길 수 있는 가전제품 코드는 모두 뽑거나 버튼을 밟지 못하게 안전장치로 덮어놓는 방법이 있으며 칼 같은 주방기구는 고양이의 발이 닿지 않게 찬장에 넣어놓거나 숨겨놓으면 좋습니다. 또한 식사를 마친 뒤 음식물이 묻은 그릇을 개수대에 방치하지 않고 바로 설거지를 하면 고양이가 먹어선 안 되는 음식을 먹지 못하게 방지하는 효과가 있습니다.

하지만 근본적으로 **'고양이가 왜 자꾸 주방으로 올까?'**를 생각해볼 필요가 있습니다. 혹시 집 안 환경이 고양이가 지내기에 부족하지는 않은지, 그래서 다른 공간보다 주방을 더 매력적으로 느끼는 것인지 점검해봐야 합니다. 만약 거실에서 햇살을 쬐며 쉴 수 있고 보호자가 집에 없더라도 주방과 멀리 떨어진 공간에 매력적인 먹이 장난감과 행동유발 장난감이 배치되어 있다면 주방을 선택하여 탐험하는 일을 줄여나갈 수 있을 것입니다.

만약 훈련으로 이런 문제를 개선하고 싶다면 스툴 stool 교육을 추천합니다. 스툴 교육을 위해서는 기본적으로 '앉아 교육'이 선행되어야 합니다. 앉아서 기다리는 공간이 스툴이 되게끔 하고, 보호자가 요리를 하거나 식사를 할 때 스툴에 고양이가 스스로 올라앉아서 구경하게 하는 것이 목적입니다. 먼저 스툴에 올라와 앉았을 때부터 즉각적으로 보상을 해줍니다. 그러다 시간을 늘려 스툴에서 1분, 5분 이상 앉아서 기다리게 하고 성공할 경우 제일 좋아하는 간식을 제공합니다.

스툴은 이동이 용이하므로 원하는 장소에 스툴을 놔둔 후 고양이가 앉아서 기다리게 할 수 있으며, 한 장소에서 잘 기다린다

면 점차 머무는 시간을 늘려나갑니다. 만약 식사를 하는 동안 스툴 위에 차분히 앉아 식사가 끝날 때까지 기다렸다면 고양이가 예상하지 못할 만큼의 많은 간식을 보상으로 제공합니다. 아직 기다림이 익숙지 않은 고양이라면 음식을 준비하는 공간 주위나 식탁 근처에 간식통을 두고 수시로 보상을 진행해줍니다. 이 교육을 매일 진행한다면 고양이는 스툴이라는 가구를 자신이 올라가서 기다려야 하는 공간으로 인식해 머무는 시간이 점차 늘어날 것입니다.

비만 때문에 간식을 보상으로 제공하는 것이 고민된다면 고양이와 보호자의 식사시간을 맞추어 저녁식사 동안 사료를 보상으로 스툴 교육을 진행할 수도 있습니다. 식탐이 많은 고양이일수록 먹을 것을 이용한 인내 교육을 탁월하게 진행할 수 있습니다. 만약 이러한 훈련이 잘되지 않는다고 해서 식사 중에 고양이를 방에 가둔다면, 오히려 불안감을 유발할 수 있습니다.

'**고양이의 호기심이 고양이를 죽음으로 몰고 간다**'는 말이 있을 정도로 고양이는 환경에 대한 호기심과 먹을 것을 향한 본능적 성향이 강한 동물입니다. 위와 같은 교육법을 통해 정확히 보상을 받으며 올바른 행동을 할 수 있는 기회와 선택권을 주고, 동시에 환경 풍부화와 주방의 위험요소를 정리하여 고양이의 안전을 신경 써주어야 하는 것도 잊어서는 안 될 것입니다.

6. 푹신한 곳을 마련해줘도 굳이 불편한 곳에만 있어요

한 살 때 파양당한 고양이를 입양한 지 2년이 되어갑니다. 그런데 침대나 담요 같은 푹신한 곳에서는 잠을 자지 않아요. 일부러 츄르를 가지고 푹신한 곳으로 오도록 유도했는데 와서 먹긴 먹지만 오면서도 영 쭈뼛거리고 긴장하는 모습을 보입니다. 편하게 누울 수 있도록 담요나 푹신한 것을 깔아주어도 차가운 맨바닥이나 캣 타워, 수평 스크래처 위에 누워있어요. 그런데 몸집이 커서 불편해 보이고 마치 자기 집인데 얹혀사는 느낌이 듭니다. 어떻게 하면 이불이나 담요 위에서 편안하게 대자로 뻗어서 자는 모습을 볼 수 있을까요?

파양된 고양이와 생활하는 것은 과거를 잘 모르는 어린아이와 함께 살아가는 것과 같습니다. 기본적으로 **사회화시기**(생후 3주~8주)에 여러 환경을 거치고 여러 보호자와 생활했던 고양이는 소심하거나 위축되어 있을 가능성이 큽니다. 세 살 어린아이가 여러 환경과 부모를 만나 생활하다가 지금의 보호자에게 온 거라면 일반적으로 온실 속의 화초처럼 성장한 아이같이 밝거나 자신감이 충분하지 않을 수 있습니다.

고양이는 기본적으로 자신이 안전하다고 느끼는 곳을 선호하는 경향이 있습니다. 이를 **덤불 속 고양이 타입, 나무 위 고양이 타입**이라고 표현하기도 합니다. 지내는 공간 가운데 가장 높은 공간에서 고양이는 자신이 처한 상황을 한눈에 내려다볼 수 있고 변화하는 상황을 빠르게 감지할 수 있으며 상대가 쉽게 자신이 있는 공간으로 오지 못함을 알기에 안전함을 느낄 수 있습니다.

또한 몸을 숨길 수 있는 어두운 소파 밑이나 침대 밑 그리고 옷장 안과 같은 공간도 역시 누군가가 자신을 쉽게 찾지 못할 거라고 생각해 안전하다고 여길 수 있습니다. 하지만 쉬는 공간은 다릅니다. 자신이 지내는 환경이 안전하다고 판단되면 햇볕이 잘 들고 푹신한 공간을 선호하는 것이 대부분의 고양이가 보이는 특성입니다.

질문 속 고양이는 파양 경험이 있는 것으로 보아 기본적으로 불안한 감정을 가지고 있을 가능성이 큽니다. 침대나 방석 위같이 푹신한 공간의 경우 사방이 노출되어 스스로의 안전을 보장할 수 없다고 판단했을 수 있습니다. 질문에 고양이가 자신의 몸집과 상관없이 스크래처 위 같은 좁은 공간을 선호한다고 했는데 불안감과 조심스러움에 기인하여 이런 장소에서 안정을 찾는 것으로 보입니다.

소심하거나 불안감이 있는 고양이에게 쉴 수 있는 장소를 제공하기 위해서는 공간에 대한 재인식 및 안전감을 지속적으로 심어줄 필요가 있습니다. 고양이가 방석 근처를 지나가거나 침대 위를 오갈

어녹하다용~

때 되도록 큰 소리를 내지 않습니다. 그리고 그 공간에서 즉각적으로 간식과 같은 보상을 제공받을 수 있다는 기억을 심어줍니다. 조금 더 자신감이 붙어 방석이나 침대 매트리스 위에 한 발을 올리거나 터치를 한다면 바로 간식을 보상으로 제공합니다. 쿠션이나 방석은 이동이 용이하므로 위치를 옮겨가면서 고양이가 그 위에 발을 내디디거나 앉아 있기라도 할 때마다 즉각적으로 '잘했어'라며 보상을 제공합니다. **방석, 쿠션, 담요, 침대=좋은 상황이 생기는 공간**이라는 인식이 생긴다면 억지로 그 공간으로 이동시키지 않더라도 침대 위에서 보호자를 찾는 상황이 생기게 될 것입니다.

간식으로 보상을 시작한 다음에는 지정된 공간에서 머리나 등을 쓰다듬어주며 촉각적인 보상을 같이 제공합니다. 처음 교육을 시작할 때는 여러 개의 쿠션이나 방석을 준비하여 쉽게 공간에 접근할 수 있게 유도하는 것이 도움이 될 수 있습니다. 공간에 두려움과 소심함을 보이는 고양이는 자신이 선호하는 장소를 쉽게 바꾸지 않으려는 경향이 있습니다. 꾸준한 보상을 통해서 공간에 대한 인식을 바꾸어준다면 방석이 아니더라도 보호자와 생활하는 공간 전체를 편안한 감정으로 받아들일 수 있을 것입니다.

7. 사람 화장실처럼 더러운 곳을 좋아하는 고양이, 어쩌죠?

장난감 공을 일부러 화장실에 집어넣고 그 안에서 놀아요. 더 나아가 그냥 화장실에 들어가서 뒹굴뒹굴합니다. 고양이가 자꾸 사람이 쓰는 화장실에 집착해요. 들어가는 건 상관없지만 변기 뒤쪽같이 균이 많은 곳에 들어가 누우려 해서 걱정이 됩니다. ㅠㅠ

장난감 공을 화장실에 집어넣고 논다는 질문 속 고양이의 행동은 작은 우연에서 비롯되었을 가능성이 큽니다. 공을 가지고 놀다가 공이 화장실로 들어갔고, 공을 찾기 위해 들어간 장소가 마침 공간 구성이 복잡한 화장실이라 고양이에게는 보물찾기 같은 즐거움을 제공하였을 것입니다. 즐거움이 제공되는 공간이라고 인식되자 의도적으로 공을 화장실로 밀어 넣어 스스로 노는 방법을 터득하였을 것입니다. 게다가 화장실 변기 뒤쪽은 고양이가 몸을 숨길 수 있는 공간까지 마련되기 때문에 놀다가 그곳에서 휴식을 취하는 것으로 판단됩니다.

놀이공간의 재인식을 위해서는 고양이가 좋아하는 장난감 공을 거실 쪽으로 이동하여 제공해줄 필요가 있습니다. 또는 보호자가 원하는 장소 어디든 상관없습니다. 공을 가지고 뛰어놀다가 잡았을 경우 '잘했어'라는 말과 함께 간식 보상을 제공합니다. 다른 장소에서 고양이가 좋아하는 장난감과 보상을 규칙적으로 제공해준다면 굳이 화장실까지 가서 놀 필요성을 못 느낄 것입니다. 만약 숨는 것에 안전감을 느끼는 고양이라면 기본적으로 숨숨집이 부족하지 않은지 확인해보고 숨을 수 있는 2~3개의 다양한 공간을 만들어주는 것도 도움이 될 것입니다. 또한 거실 한편에 터널을 설치하면 상호놀이가 가능하고 고양이가 자신의 몸을 숨길 수 있는 훌륭한 놀이터가 될 수 있습니다.

보호자가 생각하지 못한 공간에서 고양이가 놀거나 숨거나 쉬고 있다면 이러한 공간들이 충분히 제공되지 못한 것은 아닌지 먼저 생각해볼 필요가 있습니다. 기본적으로 원하는 것이 존재하지 않을 때 고양이는 단순히 대안이 될 수 있는 공간이나 놀이를 선택하게 됩니다. 그것이 보호자가 원하는 것인지 아닌지는 고양이가 판단할 수 없습니다. 고양이는 그저 즐거움과 편안함 그리고 안전함을 원하기 때문입니다. 이렇게 지정된 공간에서 일관된 칭찬과 보상을 아끼지 않고 지속적으로 독려해준다면 화장실처럼 보호자가 원치 않는 공간에서 노는 고양이는 존재하지 않을 것입니다.

고양이들은 다양한 욕구 가운데 무엇부터 필요로 할까? 보통 보호자들은 인간의 관점에서 고양이를 생각하는 데 익숙하기 때문에, 고양이를 입양한 다음 사료나 물, 화장실과 같은 생리적 욕구와 외부의 포식자로부터 안전하게 지낼 수 있는 안전욕구를 가장 먼저 충족시켜준다. 그렇게 적응의 시간이 지나고 어느 정도 고양이와 보호자가 함께 사는 데 익숙해졌다는 생각이 들면 그다음으로 고양이의 생활환경 즉, 사회적 욕구에 대해 고민하기 시작한다. '고양이가 우리 집에 만족하고 있을까?' '집이 너무 좁은 건 아닐까?' '내가 없어도 심심하지 않도록 캣 타워나 장난감을 살까?'와 같은 고민이다. 하지만 인간과 고양이는 욕구에 대한 데이터가 근본적으로 다르다.

고양이도 강남의 신축 대형 아파트를 원할까

전미 고양이임상수의사회AAFP와 세계 고양이수의사회ISFM는 모든 신뢰할 만한 문헌과 데이터를 종합해, 고양이의 환경적 필요에 대한 가이드라인을 제시하고 고양이를 위한 생활환경을 구성할 때 반드시 고려해야 할 '5개의 기둥 five pillars'을 규정하고 있다.

- 안전하게 쉴 수 있는 장소
- 다양하게 제공되는 자원
- 생태적 본성(사냥놀이 등)을 표현할 수 있는 여건
- 인간과의 긍정적이고 일관된 접촉
- 적절한 후각 자극

5개의 기둥을 기준으로 '적절한 환경'이란 무엇인지 생각해보면 보통 보호자들이 걱정하곤 하는 공간의 크기라든지 특정한 장난감의 제공 여부는 큰 문제가 되지 않는다. 오히려 좀 더 거시적인 부분들, 고양이 입장에서 집이 안전하게 느껴지는지, 보호자가 제공하는 장난감을 통해 자연스러운 놀이행동을 표현할 수 있고, 보호자와 긍정적인 교류를 할 수 있는지 여부를 핵심 요소로 규정하고 있다. 즉, 전문가들은 과학적으로 고양이에게 부족할 때 문제가 되는 반드시 필요한 여러 요소들 가운데 부족한 점이 없도록 채우라고 권고하는 반면, 보호자들은 자신의 입장에서 고려하는 경향이 있다. 예를 들면 부가적인 요소(캣타워를 통한 수직공간의 제공, 캣휠을 통한 운동량의 제공 등)에 우선순위를 두는 것이다.

있으면 좋은 것과 없으면 불편한 것

우리나라의 고양이 보호자들은 고양이에게 기본적으로 필요한 사항들을 정말 부족함 없이 제공하고 있을까? 5개의 기둥과 관련된 응답 내용을 간추려보면 다음과 같다.

- 평소 소음이 적은 독립적인 공간을 제공해주지 못함 - 약 11%
- 고양이 화장실이 마릿수당 +1개 미만으로 제공되고 있음 - 약 18%
- 고양이에게 별도의 장난감을 제공하고 있지 않음 - 약 5%
- 고양이와 하루에 한 번도 놀아주지 않음 - 약 3%

※ 참고로 고양이에게 캣 타워나 캣 선반을 제공하고 있지 않다고 응답한 비율은 7%였다.

출처: 대집사 설문조사

만약 전문가가 고양이들에게 거주환경과 불만사항에 대해 인터뷰를 할 수 있다면 고양이들은 둘 중 무엇이 더 불만이라고 대답할까?

'캣 타워가 없어서 높이 올라갈 수 없어 불편해요.'
'화장실이 부족해서 대소변을 시원하게 볼 수 없어 불편해요.'

답은 매우 상식적이다. '있으면 좋은 것'과 '없으면 불편한 것' 중 어떤 것이 우선인지는 오래 따져볼 필요도 없는 문제이다. 한편 대부분의 보호자는 거의 신경 쓰지 않지만, 5개의 기둥 가운데 하나를 이룰 만큼 중요한 요소가 바로 후각 자극이다. 고양이도 개처럼 후각이 발달되어 있으며 인간과는 달리 페로몬으로도 의사소통을 한다. 생활환경에서 너무 강한 향이나 원치 않는 후각 자극이 계속되는 것은 음식이나 물과 같은 자원의 부족 못지않게 큰 스트레스 요인이 될 수 있다. 고양이를 진료하는 동물병원의 경우 수의사는 물론 스태프들도 원내에서는 향수를 사용하지 않는 것이 원칙인데, 이러한 근무수칙 역시 과학적인 근거가 있기 때문이다.

아무리 그래도 양보하긴 어려운 공간, 주방

한편, 고양이의 자연스러운 행동이라고 해서 무조건 이해해줄 수 없는 부분도 있는데 바로 주방 출입과 관련된 문제이다. 많은 고양이가 주방(싱크대) 출입을 선호하는 반면 대부분의 보호자는 난처함을 겪고 있는 실정이다.

고양이가 싱크대나 세면대를 좋아하는 이유에 대해 과학적으로 설득력 있는 연구결과는 없지만 그럴듯한 추론에 기반한 가설은 존재한다. 싱크대가 비교적 높은 곳에 위치하고 박스와 비슷하게 생겨 자신을 보호하면서도 사방을

지켜볼 수 있기 때문이라는 고양이 감시탑설, 스테인리스나 세라믹 재질이 열전도성이 좋아 시원하기 때문일 것이라는 쿨매트설, 한쪽이 벽으로 막혀 있으면서도 바닥에 고여 있거나 수도꼭지에 달린 물에 쉽게 접근할 수 있기 때문이라는 풍수지리설 등이다.

어떤 이유가 됐든, 수직공간에 대한 선호와 자기 몸길이의 다섯 배까지 충분히 점프할 수 있는 능력을 갖춘 고양이들이 강아지들처럼 바닥에서만 움직여주길 바라는 것은 지나친 욕심이다. 그래서 고양이가 위험하거나 지저분한 곳에 들어가지 못하게 막기 위한 보호자의 노력은 눈물겹다. 우리나라의 주요 고양이 커뮤니티 게시글을 수집해 살펴보면 적어도 일주일에 한 번 이상은 싱크대, 변기, 빌트인 세탁기 뒤쪽 등 위험하거나 더러운 장소를 출입한다는 고양이 사연이 보인다. 댓글로 고양이가 이런 장소에 출입하지 못하도록 하기 위해 끈끈한 테이프를 발라놓는다는 등 다양한 아이디어가 공유되곤 하지만, 안타깝게도 댓글에서 가장 자주 등장하는 키워드 중 하나는 '포기'이다.

여러 시도를 했음에도 결국 고양이의 고집을 꺾지 못해 당장은 싱크대나 식탁 위를 활보하도록 두게 되었다면 보호자는 평소 생활안전에 특히 유의해야 한다. 보호자가 집에 없는 동안 반려동물이 본의 아니게 기구를 작동시켜 화재가 발생하는 경우가 급증하는 추세이기 때문이다. 서울소방재난본부가 2016년부터 2019년 9월까지 4년여 간의 화재통계를 분석한 결과, 반려동물로 인해 발생한 화재 총 65건 가운데 62건은 고양이가 직접적인 원인이 된 화재였고, 64건은 반려동물이 인덕션 전자레인지를 작동시킨 것이 원인이었다.

1인 가구의 증가와 반려동물 양육인구 증가에는 밀접한 관련이 있어 고양이가 집에 혼자 있는 시간이 긴 우리나라의 특성상 이런 유형의 화재사고는 앞으로도 증가할 것으로 보인다. 고양이가 주방에 드나들지 않도록 훈련할 수 없다면, 최소한 외출할 때 주방기구의 전원을 차단하는 습관을 들여 큰 사고를 미연에 방지하도록 주의해야 한다.

② 깨물어요. 울어요. 보채요.

세상에서 제일 귀엽고 예쁘기만 한 고양이. 고양이의 귀여운 매력만 상상하며 즐거운 집사 생활을 꿈꾸려던 찰나, 갑자기 고양이가 공격성을 보이기 시작하면 꿈들이 산산조각 나면서 당황하는 경우가 많습니다. 실제로 동물병원에 가장 많이 내원하는 이유 중 하나도 고양이가 보이는 공격성이 원인인 경우가 많습니다. 이에 대해 집사님들은 어떤 고민을 가지고 있는지, 고양이 공격성의 다양한 원인 및 해결 방법에 대해 얘기해보겠습니다.

1. 이 방법 저 방법 다 해봐도 깨무는 버릇이 고쳐지질 않아요

고양이가 태어난 지 3개월쯤 되었을 때 무료분양으로 데려왔어요. 데려올 때 전 주인의 얘기가 조금씩 물기 시작한다고, 교육을 시켜야 한다고 했습니다. 그래서 무는 것과 관련된 모든 영상을 다 찾아보고 교육했는데 실질적인 도움이 되지 않았습니다. 어릴 때는 호기심과 이갈이 때문에 문다고 생각해서 장난감으로도 유인을 해보고, 물 때마다 방에 잠시 분리하여 선생님이 말씀하신 벌을 주기도 했습니다. 그렇지만 소용없더라고요. 손, 발부터 시작해서 팔뚝, 허벅지, 가끔씩 얼굴도 물곤 합니다. '시간이 지나면 해결되겠지' 하며 나름의 방법을 쓰며 시간을 보냈는데 1년이 지난 지금도 너무 물어요. 의아한 건 고양이가 낯을 가리는 건 아니라서 집에 손님이 오면 몸을 부비고 엉덩이도 들이대면서 사람을 반기거든요. 그런데 조금 지나면 발목을 꽉 물어버립니다. 너무 스트레스 받아요. 제가 고양이를 처음 키우기 때문에 서툴러서 무는 고양이가 된 건 아닌가 탓하게 됩니다. 정말 물지 않는 고양이가 될 수 있도록 도와주세요. 유튜브에서 알려주는 방법들 모두 다 써봐도 헛수고였습니다. 장난감으로 많이 놀아주고 있어요. 진짜 무는 것만 빼면 너무나 사랑스러운 저희 고양이입니다.

온라인에서든 오프라인에서든 가장 많이 접하는 보호자들의 고민이 아닐까 싶습니다. 질문에도 있지만 고양이가 뭔가를 깨문다는 행위는 지극히 본능적이고 자연스러운 행동입니다. 그 강도가 세든 약하든 말이죠. 하지만 대상이 사람이거나 혹은 물면 안 되는 식탁 모서리, 의자 기둥 같은 사물이 되면 문제가 됩니다.

고양이의 나이가 어릴수록 이러한 행동을 할 가능성이 큽니다. 뭔가를 깨물고 싶어 하는 본능은 유치(어린 이빨)가 영구치로 바뀌는 시점에서 극대화된다고 볼 수 있습니다. 일반적으로 유치는 생후 4개월에 걸쳐 앞니부터 어금니까지 나오게 되며, 한 살이 지나면 성묘 치아로 변하기 때문에 잇몸이 간지럽고 물고 싶은 본능이 강해집니다. 이때 물어도 될 것과 안 되는 것을 가르쳐주는 것이 매우 중요합니다. 많은 분이 실수하는 것 중 하나가 고양이의 깨무는 행동이 강해지는 생후 3개월에서 8개월 시기에 손가락을 이용해서 놀아주는 것입니다. '문다'는 것은 사냥 행동 중의 하나인데, 보호자의 이런 행동은 손이나 손가락을 사냥물로 제공하게 되는 셈입니다.

고양이가 어릴 때는 크게 아프지 않고 간질간질한 수준의 강도이거나 따가운 정도이지만, 성묘가 돼서도 깨물면 크게 다칠 위험이 생깁니다. 손을 물어도 되는 사냥 장난감으로 한번 생각하게 되면 사람의 신체를 깨물어도 되는 것으로 인식합니다. 그렇게 되면 그 관심이 발로 이동하고 그다음에는 등을 타고 올라가서 물 수 있고 가지고 놀 수 있는 머리카락으로 이동하게 됩니다. '놀이

시간 부족일까?'라고 생각할 수도 있지만 시간의 문제가 아닌 사람의 신체부위를 놀이의 대상으로 인식하게 된 것이 문제가 된 상황입니다.

이 경우 "안 돼" 교육이 필요합니다. 물어도 되는 것과 안 되는 것을 고양이가 깨닫게 하는 교육법입니다. 어떤 상황에서든 원하는 것을 못 하게 할 때는 **'대안 제공'**을 기억하셔야 합니다. 고양이가 물었을 때 단순히 "쓰읍" 하는 소리를 내거나 "아파!" "아야" 하는 소리만 내는 것은 고양이에게 "잘한다, 잘한다"라고 응원해주는 신호로 전달될 수 있습니다. 그러므로 물어도 될 것을 제공해주면서 칭찬을 해주는 방법이 좋습니다. 고양이의 깨물기 습관에 있어 **가장 효율적인 장난감은 '콩kong'이라는 장난감**입니다.

kong

고무재질로 되어 있으며 안에는
간식이나 사료 등을 넣어줄 수 있다.
고양이가 깨물 수도 있으며 발로 치면 사료가 나오면서
재밌는 사냥놀이 장난감이 될 수 있다.

고양이가 사람의 신체부위를 무는 행동에는 보호자가 자신도 모르게 원인을 제공하는 상황이 있습니다. '단순히 물고 싶어서'라는 이유는 없습니다.

2. 이유도 없이 일단 물어요

고양이가 약하게 또는 세게 너무 자주 물어요. 놀다가 물고, 좋아서 물고, 약하게 쓰다듬어주는데 그때도 물고... 가만히 있는데도 난데없이 물 때가 있어요. 놀이시간 부족일까요? 장난감에는 전혀 관심이 없어요. ㅜㅜ

입으로 감정을 표현하는 고양이 때문에 고민하는 보호자가 생각보다 많습니다. 강의나 진료실에서 상담할 때도 제가 항상 강조하는 것은 절대로 사람과 동물이 아무리 작은 상처라도 나서는 안 된다는 점입니다. 고양이는 소리언어, 몸짓언어 그리고 후각적 언어 등을 통해 사람과 소통할 수 있는데 그러한 소통 방법 중 하나가 사람을 무는 것입니다. 이것이 습관화될 경우 사람과 올바르지 않은 소통방법으로 학습하게 되는 셈입니다.

질문 내용 중 '**놀다가 무는 경우**'에는 놀이로 인한 흥분을 주체하지 못해 그러한 행동을 보일 때가 많습니다. 이를 **놀이공격성**play aggression이라고 합니다. 장난감이라는 도구에 집중해야 하지만 장난감을 흔들고 있는 보호자의 신체부위를 매력적인 장난감으로 인식할 수 있으므로 신체부위에 대한 사냥본능이 발동된다고 할 수 있습니다. 이러한 경우 보호자는 즉각적으로 놀이를 멈출 필요가 있습니다. 행동학에서는 반려동물을 학습시키는 '**조작적 조건형성**operant conditioning' 이론에 근거한 교육법을 많이 활용합니다. 이 교육법 중 하나인 '**부의 벌칙**Negative Punishment'을 통한 교육법은 고양이가 보호자가 원하지 않는 행동(무는 행동)을 하지 않도록 즐거운 놀이를 제거하는 것을 말합니다. 이러한 규칙을 정해 놀이시간에 지속적으로 고양이에게 알려준다면 자신이 보호자의 신체를 건드릴 경우, 모든 즐거움이 사라진다는 것을 스스로 인지하게 되며 그로 인해 무는 행동이 감소되는 효과를 얻을 수 있습니다.

'**가만히 있는데도 무는 경우**'는 소통방법이 잘못 학습된 결과라고 할 수 있습니다. 보호자의 관심 유발 혹은 소통을 원할 때 일반적으로 하는 행동은 '울기'입니다. 다양한 톤과 리듬으로 '야옹'이라는 소리를 내며, 이에 반응하는 보호자의 보상 행동을 역으로 고양이가 강화(더욱 행동하게 만듦)시키기도 합니다. 하지만 질문 속 고양이처럼 관심을 유발하거나 자신의 불편한 감정을 표현하는 데 있어 간혹 입을 사용해 가볍게 무는 행동을 하는 고양이를 자주 볼 수 있습니다. 가벼운 물기라고 하더라도 보호자들은 보통 고양이 이름을 부르거나 '아야' 하며 반응을 보이는데, 그러한 대처는 고양이에게 더욱 그 행동을 부추기거나 응원하는 모습이라고 인식되기 쉽습니다. 청각적 자극 또는 움직임을 보이며 반응할 경우 고양이를 더욱 자극할 수 있으므로 이럴 때는 무심한 듯 조용히 일어나 고양이를 혼자 놔두는 것이 좋습니다. '무심한 듯 유심하라'라는 말은 고양이를 교육하는 데 있어 항상 명심해야 할 말입니다. 고양이와 거리 두는 연습을 점차적으로 늘려간다면 입으로 무는 의사소통 방식은 개선될 것입니다.

3. 다른 사람한테는 안 그러는데 제 손만 물어요

다른 가족을 무는 경우는 현저히 적은데, 제 손만 자꾸 물어요. 그리고 점점 세게 물어요. 제가 알레르기가 있어서 물리면 가렵고 부어오릅니다. 자기가 먼저 골골거리며 다가왔으면서 조금 쓰다듬으면 갑자기 돌변해 물어버립니다. 왜 그러는 걸까요?

고양이가 사회화기(생후 3주~8주)를 거쳐 사냥본능이 완성되는 4개월의 나이가 되는 시점까지 고양이에게 손으로 자극을 주거나, 손을 물어도 되는 사냥감으로 인식시켜줬을 때 무는 행동이 강화된다고 앞서 설명을 드렸습니다. 질문을 보면 특이한 점이 있는데, 가족 구성원 중에서 유난히 질문자만 무는 일이 많다는 것입니다. 이런 경우에는 주로 고양이를 돌봐준 사람이 질문자일 가능성이 큽니다. 고양이에 알레르기가 있음에도 관리에 가장 많이 신경을 썼을 것입니다. 가족 구성원 중 가장 많은 시간 동안 고양이와 놀아주거나 밥 주기, 간식 주기 등을 제일 먼저 챙겼을 텐데요, 그러다 보면 신체적 접촉 및 교감 때문에 질문자에게 가장 많은 반응과 물기 행동을 보일 수 있습니다.

또한 '골골거리며 다가왔으면서 좀 쓰다듬으면 갑자기 돌변

해서 물어버립니다'라는 내용을 보면 상당한 배신감과 당혹감이 느껴지는데요, 고양이의 이런 행태를 행동학적으로 **만짐 공격성**petting aggression이라고 합니다. 만짐 공격성은 과도한 만짐으로 인해서 발생하는데, 머리나 엉덩이를 쓰다듬어주거나 만졌을 때 좋아하며 보호자에게 다가와 무릎 위에 앉아 골골거리다가 갑자기 가벼운 공격성을 보일 때가 많습니다. 이런 경우 3분 이상 길게 고양이를 만지는 것보다 약 10~15초 정도 짧은 시간 만지다가 고양이가 불편한 신호를 보이기 전에 중지하는 것이 좋습니다. 불편한 신호란, 꼬리를 빠르게 양옆으로 휙휙 돌리거나 얼굴을 돌려 주인의 만지는 손을 쳐다보는 행동이라고 볼 수 있습니다.

　누군가 한없이 자신을 만지는 걸 좋아하는 사람은 없을 것입니다. 고양이도 마찬가지입니다. 고양이에게 스킨십을 하고 싶다면 주의 깊게 관찰하고, 혹시 고양이가 싫어하고 있지는 않은지 미세한 변화를 잘 캐치하시면서 스킨십을 진행해보시기를 당부드립니다.

4. 무는 버릇이 점점 심해져요

유기묘를 보호하던 분에게서 2개월령 고양이를 입양해 왔습니다. 손으로 놀아주지 말라고 하는 글을 많이 보아서 꼭 장난감으로 놀아주곤 했는데, 갈수록 제 몸을 무는 횟수가 잦아지더니 급기야 제가 누워 있으면 얼굴로 달려들어 얼굴을 뭅니다. 횟수는 점점 늘고 있고요. 자려고 누워 있으면 가슴 위로 올라와 식빵 굽는 자세를 하곤 골골송을 부르며 제 얼굴에 막 비비다가 제 얼굴을 물어요. 물 때마다 등을 돌리거나 그 자리에서 일어나 잠시 다른 방에 가 있기도 하는데 전혀 나아질 기미가 보이지 않아 고민입니다.

옆에 잘 누워 있다가도 갑자기 무는 고양이들을 종종 볼 수 있습니다. 질문을 보면 현재 같이 생활하고 있는 고양이와 보호자의 관계를 엿볼 수 있는 몇 가지 힌트들이 있습니다. 하나는 보호자가 잘 때 배 위에 올라와 골골거리며 있다는 건데요, 고양이에게 있어 골골거림purring은 기분이 안정적이거나 좋을 때 목의 양쪽 성대 사이에 있는 좁은 틈인 성대문을 압박해서 내는 소리입니다. 또한 잠을 잘 때 보호자와 자려고 하는 것으로 보아 '**사회적 잠**social sleeping'이 형성되어 있다고 볼 수 있겠습니다. 사회적 잠이라는 것은 고양이가 신뢰하고 안정감을 느끼는 대상과 함께 잠을 자는 것입니다. 잠을 자는 동안에는 무방비 상태가 되므로 고양이가 스스로 믿고 같이 잘 수 있는 사람의 곁에서 잠들며 안정감을 느끼는 것입니다. 보호자와 고양이 사이에 깊은 신뢰관계가 형성되어 있는 것으로 보입니다.

하지만 두 가지 잘못된 인식이 엿보입니다. 장난감으로 노는 과정에서 보호자의 신체부위를 물거나 건드리게 되어도 즐거움이 지속되므로 고양이의 입장에서는 보호자의 신체 일부를 물어도 된다고 생각하고 있습니다. 행동학적 교육에서는 보호자가 원하는 행동을 강화시키는 것도 중요하지만 하면 안 되는 것을 단호하게 교육하는 것도 매우 중요합니다. 신체 일부를 조금이라도 건드리게 되면 놀이를 즉각 중단하고 고양이에게 일말의 관심도 주어서는 안 됩니다. 일말의 관심에는 눈 마주치기, 음성적으로 반응하기("아야!" 또는 이름 부르기, 심지어 "안 돼"라고 말하는 것까지)도 포함됩니다.

또한 보호자를 믿고 좋아해 사회적 잠을 자는 고양이의 독립심과 자존감을 키우기 위해 분리하여 주무실 것을 권해드립니다. 보호자의 고양이는 보호자의 침실과 보호자의 배 위에서 잠을 자면서 집 안의 어떤 장소보다 포근하고 심리적인 안정감을 느낄 것입니다.

조금 안타깝더라도 독립적으로 잘 수 있는 공간을 만들어주는 것이 남은 반려생활을 위해서도 좋습니다. 보호자의 품보다 더 포근한 숨숨집이나 방석 같은 공간을 마련해주고 그 공간 주위에서 식사를 제공해준다면 보호자의 품보다 새 공간을 더욱 좋아하게 될 것이며, 주로 머무는 공간으로 인식할 것입니다. 하지만 많은 보호자가 고양이가 곁에 와서 잠을 자는 것에 대해 큰 만족감과 안정감을 느끼므로 실질적으로 고양이가 혼자 잔다면

서운해하는 경우도 많습니다. 정말 힘들겠지만 고양이가 물어서 표현하는 방법에 익숙해진 상태라면 보호자가 자리를 피하는 것보다 고양이를 다른 곳으로 이동시키는 것이 행동 교정에 더욱 효과적입니다. 그리고 가끔 고양이가 물지 않는 행동을 보일 때 침대 곁에 간식 통을 두고 즉각적으로 보상해주는 방법도 추천해드릴 수 있습니다. 해야 되는 행동과 하지 말아야 할 행동을 잘 구별했을 때 보상이 바로 주어진다면 고양이는 보호자 곁에서 편안하게 쉬면서 같이 잠들 수 있을 것입니다.

5. 가족 중 저한테만 와서 울어요

남편과 저, 고양이 셋이 살고 있습니다. 어느 순간부터 제가 집에 있는 시간이 많아졌는데 그러다 보니 고양이와 제가 단둘이 지내는 시간도 많아졌습니다. 그런데 저녁시간에 남편이 귀가해 함께 TV를 보고 있거나 제가 서재에 가서 다른 일을 하면 꼭 저한테 와서 저를 쳐다보고 엄청 울어요. 사냥놀이를 해줘도 그 후에 계속 웁니다. 그 전에 제가 밖에서 오래 시간을 보내고 들어올 땐 그러지 않았거든요. 울 때마다 반응도 해줘보고, 무반응도 해봤는데 무반응하면 귀 옆까지 와서 귀에다가 소리를 지릅니다. 신경질적으로요. 그렇다고 무릎냥이도 아니에요. 고양이에게 관심을 가져주고 만져주면 약간의 거리를 두고 멀리 도망가서 계속 쳐다봐요. 계속 반응을 해줘야 할지 무반응으로 내버려둬야 할지 고민입니다. 무반응으로 대하면 자기 방이 따로 있는데 거기 가서 엄청 소리를 질러요. 짜증 내면서요. 휴... 아, 남편에게 물어보니 저 없이 남편과 고양이 둘이 있을 때는 거의 그런 일이 없다고 하네요.

나쌤's 솔루션

귀에다가 소리를 지르는 고양이라니요! 자기주장이 매우 강한 고양이로 보입니다. 남자 보호자가 있음에도 불구하고 여자 보호자를 보고 자꾸 우는 데는 질문 속에 이미 답이 나와 있습니다. 바로 **'집에 있는 시간이 많아졌다'**입니다. 보호자와 고양이가 함께 보내는 시간이 많아졌다는 것은 고양이를 위해 무엇인가를 해주는 기회가 많아졌고 사냥놀이, 간식 주기, 예뻐해주기 등 고양이가 원하고 즐거워하는 행동을 많이 해줬다는 의미입니다. 그러한 행동으로 인해 고양이는 '보호자는 내가 요구하면 들어주는 대상'이라고 인지했을 가능성이 큽니다. 남자 보호자의 경우 집에 있는 시간보다 밖에 있는 시간이 많다 보니 고양이와의 접점이 많지 않으므로 당연히 고양이 입장에서는 요구사항을 들어주는 여자 보호자님에게 와 울 수밖에 없습니다.

이러한 고양이에게는 **'일관성을 보이는 연습'**이 중요합니다. 질문 속 보호자처럼 일을 하던 중 쉬거나, 쉬는 도중에 일을 하는 분들에게 이러한 **'요구성 과도한 울음'**을 보이는 경우가 많습니다. 전에는 울어서 보호자가 요구사항을 들어줬는데 갑작스럽게 바빠지는 상황 때문에 못 들어주는 것 같다고 느끼면 요구가 관철될 때까지 과도하게 우는 것입니다. 반면 남자 보호자에게 고양이가 그런 행동을 하지 않는 이유는 남자 보호자가 일관되게 고양이를 대했을 가능성이 큽니다. 규칙적으로 밖으로 나갔다 집으로 돌아오고, 고양이가 운다고 해서 나서서 어떤 행동이나 보상을 해주거나 또는 안 해주거나 하는 불규칙적인 행동을 보이지 않았을 것입니다.

일관성을 보이기 위해서는 되는 것과 안 되는 것을 리스트로 정리해야 합니다. 예를 들어 서재에서 보호자가 개인 시간을 원할 경우, 고양이에게 직접적으로 어떠한 보상도 해주면 안 됩니다. 고양이가 울지 않는 상황에서만 보상을 해줘야 합니다. 관심을 주는 것이 불규칙할 경우 시도 때도 없이 관심이나 보상을 원하는 울음을 보일 수 있습니다. 가장 좋은 방법은 울지 않았을 때 즉각 보상을 해주는 것입니다. 또한 이 연습의 핵심은 **'인내심 늘려가기'**입니다. 예를 들어 귀에 대고 크게 울음소리를 내다가 정지하는 찰나부터 간식을 바로 줍니다. 이것이 익숙해지면 울다가 정지한 후 2초가 지난 후 보상을 줍니다. 매일매일 단계적으로 시간을 늘려갑니다. 고양이 스스로 '울지 않으니 간식을 주는군'이라고 정확하게 상황을 인식하게 하고 이 시간을 점점 길게 가져가는 것이 이 교육의 핵심입니다.

대개 보호자가 바쁘면 자주 못 챙겨주는 미안함 때문에 고양이에게 무엇인가를 더 해주고 싶고 또 집에 있는 시간이 많아지면 자주 보다 보니 그만큼 또 귀엽고 예뻐서 더 많은 관심을 주기 마련인데요, 그러다 보면 고양이는 더욱 많은 것을 바라게 됩니다. 고양이와 함께하는 시간이 많든 적든, 정확한 타이밍에 보상을 일관성 있게 해준다면 한 사람에게만 다가와 계속 우는 행동을 줄여나갈 수 있을 것입니다.

6. 현관문이나 베란다에서 애절하게 울어요

자꾸 현관문이랑 베란다 문 앞에서 애절하게 울어요. 베란다는 열어줄 수 있지만 현관문은 열어둘 수 없는데 어떻게 교육해야 할지 모르겠어요.

기본적으로 고양이의 우는 행동은 보호자에게 요구사항이 있는 경우가 대부분입니다. 어떠한 상황이냐에 따라 단순한 요구인지, 불안함때문인지, 관심을 달라는 것인지 유추할 수 있습니다만 일반적으로 고양이가 운다는 것은, **운다 → 보호자가 움직인다 → 무엇인가 좋은 상황이 생긴다**라는 인식이 있어 이러한 행동을 보이는 고양이가 많습니다.

질문 속 고양이는 현관문이나 베란다라는 특정 장소 앞에서 우는 행동을 보이고 있습니다. 이 경우 대부분 보호자는 문을 열어주는 행동을 했을 것입니다. 위의 인식단계를 대입해보면, **내가 현관문이나 베란다 문 앞에서 운다 → 보호자가 문을 열어준다 → 밖으로 나갈 수 있다**라는 상황으로 이어집니다.

이 경우 고양이를 울지 않게 하는 교육이 맞을까요? 아닙니다. 고양이가 왜 현관문 앞에서 우는지에 대한 원인을 먼저 생각해볼 필요가 있습니다. 위에서 언급한 것처럼 베란다로 나가고 싶어 하는 것은 베란다 쪽에 집 안보다 더욱 재밌고 즐거운 일들이 많다고 생각하기 때문입니다. 베란다에는 보호자가 가꾸는 화분이 있을 수도 있고 창밖을 통해 움직이는 사람들, 새와 새소리 등을 더욱 가깝게 접할 수 있으므로 고양이에게는 당연히 좋은 공간으로 인식되어 있을 것입니다. 하지만 현관문 앞에서 울면 보호자 입장에서 여간 난감한 상황이 아닐 수 없습니다. 만약 현관문을 열어 집 밖으로 나가게 해준다면 외부의 불안한 환경에 노출될 수 있고, 나아가 고양이가 다시 돌아오지 않아 고양이를 잃어버릴 수도 있으니까요.

현관문 앞에서 우는 행동 또한 집 안의 환경보다는 집 밖의 새로운 자극에 대한 호기심 그리고 즐거움이 있을 것이라고 기대하기 때문입니다. 이와 관련하여 대략 두 가지를 생각해볼 수 있습니다. 하나는 집 안 환경의 무료함입니다. 기본적으로 고양이는 호기심이 많은 동물이기 때문에 생활환경을 탐색하고 안정적으로 쉴 수 있는 자신만의 공간을 만들어가는 것을 좋아합니다. 현재 지내는 공간에서 고양이 스스로 놀 수 있는 장난감이나 환경이 제공되지 않으면 외부에 나가 자신의 호기심을 충족시키고 놀이 만족을 찾으려는 경향을 보입니다. 이런 고양이는 생각보다 많습니다. 이러한 경우에는 보통 **'행동유발 장난감'**을 추천합니다. 행동유발 장난감은 고양이가 집 안을 스스로 돌아다니며 활동하는 데 탁월한 효과가 있습니다. 시중에 나와 있는 헌팅 피더hunting feeder(사료나 간식을 넣어놓을 수 있는 쥐 모양의 장난감)가 이러한 상황에 큰 도움이 될 수 있습니다. 이런 기성 장난감이 아니더라도 두루마리 휴지 심을 이용하여 간단히 먹이 장난감을 만들어 고양이가 찾아서 먹을 수 있게 집 안 곳곳에 숨겨놓는 방법도 도움이 됩니다. 휴지 심의 양쪽 끝단 중 한쪽을 구겨 막은 뒤 좋아하는 간식이나 사료를 넣어 소파 뒤나 캣 타워 등 고양이가 움직이며 찾아서 먹을 수 있는 곳에 5~6개 정도를 배치하는 방법입니다. 이는 생활환경을 즐겁고 놀이동산처럼 느끼게 하는 효과가 있습니다.

두 번째로는 고양이의 성향을 파악해야 합니다. 현관문 앞에서 우는 고양이들은 호기심이 많은 아이들입니다. 호기심이 많다 보니 새로운 물건에 대한 관심도 많고 집 안 곳곳을 돌아다니는 것을 좋아하는 타입입니다. 이러한 고양이들을 '**탐험가형 고양이**'(전 마르코 폴로형 고양이라는 말을 쓰기도 합니다)라고 칭하는데 집 안의 환경에 만족하지 못하고 자신이 모르는 미지의 세계에 대해 관심을 갖는 유형이라고 할 수 있습니다. 부족하지 않은 풍부한 환경을 제공함에도 불구하고 항상 궁금한 것이 많고 그것을 외부에서 찾으려는 성향을 보입니다. 질문 속 보호자의 고양이가 이러한 '탐험가형 고양이'라면 집 안에 호기심을 더욱 충족시킬 수 있는 숨겨진 보물 같은 먹이 장난감을 배치해주려는 노력을 좀 더 해보시길 바랍니다. 고양이가 점차 즐거움을 느끼면서 현관문 앞에서 우는 행동을 줄여나갈 수 있을 것입니다.

7. 건강상의 문제가 없다는데 왜 우는지 모르겠어요

첫째가 자주 울어요. 말하듯 울어서 저희가 수다쟁이라고 하는데 이게 아파서 우는 건지 그냥 본인을 봐달라고 우는 건지 모르겠어요. 얼마 전에 중성화 수술을 하면서 건강검진 했을 때 이상은 없다고 하셔서 건강상의 문제는 아닌 거 같은데… 대체 왜 우는 걸까요?

고양이가 말이 많다는 것은 귀여우면서도 가끔은 여간 귀찮은 문제가 아닐 수 없습니다. 말하듯 우는 고양이를 종종 볼 수 있는데 '수다쟁이 고양이'(실제로 이러한 말이 있습니다)라고도 하며 대표적으로 **아비시니안** 품종의 고양이가 이 별명으로 불립니다. 고양이의 소리언어에는 여러 가지가 있지만 그중에 우리가 아는 '야옹meow'이라는 짧은 울음소리는 고양이끼리 소통하기 위해 내는 소리가 아닙니다. 이는 사람과의 의사소통을 위해 내는 소리입니다. 그러므로 질문자의 고양이가 말하듯 우는 '야옹' 소리는 보호자와 소통을 하기 위한 소리라고 볼 수 있습니다.

대개 보호자가 야옹 소리를 듣고 어떤 행동을 했는지에 따라 고양이가 수다쟁이 고양이가 될지, 과묵한 고양이가 될지 정해집니다. 아마 보호자는 고양이가 야옹 소리를 낼 때마다 "무슨

일 있어?" "왜?" "간식 줄까, 우리 예쁜이?"라며 음성적인 반응을 했을 가능성이 큽니다. 이러한 반응, 특히 높은 톤의 음성 반응은 매우 호의적인 의사로 전달됩니다. 고양이 입장에서는 야옹이라는 음성신호 전달을 통해 머리 쓰다듬어줌, 궁디팡팡과 같은 상대의 기분 좋은 행동적 변화를 이끌어낸 것이고, 그 때문에 이후에도 자연스럽게 더욱 많은 울음을 냈을 것입니다. 보호자가 우려하는 것처럼 야옹이라는 울음은 건강상의 문제와는 관계가 적으므로 걱정하실 필요는 없습니다.

사람의 경우에도 과묵한 사람이 있는 반면 쉴 새 없이 말하고 소통하기 좋아하는 유형의 사람이 있는 것처럼 고양이도 보호자와 많이 이야기를 하고 싶어 한다고 이해하고 받아주면 좋을 것 같습니다. 하지만 기억하셔야 할 것은 **모든 '야옹'에 반응을 할 필요는 없다**는 것입니다. 즐거운 사람과 적절한 시간 동안 이야기를 나누는 것은 즐겁고 휴식이 될 수 있지만 장시간 이야기를 들어주어야 하는 상황은 분명 피곤하니까요. 이와 같다고 이해하시면 될 것 같습니다.

8. 새벽만 되면 악을 쓰듯 소리를 질러요

새벽 4시만 되면 미친 듯이 웁니다. 10년 넘게요. 그냥 우는 것이 아니라 악을 쓰며 우는데, 대체 왜 그러는 걸까요?

아이러니한 일입니다. 고양이가 걸리지 않는 병 중 하나가 불면증인데, 오히려 고양이의 울음 때문에 보호자가 잠을 못 자는 상황이 생겼으니까요. 10년 넘게 새벽 4시에 울고 있다고 하니 그동안 보호자가 겪었을 고충이 상상도 안 될 정도입니다. 상담을 위해 왔던 한 고양이는 14년 동안 자는 시간 빼고 우는 문제로 내원한 적이 있습니다. 그 고양이의 경우 불안증이 문제였으며 원인을 파악한 후 불안증을 여러 가지 방법으로 감소시켜 14년간 울었던 문제행동이 개선되었습니다.

우선 질문 속 고양이가 왜 새벽 4시만 되면 미친 듯이 우는지 알아봐야겠습니다. 우리는 고양이의 야행성 행동 패턴에 대해 이해하고 넘어가야 할 필요가 있습니다. 고양잇과 동물은 기본적으로 야행성 동물입니다. 보통 밤에 사냥을 하다 보니 밤에는 잠을 자지 않고 사냥에 시간을 보낸다고 알려져 있습니다. 하지만 여기에는 약간의 오해가 있습니다. 고양이의 사냥활동 시간이 밤새도록 지속되는 것은 아닙니다.

고양이가 사냥을 위해 각성하는 시간을 'crepuscular time' 이라고 하는데 해가 지기 전 또는 해가 뜨기 전의 시간이라고 볼 수 있습니다. 그래서 고양이의 활동성이 높아지는 시간대를 저녁 6~7시 또는 새벽 5~6시 정도로 보고 있습니다. 이때 사냥을 위한 먹잇감이 제공되지 않으면 울음소리를 내는 경우가 많습니다.

집에서 생활하는 고양이는 사냥을 위해 먼 곳을 돌아다녀야 할 필요가 없습니다. 그런데 집 안에서 사냥감 즉 먹이가 제공되지 않으면 대부분의 고양이들이 각성되어(각성된다는 것은 평상시보다 사냥에 대한 본능이 높아짐을 의미합니다) 요구의 일환으로 우는 행동을 하는 경우가 많은 것입니다.

이 경우 **'HEGS 사이클'** 제공을 추천드립니다. HEGS 사이클이란 Hunting(사냥하기) Eating(먹기) Grooming(털 핥기) Sleeping(잠자기)을 의미합니다. 먼저 H, 사냥놀이는 낚싯대를 이용해 제공하고 최대한 고단백, 고지방 습식사료나 간식을 중간중간 제공합니다. 놀이 없이 그냥 제공하는 것은 금지이며 낚싯대를 잡거나 사냥에 성공했을 때 보상의 일환으로 제공합니다. 그러면 자연스럽게 Eating(먹기)으로 이어집니다. 그 후 여러 번 반복하다 보면 고양이 스스로 Grooming(몸 핥기) 행동을 하게 됩니다. 그 후에는 포만감에 Sleeping(잠자기)으로 이어집니다(하루에 먹는 사료의 양이 있다면 40퍼센트 정도는 보상으로 주실 것을 추천합니다).

이 HEGS 사이클은 보호자가 잠들기 1시간 전, 30분 정도 집중적으로 제공합니다. 고양이와 보호자의 수면 사이클을 맞추기 위함입니다.

고양이는 해 지기 전이나 해 뜨기 전 사냥본능이 활성화되므로 이러한 각성시간을 보호자의 취침시간에 맞추다 보면 사냥본능 시간이 바뀔 수 있습니다. 하지만 이런 훈련에도 불구하고 여전히 새벽에 우는 행동을 한다면 자기 전 먹이 장난감을 배치하고 사냥본능이 각성되는 시간에 고양이 스스로 놀 수 있도록 도움을 주는 방법도 있으니 포기하지 말고, 조금만 더 인내심을 가지고 교육해보시기 바랍니다.

9. 새벽마다 저를 깨워요. 어떡하죠?

평일에 5시쯤 일어나다 보니 패턴이 잡힌 건지 주말에도 무조건 새벽 5시면 깨워서 숙면을 취할 수가 없어요. 게다가 매일 새벽 5시부터 방 문을 긁기까지 해요. 못 긁게 하면 꺼이꺼이 울고요. 방에서 자다가도 그 시간만 되면 무조건 나가려고 해서 밤마다 전쟁이에요.

이런 경우 고양이가 놀이를 원해서 그런 걸까 싶어 낚싯대를 주섬주섬 찾아 흔들거나 혹은 간식을 원하는 건가 싶어 잠이 덜 깬 상태로 간식 창고로 걸어가 캔을 따주고 먹을 때까지 옆에서 지켜본다는 등 다양한 보호자들의 이야기를 들을 수 있습니다. 질문처럼 특정한 시간에 우는 고양이, 특히나 새벽 5시나 6시에 보호자를 깨우는 고양이는 생활주기에 몇 가지 비밀이 있다는 사실을 안다면 이유가 무엇인지, 단번에 이해할 수 있을 것입니다.

먼저 말씀드렸듯이 고양이는 대표적인 야행성 동물입니다. 야행성 동물이라고 해서 밤새 잠을 안 자고 움직이는 것은 아닙니다. 사냥에 쓰는 시간은 길에서 생활하는 고양이를 기준으로 3시간 정도이며 이를 두 번의 횟수로 나눈다면 1시간 30분 정도씩 활동한다고 이해하면 좋을 것 같습니다. 사냥시간을 두 번으로 나눈 이유는 고양이가 사냥을 위해 각성하는 시간대가 있기 때문입니다. 앞서 설명했듯이 각성시간대는 해가 지기 전이나 해가 뜨기 전인 경우가 많습니다. 오후 6~7시 그리고 새벽 5~6시 사이에 고양이의 활동성이 높아진다고 보면 됩니다. 그렇기 때문에 이 시간대에 고양이가 보호자와 놀자고 표현하거나 장난감을 물고 오는 경우가 많습니다. 특히 새벽같이 보호자님이 잠을 자고 있는 시간대에 고양이는 놀아야 되므로 보호자를 깨우는 경우가 특히나 많을 것입니다.

이런 습성을 고치기 위해서는 첫째, 고양이의 사냥놀이 각성시간대와 보호자의 퇴근시간이 비슷하다면 놀이를 15분씩 두세션으로 나누어서 제공합니다. 퇴근하자마자 고양이가 안쓰럽거나 미안해서 그냥 간식을 주는 분들이 많지만 저는 이 시간대에 간단하게 기본교육인 '**이리 와**(이름 부르기)-**앉아**-**기다려**'와 같은 교육을 보상을 주면서 해보실 것을 추천드립니다. 이러한 기본 교육도 놀이가 될 수 있으므로 코 터치와 같은 인사하기 교육부터 시작해 보호자와 약속된 상황을 지키는 연습을 하고 보상을 받는 것도 스트레스를 푸는 좋은 방법이며 서로의 관계를 단단하게 만들 수 있는 골든타임이라고 생각합니다.

그리고 새벽 5~6시 사이의 각성시간을 없애기 위해서는 약간의 트릭이 필요합니다. 바로 각성시간을 인위적으로 바꾸어 주는 것입니다. 보호자가 12시쯤 취침한다면 자기 1시간 전에 상호놀이를 집중적으로 합니다. 상호놀이라는 것은 낚싯대를 이용해 사냥감을 찾고 쫓고 잡고 하는 놀이를 최대한 움직임이 많게끔 유도하여 진행하는 것입니다. 이를 위해서는 고양이의 **먹이 추적 본능**을 충족해줘야 합니다. 먹이 추적 본능을 만족해주기 위해서는 단순히 눈앞에서 낚싯대를 흔드는 것이 아니라, 눈앞에서 장난감이 사라지거나 혹은 보이지 않는 곳에서 서서히 나타나는 방법으로 놀아줘야 합니다. 이런 놀이를 진행하면 고양이는 사냥놀이를 위한 에너지를 많이 소모하게 됩니다. 보호자는 놀이 중간중간에 고단백 고지방 사료를 최대한 많이 제공해줍니다. 고양이는 놀이를 통해 에너지를 많이 소모하며 사냥에 성공함으로써 중간중간 고단백 고지방 간식을 제공받았기 때문에 그루밍을 한 후 숙면에 들 수 있을 것입니다.

습식사료를 보상으로 제공해도 되며 익숙해진 다음에는 일반 사료를 보상으로 주셔도 됩니다. 항상 이러한 놀이에 열정적으로 참여시키려면 식습관을 꼭 제한급식으로 바꾸신 후 진행해야 합니다. 그래야지만 강하게 동기부여가 되며 더욱 즐겁게 사냥놀이에 대한 성취감을 느끼면서 에너지를 소모할 수 있습니다.

고양이는 사냥 후 배부르게 음식을 섭취하면 그루밍 후 잠을 자려는 성향이 있기 때문에 본능적인 각성시간을 보호자님의 생활 패턴에 맞추어 변경한다면 새벽시간에 일어나 보호자에게 놀이를 요구하거나 귀찮게 하는 패턴이 바뀔 수 있을 것입니다. 간혹 에너지의 양이 많아 충분히 만족하지 못하는 고양이에게는 보호자가 자기 전에 **행동유발 먹이 장난감**을 집 안 곳곳에 배치하고 잠자리에 든다면 사냥놀이가 부족하거나 배고픈 고양이들은 집 안을 돌아다니며 스스로 사냥놀이를 하고 잘 것입니다.

10. '궁디 팡팡'을 자주 해달라고 보채요

엉덩이를 너무 자주 두드려달라고 보채요, 우리 고양이가 왜 이럴까요. 자주 두드려줘도 괜찮나요?

'궁디팡팡'은 고양이가 제일 좋아하는 스킨십 중 하나입니다. 엉덩이 쪽을 따라 성적인 흥분을 일으키는 신경다발이 집중되어 있기 때문에 꼬리와 등 사이, 엉덩이라고 할 수 있는 곳을 톡톡 만져주는 것을 고양이가 좋아하는 것입니다. 물론 고양이에 따라 무던하게 반응하거나 좋아하는 표현인 골골거림이나 야옹 같은 표현을 하지 않는 경우도 있습니다. 하지만 질문 속 고양이처럼 너무 기분이 좋은 나머지 보호자에게 과도하게 궁디팡팡을 요구하는 경우도 종종 있습니다. 실제로 30분 넘게 궁디팡팡을 해주다 보니 팔이 너무 아파서 힘들다고 호소하는 보호자들도 종종 있습니다.

일정 이상으로 과도하게 요구하는 고양이들에게서 발견되는 문제의 원인은 항상 보호자의 행동에 있습니다. 바로 '**안 돼 교육**'이 제대로 안 된 상황입니다. 보호자가 착각하는 점이 **안 돼 교육**을 단순히 말로 하는 교육이라고 생각한다는 것입니다. 고양이는 당연히 말의 뜻을 알아차리지 못합니다. 그리고 **"안 돼"**

라는 말과 함께 따라오는 분위기나 보호자의 감정에 따라 좋은 상황인지, 나쁜 상황인지, 하지 말라는 것인지, 하라는 것인지 혼란스러워하는 경우가 많습니다. 대부분의 고양이들은 오히려 보호자가 "안 돼"라고 하며 흔드는 손가락을 보고 '자신을 더욱 응원해주고 있구나'라고 착각하고 자신이 원하는 것을 더욱 격렬하게 요구하는 경우가 많습니다.

그렇다면 정확한 '안 돼' 표현은 어떻게 하는 것이 좋을까요. 기본적으로 음성적인 표현보다는 신체적인 표현을 통해 하는 것이 더욱 효과적일 수 있습니다. 궁디팡팡을 해주는 상황을 예로 든다면 일정 이상의 궁디팡팡과 같은 스킨십을 하다가 보호자가 멈춰야겠다고 생각이 들면 가만히 하던 행동을 중지하고, 고양이 몸을 옆으로 살짝 밀며 다른 방향으로 보호자의 몸을 돌립니다. 이 경우 음성적인 신호나 눈을 마주치는 행동은 되도록 하지 않도록 합니다. 이러한 보디랭귀지로 고양이에게 '난 그만할 거야. 안 돼'라는 의사표현을 정확하게 전달할 수 있습니다.

또한 궁디팡팡만이 고양이에게 좋은 스킨십은 아닙니다. 고양이에게 좋은 스킨십은 **1)손가락을 이용해 코인사를 건넨다 2)손가락을 자연스럽게 고양이 턱 옆으로 비벼준다 3)자연스럽게 고양이가 머리를 대며 손을 부빌 수 있게 유도한다 4)눈 위쪽 머리를 따라 등을 쓰다듬어준다** 같은 방법으로 하루에 여러 번 고양이와 스킨십을 통한 교감을 나눌 수도 있습니다. 궁디팡팡을 오래, 자주 한다고 해서 문제 될 것은 없습니다. 하지만 이러한 과도한 스킨십이 고양이보다는 보호자를 힘들게 할 수 있으며 고집이 센 고양이로 만들 수 있으니 적정한 스킨십과 표현으로 모두 만족할 수 있는 상황을 만들어야 할 것입니다.

11. 갑자기 보채고 우는데 왜 그런지 모르겠어요

고양이가 다른 곳에서는 그러지 않는데 제가 일하려고 책상 의자에만 앉으면 몇 분 간격으로 울고 보채서 너무 힘듭니다. 침대에 있으면 안 그래요. 너무 심해서 일을 못 할 정도예요. 도대체 왜 그러는지 모르겠어요.

책상에 앉아서 업무를 보려 하거나 소파에 앉아 편안히 TV를 보려고 할 때 갑자기 보호자의 시야를 가리거나 TV 화면을 가리는 고양이들의 모습을 종종 볼 수 있습니다. 무엇인가를 갈구하는 귀여운 눈동자를 보이며 '야옹'이라고 말을 건네기라도 하면 보호자는 높은 톤의 호감 있는 목소리로 이름을 부르며 간식을 챙겨주거나 머리를 쓰다듬어주는데요, 질문 속 고양이 또한 침대 위에서는 그러지 않지만 책상에서 보호자가 업무를 보려 하면 울거나 보채는 행동을 하고 있습니다.

이러한 상황에는 '**무의식적 행동 강화**'라는 게 존재합니다. 보호자가 어떤 행동을 하면서도 실질적으로 인식하지 못하는 행동을 말합니다. 다시 말씀드리자면, **1)내가 소파 위에 앉아 있다 2)고양이가 다가온다 3)TV를 시청한다 4)손으로 고양이를 쓰다듬고 있다** → 고양이는 보호자가 TV를 보고 있을 때 보호자

에게 다가가면 기분 좋은 상황이 생긴다라고 인식을 하게 되는 것입니다.

    책상 위의 상황도 별반 다르지 않은 경우가 많습니다. 업무 중에 책상 위로 올라오는 고양이를 보면 매몰차게 내려보내지 못하고 그대로 두고 업무를 보다가 간간이 손을 내밀어 쓰다듬어주는 상황이 많습니다. 시선은 모니터를 향해 있으면서 말이죠. 이러한 무의식적인 보호자의 행동은 자연스럽게 고양이에게 기분 좋은 결과를 만들어주므로 소파 위나 책상 위에서 간식을 주거나 스킨십을 할 경우 고양이는 공간에 대한 좋은 기억으로 보상적인 결과물을 얻기 위해 계속 올라오려고 하며 원하는 것이 주어지지 않으면 울거나 툭툭 치는 등 요구하는 행동을 할 수 있습니다.

    보호자가 집중해야 하는 상황이나 장소에서는 이렇게 무의식적으로 고양이에게 만족감을 주는 행동을 하지 않아야 합니다. 고양이가 너무 사랑스럽고 귀여워 나도 모르게 나오는 무의식적인 행동들이 모두를 힘들게 하기 때문입니다. 표현을 해야 할 곳과 하지 말아야 할 곳을 정하여 고양이에게 충분히 애정표현을 해준다면 책상 위나 보호자가 집중해야 하는 공간에서 과도하게 요구하는 행동을 하지 않을 것입니다.

행동학적 문제 가운데 보호자를 가장 골치 아프게 만드는 행동은 무엇일까? 바로 무는 행동이다. 무는 행동(공격성)에 이어 고양이 사이의 싸움, 우는 행동, 지나치게 겁이 많거나 낯을 가리는 행동, 놀이나 장난감에 무관심한 태도 등이 보호자의 주요 고민거리로 조사되었다.

고양이들은 왜 인간을 공격하는 걸까?

고양이의 행동을 연구하는 전문가들은 고양이가 드러내는 공격성을 원인에 따라 크게 7가지로 나누었다.

> 1. 다른 고양이에 의해 공격성이 나타나는 경우
> 2. 공포를 느끼거나 자신을 방어해야겠다고 느끼는 경우
>   (Fearful or Defensive Aggression)
> 3. 자신의 영역을 침범당했다고 느끼는 경우 (Territorial Aggression)
> 4. 놀이 과정에서 깨물거나 할퀴는 힘의 정도를 조절하지 못하는 경우
>   (Play Aggression)
> 5. 다른 대상에게 느낀 공격성을 직접 표출하지 못해 가까운 사람이나 동물에게 나타내는 경우 (Redirected Aggression)
> 6. 쓰다듬는 등의 스킨십이 갑자기 짜증 나는 행동으로 느껴지는 경우
>   (Petting-Induced Aggression)
> 7. 신체 어딘가의 질병이나 통증으로 인한 경우 (Pain-Induced Aggression)

이 외에도 새끼 고양이를 양육할 때 어미 고양이가 느끼는 모성 공격성(Maternal Aggression), 지금까지도 알려진 바 없는 도무지 원인을 찾을 수 없는 공격성(Idiopathic Aggression) 등이 있다.

하지만 '대집사 설문조사'에서 공격성의 원인을 곧바로 파악할 순 없기 때문에, 환경이나 양육 요인과 공격성 사이 드러나지 않은 관계에 대해 파악하기 위해 공격성 문제를 호소한 보호자의 데이터와 그렇지 않은 데이터를 분리했다. 그리고 연령대나 거주형태와 같은 보호자의 특성, 체중이나 품종 같은 고양이의 특성, 장난감 개수나 스크래처 여부와 같은 환경 특성들을 정리해 고양이의 공격성과 어떤 상관관계가 성립하는지 분석하고 통계적으로 검증하고자 했다.

설문조사에서 특히 눈여겨볼 부분은 '고양이와 놀이 후 보상을 제공하는가?'라는 질문에 대한 답이었다. 복수응답이 가능한 이 질문에 사람들은 아래와 같이 답변했다.

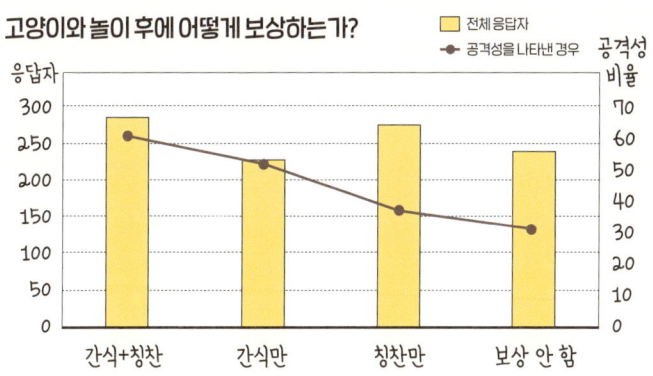

보호자가 놀이 후 '사료나 간식 등으로 보상한다'라고 응답한 경우, 그렇지 않은 경우보다 고양이가 공격성을 나타내는 빈도가 통계적으로 유의미하게 높았다. 반면 놀이 후 쓰다듬거나 칭찬으로만 보상하거나, 아예 보상이 없는 경우 상대적으로 공격성 빈도가 낮았다. 그렇다면 보호자가 고양이와 놀아준 후 사료나 간식으로 보상하는 행동이 고양이의 공격성을 발생시킨다는 뜻일까? 공격성으로 고민하는 집사들은 앞으로 고양이와 놀이 후 츄르 제공을 그만두어야 할까? 그렇지 않다. 이 설문조사는 특정 시점의 단면을 조사한 것이므로, '고

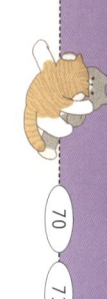

양이와 놀이 후 사료나 간식으로 보상한다'는 원인이 '고양이의 공격성을 나타낸다'는 결론으로 이어지는 것은 아니다. 오히려 전문가들은 고양이의 생태적 습성을 충족시켜주기 위해 놀이(특히 사냥놀이) 이후에 약간의 보상을 주는 것을 권장하고 있다.

그렇다면 원인은 무엇일까? 여러 사례를 종합해볼 때 '놀이 후 보상을 제공한다'는 사실 자체보다 '놀이 후 보상을 제공하는 방법의 미숙'이 문제일 가능성이 훨씬 크다. 보호자가 의도한 행동을 고양이가 보였을 때만 곧바로 보상했는지, 함께 사는 모든 가족 구성원이 고양이에게 일관적으로 보상을 제공하는지 등 자신을 비롯한 가족 구성원들이 놀이 후 고양이에게 보상을 제공하는 방식에 대해 점검할 필요가 있다.

실제로 고양이 행동 전문가들은 놀이 과정에서 고양이가 과도한 공격성을 보이는 경우, 즉시 놀이를 중단하고 고양이를 무시하라고 권한다. 이런 대처는 '그렇게 하면 아파' 혹은 '살살 물어줘'라고 직접 말할 수 없으므로 놀이 과정에서 손톱이나 이빨과 같은 물리력을 어디까지 행사해도 되는지 서로 맞춰나가는 과정이 필요하기 때문이다. 그런데 실제로는 고양이에게 공격받아 상처를 입고 피를 흘리면서도 당혹스러운 마음에 "알았어, 알았어. 이거 줄게" 하며 보상을 제공하는 보호자가 드물지 않다. 이렇게 하면 고양이는 놀이에 따른 공격성을 제어하지 못하고 최악의 경우 '보호자를 공격하면 보상이 주어진다'라고 인식하게 될 가능성도 있다.

'보호자를 공격하면 보상이 주어진다'는 것을 한번 인식하게 되면, 나중에 잘못된 인식을 바꿔주기가 얼마나 어려운 과정인지는 이미 여러 집사님들의 이야기와 고양이 행동 교정 솔루션을 통해 알려져 있다. 고양이와 집사 사이에서 이루어지는 잘못된 놀이방식이나 보상 제공방식 때문에 결과적으로 서로의 관계가 악화되고 상처 입는다면 그만큼 안타까운 일도 없을 것이다. 특히 보호자를 비롯한 사람과의 사회적 관계를 형성해나가는 어린 고양이를 키우는 집사들은 고양이와 놀아준 후 적절한 방식으로 보상을 제공하는지 꼭 되새겨볼 필요가 있다.

고양이도 울고 나도 울었다

마치 직장생활처럼, 억울한 일을 당하더라도 우는 것이 용인되지 않는 사회적인 맥락 속에서 인간이 남몰래 울기 위해 가장 먼저 찾는 장소는 역시 화장실이다. 우는 이유야 인간과는 다르겠지만, 고양이의 우는 문제로 고충을 호소한 보호자의 서술을 분석하면 핵심 키워드는 '화장실'에 있었다. 더욱이 우는 행동이 문제가 되는 고양이들과 생활환경 조성(식사공간과 화장실의 위치, 관리방식) 사이에는 다른 요소들보다 상대적으로 높은 상관성이 나타났다. 단묘 가정은 특히 다른 환경요소보다 상대적으로 '화장실이 사료그릇이나 물그릇 근처에 있는 경우'가 유의미하게 나타났다. 또한 다묘 가정은 서로의 화장실을 붙여서 둘 때 문제행동을 보이는 경우가 많은 것으로 나타났다.

주거 인프라가 밀집해 있고, 인구밀도가 높아 생활공간을 넉넉히 확보하기 어려운 우리나라의 특성상 어쩔 수 없는 경우도 있지만, 고양이의 생활요소를 한 곳에 몰아서 관리하는 것은 전문가들이 권장하지 않는 방식이다. 식사 공간과 화장실을 같은 위치에 두는 것은 고양이의 입장에서 공간 개념을 혼란스럽게 하며, 붙어 있는 여러 개의 화장실은 그저 거대한 화장실 1개로 인식될 뿐이다. 우는 문제행동뿐만 아니라 고양이 사이의 공격성 문제에도 '붙여서 관리하는 화장실'과의 연관성이 드러난 바 있다. 이는 다묘 가정에서 여러 마리 고양이의 화장실을 붙여서 관리하는 것이 고양이에게 요구성 울음을 발생시키는 요인이 될 수 있으며, 최악의 경우 고양이 사이에서 분쟁의 씨앗이 될 수 있음을 시사하는 것이다. 물론 여러 행동문제의 원인이 오로지 화장실에만 달렸다고 볼 수는 없으나, 조사 데이터상 고양이 화장실을 어떻게 배치하고 관리하느냐 여부는 우리나라의 보호자들이 가장 간과하는 부분인 동시에 먼저 고양이 입장에서 살펴봐야 할 부분임은 분명하다. 고양이는 밥과 마찬가지로 화장실도 확보 가능한 자원 가운데 하나로 인식하기 때문이다.

고양이는 인간과
생활패턴이 맞지 않는 룸메이트다

한편, 보호자가 우는 고양이와 보채는 고양이에 대해 얘기할 때 자주 사용한 단어를 분석해보면 둘 사이의 공통점과 차이점이 모두 드러난다. 우는 고양이와 관련된 키워드는 '화장실' '고양이' '이유' '계속' '소리' 순이었던 반면, 보채는 고양이와 관련된 질의에서의 키워드는 '(~을) 달라' '새벽' '화장실' '고양이' '시간' 순이었다. 우는 문제는 주로 고양이가 무엇을 원하는지 정확히 알 수 없어서 발생하는 반면, 보채는 문제의 경우 고양이가 무엇을 원하는지 알지만 보호자가 요청을 들어주기 곤란해서, 주로 새벽 시간대에 무엇인가를 요구해서 문제가 된다는 뜻이다.

개와 늑대는 엄연히 다르면서도 생활양식과 행동패턴에 많은 공통점이 있듯, 집고양이 역시 그들의 선조로부터 많은 특성을 물려받았다. 현재 계통유전학적 연구를 통해 밝혀진 집고양이의 직접적인 선조는 아프리카 들고양이 African wildcat로, 이들은 아프리카-아라비아반도-중동에 이르는 건조한 사막 지형에 주로 분포하고 있다. 그런데 생태학적으로 사막 지형에 적응한 동물들은 야행성이거나 박명박모성crepuscular인 경우가 드물지 않다. 여기서 박명박모성은 황혼을 뜻하는 라틴어인 'crĕpúscŭlum'에서 유래한 단어로 동이 트는 새벽녘 여명이나 해가 지는 황혼을 뜻한다.

사막에 사는 동물들이 주로 밤이나 새벽녘 여명에 활동하는 이유는 물론 사막의 낮이 활동하기에 적절한 시간이 아니기 때문이다. 심지어 인간과 비교적 친숙한 들개들도 아프리카에 가면 박명박모성으로 환경에 적응할 정도이다. 그러니 주로 초저녁과 새벽 시간대에 먹잇감을 찾아 나서던 들고양이의 후손들이 마찬가지 행동패턴을 보이는 것은 당연한 일이다. 초저녁에는 대개 인간도 깨어 있으므로 고양이의 요구에 대응하는 것이 어렵지 않지만 새벽녘에는 고양이가 뭔가를 요구하는 것 자체가 상대적으로 더 문제행동으로 받아들여지게 되는 것이다. 이러한 점이 이해됐다면 '고양이는 왜 새벽에 활동적인가요'라는 질문은 '유럽은 왜 새벽에 축구를 하나요'와 유사한 질문임을 이해할 수 있을 것이다.

African wildcat

아프리카 전역과 중앙아시아시아에 걸쳐 서식하며, 약 1만여 년 전부터 현생인류와 접촉한 것으로 알려져 있다.

새벽에 보채는 고양이 자체는 동물행동학적 관점에서 보면 전혀 문제가 없다. 따라서 이 문제에 대한 접근은 '왜 새벽에 저러지?'가 아니라, '어떻게 활발한 활동 시간대를 바꿔주지?'에 초점이 맞춰져야 한다. 인간의 관점으로 보면 꼭두새벽부터 활동하는 것이지만, 고양이는 원래 그 시간대에 활동하는 동물임을 잊지 말고, 고양이를 사랑하는 만큼 배려하고 맞춰가야 할 것도 많음을 절대 잊어서는 안 될 것이다.

**③ 겁이 많아요.
낯을 가려요.
종잡을 수
없어요.**

동물병원에 오는 고양이의 90퍼센트 이상은 겁을 잔뜩 먹은 채로 내원합니다. 당연히 그럴 테지요. 동물병원이라는 곳은 치료를 위해 고양이를 아프게도 하고, 담요로 꽁꽁 싸매서 답답하게 만들기도 합니다. 하지만 집에서도 너무 겁이 많은 성격이라면 원망이 생길 수밖에 없을 것입니다. 고양이는 묘생에서 안전을 가장 중요하다고 생각합니다. 너무나 사랑스러운 고양이, 사람 친화적인 성격이면 더할 나위 없겠죠. 자신감을 심어주고, 사교적인 고양이로 교육시킬 수 있습니다. 다음 사례들을 보고 당당한 고양이로 거듭날 수 있도록 노력해보시면 좋겠습니다.

1. 세상만사에 겁을 먹어요

겁이 너무너무 많아요. 큰 물건을 들고 오는 것만 봐도 화들짝 놀라서 꼬리 부풀리고 옷장이나 침대 위 이불 속으로 숨어버려요. 별로 큰 소리도 아닌데 엄청 놀라요. 낯선 사람도 엄청 경계해요. 그런데 현관문 잠금장치 소리에는 문 앞으로 뛰어오는데, 벨소리가 나면 놀라서 옷장 깊은 곳에 숨고 그럽니다. 이게 고양이 입장에서 너무 스트레스일 것 같아서 나아질 수 있는 방법을 알고 싶습니다.

나샘's 솔루션

소리에 대한 공포심 때문에 침대 밑으로 숨거나 옷장 속으로 들어가 버리는 고양이들이 많습니다. 이러한 공간이 안정감을 주기 때문인데요. 개의 경우 후각이 가장 발달된 감각기관이라면 고양이에게는 청각이 가장 발달한 기관 중 하나라서 예민할 수밖에 없습니다. 고양이에게 안정감은 매우 중요한 부분입니다. 질문 속 고양이의 경우 옷장이나 이불 속으로 숨음으로써 안정을 취한다고 볼 수 있습니다. 이러한 유형은 두 가지로 나눌 수 있는데, 하나는 **'나무 위 고양이 타입'**과 **'덤불 속 고양이 타입'**입니다. '나무 위 고양이 타입'의 경우 캣 타워나 냉장고 위 또는 옷장 위로 올라가 전체적인 상황을 파악하고 판단함으로써 안정감을 느끼는 타입입니다. 자신의 시선 아래 벌어지는 모든 상황을 인지해야지만 편안함을 느낄 수 있습니다. 반면 '덤불 속 고양이 타입'은 이불 속이나 소파 아래 그리고 옷장 안과 같이 자신의 몸을 숨길 수 있는 곳이어야 안전감을 느낍니다. 마치 숲이 우거진 곳에서 덤불 속에 몸을 숨겨 안전감을 느끼는 것과 같은 원리입니다.

질문 속 고양이처럼 보호자의 발자국 소리나 잠금장치 소리에는 별 반응이 없을 수 있지만 사실 현관문 잠금장치 소리와 외부의 발자국 소리 등은 청각이 발달한 고양이에게 위협이 될 수 있습니다. 외부인이라고 판단되는 택배 기사님의 발자국 소리나 배달원의 발자국 소리 등을 명확하게 구분하고, 숨을 곳을 찾아 후다닥 뛰어가는 고양이를 볼 수 있습니다. 이러한 소리 공포심을 극복하는 행동학 교육으로 **탈감작** desensitization **교육** 및 **역조건** counter conditioning **교육**을 많이 적용합니다. 저는 탈감작 교육을 '**마음의 백신 교육**'이라고도 표현합니다. 우리가 백신을 맞으면 면역력이 생겨 외부 질환에 건강하게 지낼 수 있는 것처럼 고양이 마음도 백신을 놔주면 외부자극에 대해 단단한 마음을 가질 수 있게 되기 때문입니다.

그렇다면 탈감작 교육은 어떻게 하면 될까요? 우선 고양이가 가장 무서워하는 소리를 핸드폰 녹음 기능을 통해 저장해놓습니다. 예를 들어 고양이가 잠금장치의 "삐빅" 소리를 무서워한다면 그 소리를 녹음하시면 됩니다. 그리고 녹음된 소리를 고양이에게 들려줍니다. 스피커를 이용하면 더욱 좋습니다. 이때 가장 낮은 데시벨의 소리를 들려주며 간식을 제공합니다. 가장 무서워하는 소리일수록 가장 좋아하는 간식을 제공하는 것이 효과적일 수 있습니다. 이 교육의 핵심은 고양이가 사료를 먹기 전이나 배고픔을 느끼는 시간에 해야 한다는 것입니다. 배가 부른 상태이거나 좋아하지 않는 간식을 제공하면 흥미를 느끼지 못해 두려움 극복에 대한 집중과 의지가 떨어지기 때문입니다. 자연스럽게 잠금장치 소리가 간식을 제공하는 상황으로 바뀔 수 있으며, 두려움을 느끼게 했던 소리가 좋은 상황으로 연결되는 것으로 인식될 수 있습니다.

데시벨이 가장 낮은 상태에서 하루 2회 정도 고양이가 거리낌 없이 간식을 먹는다면, 그다음 한 단계씩 볼륨을 높여나가면 됩니다. 이처럼 가장 낮은 소리 자극부터 점차 높은 소리 자극으로 고양이의 예민함을 낮춰가는 것을 탈감작 교육이라고 하며, 두려운 상황을 간식 보상이라는 좋은 상황으로 인식하게 하는 것을 역조건 교육이라고 합니다.

이러한 교육이 성공했다면 다른 소리에도 도전해볼 수 있습니다. 발자국 소리나 드라이어 소리, 청소기 소리 등을 녹음해 같은 방법으로 교육하고 그 후 일상에서 이런 소리가 발생할 때마다 고양이가 가장 좋아하는 간식이나 습식 캔을 제공합니다. 그러면 이러한 소리 자극을 '내가 좋아하는 간식이나 음식을 먹을 수 있네'라는 좋은 상황으로 받아들이게 될 것입니다. 소리를 녹음하기 힘들거나 더 많은 소리에 적응하기를 원한다면, 유튜브에서 'Dog Desensitization sound'를 검색해보시길 추천합니다. 다양한 소리들이 제공되므로 도움을 줄 것입니다. 소리 자극으로 인해 고양이가 숨는 행동은 지극히 본능적인 행동이지만 스트레스를 받는 상황으로 분류됩니다. 이러한 교육을 매일 15분씩 1회, 놀이라고 생각하고 교육을 진행한다면 어떤 소리에도 놀라거나 겁먹지 않는 자신감 넘치는 고양이가 될 것입니다.

교육 기간 중에는 외부자극을 최소화하기 위해 현관문에 알림판을 달아 '고양이가 있으니 되도록 초인종을 누르지 마시고, 택배는 그냥 문 앞에 놔두고 가주세요.'라고 적어두는 것도 도움이 될 것입니다.

2. 가족 중에 누군가를 무서워해요

막내 고양이가 남자 집사만 퇴근하면 눈치 보고 도망 다녀요. 여자인 저랑 하루 종일 집에 있을 때는 눈치 안 보고 침대에서 자기도 하는데, 남자 집사가 오면 거실에만 머물러요.

남자를 무서워하는 고양이는 많습니다. 이유는 여러 가지인데, 우선 음성적인 부분 때문에 남자를 무서워하는 경향이 있습니다. 일반적으로 여자 보호자의 목소리는 높은 톤이 많습니다. 고양이가 너무 귀엽고 예쁘기 때문에 그렇겠지만, 고양이에게 말을 걸고 있는 목소리를 녹음해서 들어보신다면 본인이 평소 말하는 톤보다 분명히 높은 톤임을 알 수 있습니다.

고양이에게 소리의 톤은 매우 중요합니다. 소리의 톤이 높을수록 호의적이라고 느끼기 때문입니다. 고양이가 발정기에 있을 때 매우 높은 톤을 띠는 것을 mating call이라고 합니다. 반대로 낮은 톤의 목소리는 고양이에게 위협적이고, '저리 가'라는 의미로 이해하게 합니다. 고양이가 공포심의 표현이나 공격하기 전에 내는 '으르렁' 소리를 growling이라고 하는데 매우 낮고, 약간의 떨림을 내포하고 있습니다. 남자와 여자의 톤을 비교했을 때 남자의 톤이 대체로 여자에 비해 낮으므로 고양이에게 위협적인 느낌을 줄 수 있습니다. 남자 보호자께서 톤을 약간 높여서 고양이를 불러준다면 긴장감을 낮출 수 있을 것입니다.

또한 남자 집사가 퇴근을 하고 집에 왔을 때 고양이가 눈치를 본다는 것은 남자 보호자가 의도했든, 아니든 고양이가 싫어하는 행동을 했을 가능성이 큽니다. 일반적으로 고양이와 보호자 간의 관계가 멀어진 경우, 보호자는 인지하지 못했지만 고양이가 싫어하는 행동을 한 경우가 대부분입니다. 예를 들어 고양이가 원하지 않는데 억지로 스킨십을 했다거나 갑작스럽게 큰 소리를 냈다거나 혹은 먹을 것을 가지고 장난을 치는 경우 등 고양이와 보호자 사이의 신뢰를 깨는 행동을 은연 중에 자주 했을 수 있습니다. 또한 남성의 경우 여성에 비해 대체로 체격이 더 크므로 체고가 낮은 고양이의 입장에서 올려다봤을 때 훨씬 더 위압적으로 느낄 수 있습니다.

고양이가 이렇게 편향적으로 여자 보호자는 따르고 남자 보호자에 대해 두려움을 느끼는 경우 **역할 바꾸기 교육**을 추천합니다. 고양이와 생활하다 보면 고양이를 돌봐주는 일을 대부분 여자 보호자가 하는 경우가 많은데 관계 개선을 위해 고양이가 즐겁고 좋아할 만한 일을 남자 보호자가 해주는 것입니다. 예를 들어 일상에서 간식 주면서 교육하기, 밥 챙겨주기, 낚싯대와 같은 상호놀이를 제공하며 칭찬하고 보상해주기 등 남자 보호자가 조금만 노력하면 됩니다. 고양이와 여자 보호자 사이에는 이미 단단한 신뢰와 호감이 형성되어 있기 때문에 그 외적인 일, 예를 들면 화장실 관리나 빗질, 발톱 깎기 등 고양이가 생활하는 데 필요한 관리를 더 집중적으로 해주면 됩니다.

남자 보호자가 집에 들어올 때 숨거나 도망가는 경우에는 현관 쪽에 간식 박스나 간식 통을 배치해 남자 보호자가 집에 들어오자마자 고양이의 이름을 부르며 간식을 무심히 던져주기부터 시작해보면 관계 개선에 도움이 될 것입니다. 이런 교육을 통해 고양이는 남자 보호자가 집으로 오는 순간을 간식 먹는 때로 인식하게 됩니다. 당연히 남자 보호자를 기다리거나 반가워할 수밖에 없게 됩니다.

3. 이동장에 들어가는 걸 싫어해요

이동장에 담겨 차로 이동하는 걸 너무 무서워합니다. 처음엔 단순히 병원을 무서워하는 줄 알았는데 이제는 구토와 배변실수(이동장 안에서 오줌쌈)까지 합니다. 3개월에 한 번씩 병원에 다니고 있는데 갈 때마다 고양이도, 저도 무척 곤혹스럽습니다.

한 설문조사에 따르면 고양이와 함께 1년에 한 번도 동물병원에 방문하지 않는다는 보호자가 5명 중 1명이라는 보고가 있습니다. 고양이는 개에 비해 외출을 자주 하지 않다 보니 외부환경에 대해 두려움을 많이 느끼는데요, 이는 보호자도 마찬가지입니다. 그래서 동물병원에 한번 가려면 험난한 과정이 벌어지는 일이 비일비재합니다. 이러한 상황에서 편안하게 고양이를 이동시키고 싶다면 꼭 필요한 것이 바로, **이동장 교육**입니다. 이동장 교육은 고양이를 처음 입양했을 때 필요한 교육으로 이때 말하는 '이동장'은 크레이트crate를 의미합니다.

크레이트는 위로 분리가 되는 이동장 형태로, 동물병원 방문 시 고양이에게 스트레스를 덜 줄 수 있는 장점이 있습니다. 질문 속 고양이의 경우 **외출=이동장=동물병원=두려움**이라는 공식이 인지된 상태라 이동장에 들어가는 것 자체를 매우 큰 스트

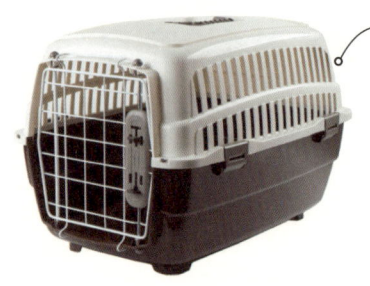

크레이트

외출 시 이동하기 위한 수단으로 주로 쓰이며 경우에 따라 고양이가 쉬거나 숨을 수 있는 공간으로도 활용된다.

레스로 받아들이고 있습니다. 이동장 안에서 소변 실수를 한다는 것은 가장 극심한 공포를 느끼며 스트레스를 받고 있다는 시그널의 일종입니다.

일반적으로 고양이가 공포심을 느낄 때 하는 행동을 '3F'라고 하는데, **Freezing**(얼기), **Flight**(도망가기), **Fight**(싸우기)를 뜻합니다. 하지만 이보다 더욱 극심한 상태가 되면 대소변 실수를 하게 됩니다. 특히 이동장 안에서 그러한 실수를 했다면 그 정도가 극에 달했다고 볼 수 있습니다. 이를 완화하기 위해서는 우선 이동장을 향한 두려움을 없애고 좋은 이미지를 쌓아 익숙해지도록 하는 선행교육이 필요합니다. 이동장 안에서 간식과 사료를 먹음으로써 이동장 자체를 병원에 가는 사인이 아닌, 즐거운 일이 생기는 공간으로 여기게 하는 것입니다.

먼저 빈 이동장의 위를 분리하여 평소 고양이가 좋아하는 담요나 수건을 깔고 인형 등을 놓아둡니다. 그리고 이동장 안에서 사료나 습식 캔 등을 먹도록 제한적으로 급식합니다. 그러다 이동장이라는 공간 자체가 익숙해졌다고 판단(간식 및 식사를 하게 됨)되면 분리했던 윗부분을 덮고 이동장 입구를 연 상태에서 역시 들어와 먹도록 지속적으로 급식합니다. 그다음 이동장에 간식이나 사료를 넣은 후 앞문을 닫습니다. 이때 고양이 스스로 이동장 안으로 들어가기 위해 보호자에게 문을 열어달라는 신호를 보낼 것입니다.

주의해야 할 점은 처음 이동장 교육을 할 때 철저하게 이동장 안에서만 급식을 해야 한다는 것입니다. 이동장 교육은 매일매일 1개월에서 길게는 2~3개월까지 걸릴 수 있습니다. 그러나 급하게 동물병원을 방문해야 하는데 고양이가 여전히 이동장을 두려워하거나 극심한 공포를 느끼고 거부한다면 담당 수의사님과 상의하여 신경안정제를 처방받을 수도 있습니다.

고양이가 동물병원을 방문하는 것은 세 살 아이가 치과에 가는 것과 같은 감정입니다. 이를 완화하기 위해서는 약물의 도움을 받는 것이 더 나은 선택일 수도 있습니다. 보통 신경안정제의 경우, 동물병원 방문 2시간 전 1회 투약하고, 30분 전 추가 투약을 권장하고 있습니다. 신경안정제를 투약하면 이동장 안에서 과도하게 우는 것을 감소시킬 수 있고, 대소변 실수 같은 행동도 예방할 수 있습니다. 또한 동물병원에 도착해 진료를 받을 때 '공포 공격성'을 감소시킬 수 있습니다. 하지만 신경안정제의 종류가 매우 다양하기 때문에 적절한 용량 및 투약 방법에 대해 담당 수의사와 상의한 다음 지시에 따르셔야 합니다.

한 번 더 강조하지만, 이동장 교육은 고양이를 입양하면서부터 필히 이루어져야 하는 교육 중 하나입니다. 이러한 사전교육 없이 추후 동물병원 방문이 필요하거나 고양이를 이동시켜야 되는 상황이 오면 고양이도, 보호자도 매우 힘들어지고 나아가 위험해지는 경우가 많으므로 성묘라 하더라도 이를 참고하여 꼭 교육시킬 것을 당부드립니다.

4. 병원에 한 번 다녀온 뒤로 핸들링을 거부해요

도망가는 아이를 억지로 잡아 이동장에 넣고 병원에 한 번 다녀온 적이 있는데 그 이후로 만지려고 하면 싫어하거나 뒷걸음질 쳐요. 가끔 물려고도 합니다. 겁도 전보다 더 많아진 것 같고요. 트라우마가 생긴 것 같은데 어떻게 극복하면 좋을까요?

고양이에게 동물병원이라는 곳은 어린아이가 치과에 가는 것처럼 두려운 장소로 인식되기 쉽습니다. 고양이의 정서나이가 사람으로 치면 세 살인 것으로 미루어볼 때 크게 두려움을 느끼는 것은 당연한 일입니다.

우선 동물병원에 방문하는 전체적인 과정을 나누어 하나씩 연습을 할 필요가 있습니다. 질문 속 고양이처럼 동물병원을 방문하기 위해 가장 먼저 극복해야 될 부분은 바로 **이동장(크레이트)**입니다. 이동장은 천으로 된 것보다는 위아래가 조립되어 있는 형태로 반반씩 나눌 수 있는 것을 기본적으로 추천해드립니다. 이러한 이동장은 평상시에 숨숨집으로 활용할 수 있으며 사료와 간식을 이동장 안에서만 제공하여 공간 자체를 좋아하게 만들 수 있습니다. 기억하셔야 될 것은 동물병원을 방문하기 전에 이동장을 제일 좋아하는 공간 중 하나로 인식하게 만들어주는 것입니다. 평소 사용하는 담요나 방석을 이동장 안에다가 깔아주는 것도 방법이 될 수 있습니다.

이동장 교육 시 처음에는 뚜껑의 반을 열어놓은 상태에서 담요를 깔아주고 간식을 줍니다. 1주일 정도 시간이 지난 후 익숙해졌다면 뚜껑을 닫고 사료나 선호하는 간식(혹은 츄르)을 제공합니다. 그러다 평소에도 이동장 안에 들어가 쉬는 시간이 늘어나면 조용히 앞문을 닫아줍니다.

평소에는 열어주었다가 간식이나 사료를 먹는 동안에는 문을 닫아줍니다. 닫은 상태에서 담요로 시야를 가려줍니다. 이때 조급한 마음에 이동장에 익숙해졌다고 여기고 바로 동물병원으로 간다면 다시 이동장에 대한 두려움이 생길 수도 있습니다. 그러므로 처음 며칠은 이동장을 들고 차에 태웠다가 시동을 건 후 다시 끄고 집으로 돌아오는 연습을 합니다. 집으로 돌아온 후에는 문을 열어 이동 후에도 아무 일이 없다는 것을 인식시켜주고 즉각적인 보상을 해줍니다. 차에 타도 울지 않는 등 고양이가 상황에 익숙해졌다고 판단되면 차로 동네 한 바퀴를 돌고 다시 집으로 돌아옵니다. 집에 돌아와서는 위와 같은 보상 상황을 다시 반복적으로 만들어줍니다.

이렇게 이동장 안에 들어가는 것과 이동장의 움직임이 익숙해지고 차의 시동소리나 외부소음에 익숙해지면 동물병원에 가도 좋습니다. 만약 이런 연습시간이 부족할 경우 담요를 이용해 고양이를 뒤에서 감싸안는 연습이 필요합니다. 간단하게 고양이를 빠르게 감쌀 수 있으며 이동장이 열린 상태에서 위에서 아래로 내려놓을 수 있습니다. 고양이를 이동장에 놓고 빠르게 뚜껑을 닫아줍니다. 담요로 고양이를 싸서 넣을 때도 꼭 이동장을 활용해야 합니다.

천으로 되어 있거나 한쪽을 열어 넣는 타입은 고양이를 밀어 넣거나 강제로 이동장에 들어가게 하는 상황이 생길 수 있으므로 고양이가 이동장 자체를 싫어할 수밖에 없습니다.

접종을 위해 병원에 방문하는 1차 시기인 생후 6주부터 이동장에 익숙해지는 연습을 하고 항상 좋아하는 간식을 가져가 동물병원에서 보상과 함께 검진 및 접종을 진행한다면 고양이가 가지는 두려움을 감소시킬 수 있으며, 평소 이동장 교육을 해두면 고양이가 아플 때 제때 병원에 못 가는 상황을 미연에 방지할 수 있을 것입니다.

5. 길냥이를 입양했는데 사회화가 너무 힘들어요

길고양이 성묘를 입양했습니다. 사회화가 안 되어 있어 5개월째 만지지 못하고 있습니다. 공격성이 살아 있는 길고양이를 입양한 경우 사회화를 길러줄 수 있는 방법과 만지는 방법 등을 알고 싶어요. 나옹신 '쓰담이'도 구매해서 〈고양이를 부탁해〉에서 본 것처럼 여러 번 시도했으나 고양이가 싫어합니다. 츄르를 잘 먹다가도 머리 쪽으로 손이 가면 소스라치게 놀라며 도망가거나 할큅니다. 둘째 고양이도 1년 반 전 구조한 구조묘인데, 사람에 대한 경계가 너무 심해 손길을 허락하지 않아 병원에 데려가거나 케어할 수 있는 방법이 전혀 없어요. 어떻게 하면 모두와 친해질 수 있을까요?

길에서 태어나 생활을 지속해오던 고양이들은 질문처럼 사회화가 안 되어 있는 경우가 대다수입니다. '사회성 부족 공격성'은 길에서 태어나 사람의 손길을 타지 않은 고양이에게 가장 흔하게 관찰되는 문제행동입니다. 사회화라는 것은 생후 3주에서 8주 기간에 이루어지는 것으로 행동학적으로 **PPI**가 꼭 이루어져야 합니다. PPI라는 것은 **People friendly**(사람에 대한 친화도) **Predatory behavior friendly**(사냥기술에 대한 친화도) **Intercat friendly**(다른 고양이에 대한 친화도)라고 할 수 있습니다. 길에서 태어난 고양이들은 어미 고양이와 사회화시기를 겪게 되므로 자연스럽게 사냥놀이를 하며 사냥기술을 습득하게 됩니다.

고양이는 보통 4~5마리의 새끼를 출산하므로 자연스럽게 3주에서 8주 기간인 사회화시기에 Intercat friendly도 습득하게 됩니다. 형제묘들과 함께 뛰어놀면서 다른 고양이에 대한 친화도를 형성하게 되는 것입니다. 고양이는 본능적으로 안전을 최우선으로 생각하는 만큼 사람에게 노출되는 것을 꺼리는 경향이 있으므로 이 시기에 사람에게 핸들링을 받지 못한 길고양이의 경우 당연히 People friendly가 형성되지 않으며, 이로 인하여 **사회성 부족 공격성**을 보이게 됩니다. 이 경우 사람의 손길을 즉각적으로 피하며 도망가거나 할퀴는 상황이 생깁니다. 심할 때는 가까이 다가가기만 해도 하악질을 하거나 방어적 공격성을 보이는 경우도 많습니다.

이때 행동학적으로 적용할 수 있는 방법이 바로 **역조건**counter conditioning **형성**입니다. 고양이가 싫어하는 상황이 생기더라도 보상을 통해 좋은 기억을 심어주는 방법입니다. 머리를 쓰다듬는 연습의 시작은 손가락을 이용한 코인사입니다. 코인사를 할 때마다 즉각 간식으로 보상합니다. 간식의 양은 중요하지 않으며 코인사 자체로, 즉 손가락 끝에 고양이가 코를 대는 행동만으로도 좋은 상황이 생긴다는 것을 인식시켜주기만 하면 됩니다. 손가락 끝이 익숙해졌다면 다음은 손바닥을 이용해 간식을 주는 동시에 머리 뒤를 한 번 정도 쓰다듬어줍니다. 이때 중요한 것은 고양이의 시선 정면에서 접근하는 것이 아니라 머리 뒤에서 접근하는 것입니다. 사람 손길에 익숙하지 않은 고양이는 시선 정면에서 접근하려는 움직임을 위협으로 느낄 수 있기 때문입니다. 또한 간식의 타입은 짜서 제공할 수 있는 습식간식이 도움이 됩니다. 짜주는 시간 동안 손바닥을 이용하여 가볍게 쓰다듬어주는 횟수를 1회에서 단계적으로 2회, 3회 이렇게 늘려줄 수 있기 때문입니다. 처음 쓰다듬어주는 것이 익숙해지면 그다음에는 코인사 후 1회 쓰다듬어준 이를 잘 인내할 경우 바로 보상을 줍니다. 동시에 주는 것이 아닌 고양이를 쓰다듬은 뒤에 주는 것으로 보상에 대한 순서를 바꾸는 것입니다.

위와 같은 방법들은 단순히 쓰다듬는 것부터 여러 스킨십으로 확장할 수 있습니다. 고양이의 발을 만지거나, 안아주거나, 빗질을 해주거나, 고양이의 눈곱을 떼주고, 귀를 만지고 닦아주는 등 고양이와 생활하면서 필요한 스킨십을 이 교육으로 이어간다면 보다 편하게 고양이와 함께할 수 있을 것입니다. 잊지 말아야 할 것은 이와 같은 교육이 성공하려면 간식은 꼭 교육 시에만 제공되어야 하며, 15분 동안 교육하여 집중력이 떨어지지 않게 하고 매일 1~2회 정도 규칙적으로 진행해야 한다는 점입니다. 그래야 고양이가 간식도 먹고 스킨십을 기대하는 시간으로 만들 수 있습니다.

　고양이가 예쁘고 귀여워서 만질 때도 많지만, 일상생활을 위해서도 고양이와의 스킨십은 필수입니다. 어린 시절부터 사람의 핸들링 경험이 없는 고양이라고 하더라도 매일 최소 5분에서 15분씩 가벼운 스킨십 핸들링 교육을 진행한다면 **People friendly**(사람에 대한 친화도)가 자연스럽게 생길 것입니다.

6. 에너자이저 고양이를 지치게 하는 방법은 없나요?

한번 놀기 시작하면 3시간은 거뜬히 노는데 제가 지쳐서 안 놀아주면 장난감을 물어 와요. ㅠㅠ 둘째는 지금 1년 10개월 되었고 하루 종일 놀 생각만 하는 것 같아요. 하루 종일 쫓아다니면서 놀아달라는 눈빛으로 울어요. 그래서 2시간 놀아준 적도 있습니다. 하루에 3번 이상 놀아주고 있어요. 퇴근 후 아무리 피곤해도 1회 이상 30분~1시간 놀아줍니다. 그래도 또 놀아달라고 해요. 아빠 브리티시숏헤어, 엄마 러시안블루 믹스묘입니다. 에너지가 너무 많은 것인지 아니면 노는 걸 너무 좋아하는 것인지 제가 없을 때는 장난감 갖고 놀고 첫째랑 놀아요. 제가 있으면 낚싯대를 계속 흔들어 달라고 하는 것 같아요. 우는 것에 반응을 안 하니 요즘에는 등을 툭툭 건드리며 애처롭게 울어요. 많이 놀아준다고 생각하는데도 이 녀석은 성에 안 차는 것이겠지요?

사냥놀이를 제공해줘도 지치지 않는 고양이가 있습니다. 연령대에 따라 에너지 차이가 있거나 사냥에 대한 본능이 강한 종도 있기 때문입니다. 고양이는 한 살까지는 **신체의 성장속도가 사람의 15배**로 아주 빠릅니다. 대략 6개월 정도 된 고양이의 신체나이는 사람으로 치면 10세이므로 신체나이가 초등학교 1학년과 같다고 볼 수 있습니다. 이 무렵의 고양이는 보호자가 사냥놀이를 제공하더라도 지치지 않는 에너자이저 같습니다. 초등학생 아이들이 뛰어노는 것과 비교해도 그리 차이가 없어 보입니다. 게다가 질문 속 고양이가 장난감을 물어 오는 행동을 한다는 것은 **predatory behavior**(포식행위)가 매우 발달한 성향이라고 볼 수 있습니다. 포식행위 즉 사냥놀이에 대한 본능이 크기 때문에 마치 초등학생이 부모님과 놀고 싶어서 축구공을 가지고 오는 상황과 같다고 할 수 있습니다. 이렇게 어린 고양이들은 놀이 에너지가 높기 때문에 다양한 방법으로 이 에너지를 풀어주어야 합니다.

우선은 제한급식을 통해 식사하는 것을 어렵게 만들어줍니다. 상호놀이만으로 사냥놀이 에너지를 해소하기에는 한계가 있으므로 급식을 할 때 먹이퍼즐이나 슬로 피더를 이용하여 천천히 어렵게 급식을 제공합니다.

보호자가 외출 시에는 행동유발 먹이 장난감을 배치하여 에너지를 소모하게 합니다. 에너지가 넘치고 포식행위 욕구가 높은 고양이들에게는 자율급식보다 제한급식이 필수라고 할 수 있습니다. 게다가 사냥놀이 중에 제일 재밌는 것은 보호자가 개입하여 제공하는 상호놀이입니다. 낚싯대를 흔드는 것은 실제 사냥감에 제일 가깝기 때문에 다른 것들보다 더욱 즐거울 수밖에 없는 놀이입니다. 이때 유의해야 할 것은 절대로 식사 후 놀이를 제공하면 안 된다는 것입니다. 배가 부른 상태에서 놀이를 제공할 경우 먹는 것보다는 사냥을 한다는 행위 자체에 더욱 집중하므로 간식과 같은 보상을 주더라도 관심이 없을 가능성이 큽니다. 그러므로 제한급식을 진행할 경우 항상 급식 시간 전에 보호자와 함께하는 사냥놀이를 제공해야 합니다. 이렇게 놀이를 할 때는 간식이 아니라 사료를 보상으로 제공할 수 있습니다. 또 한 가지 기억해야 할 것은 놀이가 다 완료된 후에 보상을 주는 것이 아니라 놀이 중간중간 사냥에 성공하였을 때 보상을 제공하는 것입니다. 물론 사냥의 마지막에는 칭찬과 함께 보상으로 마무리를 하여야 합니다. 중간중간 사냥감을 잡거나 성공하였을 때 즉각적으로 보상을 제공합니다.

이전 챕터에서도 말씀드렸지만 고양이의 사냥놀이를 진행할 때는 항상 **HEGS**Hunting Eating Grooming Sleeping **사이클을 기억**해야 합니다. 고양이는 사냥을 하고 사냥감을 먹고, 그 후 몸에 묻은 사냥감의 흔적을 그루밍하여 제거하고 잠을 자려는 습성이 있습니다. 지치지 않는 고양이에게 이 원리를 적용하여 사냥놀이를 제공하면서 고단백 고지방 간식 또는 사료를 던져줘도 되며 습식간식의 경우 스푼에 묻혀서 제공해도 됩니다.

중간중간 충분히 보상을 진행하다 보면 어느 순간 자신의 몸을 그루밍하는 고양이를 볼 수 있습니다. 그 후 몇 회 더 먹이 보상과 함께 놀이를 제공하면 그루밍 후 잠을 자기 위해 자리를 잡으려 할 것입니다. 학창시절 운동장에서 축구나 농구 같은 운동을 한 후 친구들과 함께 분식집에서 간식을 사먹고 집에 가 씻은 뒤에 쉽게 잠을 청해본 경험이 있다면 이러한 HEGS 사이클이 어떻게 적용되는지 이해하시기 쉬울 것입니다.

사냥놀이를 향한 에너지가 많은 샴, 러시안블루, 벵갈과 같은 종들 그리고 1~2년 미만의 고양이들에게 HEGS 사이클을 적용하여 놀이를 제공할 경우 지치지 않아서 보호자를 힘들게 하는 상황은 줄어들 것입니다. 식사와 놀이, 보상과 교육은 사냥놀이를 통해서 제공할 수 있습니다. 단순히 놀이만 제공해서는 에너지를 충분히 해소할 수 없다는 것을 기억하시면 좋겠습니다.

7. 혼자 있는 걸 좋아하고 잠만 자는데 괜찮을까요?

아이가 스코티시폴드라 관절부분이 아파서 그런지 평소에 예민하고 혼자 있는 걸 좋아하는 편이에요. 그래서 집사들과도 엄청 가까운 사이는 아니다 보니 제가 보기에 유일한 낙이 간식이고 대부분 잠을 자면서 하루를 보내요. 어떻게 해줘야 할까요? 우울한 건 아닌지 걱정이 돼요.

스코티시폴드는 골연골이형성증 같은 유전질환에 노출되기 쉬운 종입니다. 골연골이형성증의 경우 뼈에 가골이 형성되며 관절이 붙기 때문에 기민하게 움직이며 활동성이 높은 고양이에게는 치명적인 질환이라고 할 수 있습니다. 움직일 때마다 통증을 동반하므로 고양이가 예민하고 소심해지기 쉬우며 짜증을 많이 낼 수도 있습니다. 질문 속 고양이도 스코티시폴드라는 종의 특이적인 소견이 있으므로 우선은 골연골이형성증과 같은 건강상의 문제가 없는지 확인이 필요합니다.

움직임이 없는 경우 우선적으로 파악해야 되는 것은 건강상의 이상 유무입니다. 사람도 감기만 걸려도 친구들을 만나는 게 싫어지고 세상의 모든 일이 귀찮아지며 집 밖 슈퍼마켓에 다녀오는 것조차 힘들어합니다. 고양이도 움직일 때 통증을 동반하

고양이의 하루

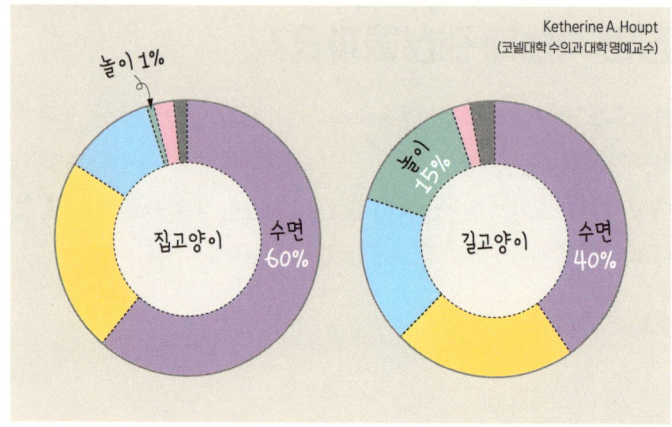

Ketherine A. Houpt
(코넬대학 수의과 대학 명예교수)

는 다른 장기의 이상으로 질환에 걸린 경우 놀이에 반응이 없거나 웅크리고 쉬려고 하는 경우가 많습니다.

하지만 질문 속 고양이에게 좋은 소식은 유일한 낙이 간식이라는 점입니다. 간식이라는 보상에 대해서 반응을 한다면 여러 가지로 행동을 유발할 수 있는 환경을 만들어 간식을 그냥 주는 것보다는 스스로 간식을 찾아 먹을 수 있게 하는 것이 도움이 될 수 있습니다. 고양이가 움직이지 않는다고 그냥 놔두고 급식을 할 경우 더욱 잠을 자는 고양이로 만들게 됩니다.

일반적으로 집에서 생활하는 고양이들의 평균 수면시간은 14시간으로 알려져 있습니다. 반면에 길에서 생활하는 고양이들의 경우 10시간 정도 수면합니다. 어떻게 이런 차이가 생기는 걸까요? 바로 사냥놀이와 연관성이 높기 때문입니다.

길에서 생활하는 고양이들은 사냥을 위해서 사용하는 시간이 210분 정도이나 집에서 생활하는 고양이들의 경우 사냥을 위한 시간이 14분 정도로 알려져 있습니다. 게다가 휴식시간이 평균 6시간임을 고려한다면 집고양이들은 잠을 자거나 쉬는 시간이 20시간에 이릅니다. 그러므로 잠을 자면서 하루를 보낸다는 것은 놀이 풍부화가 충분히 이루어지지 않고 있으며 환경적인 풍부화도 부족하다고 할 수 있습니다. 모든 고양이가 활동적인 놀이를 좋아하는 것은 아닙니다. 몸이 불편하거나 내향적인 고양이들은 정적인 놀이를 제공해주는 것도 하나의 방법입니다. 사냥놀이가 아니더라도 '니나오토슨' 회사에서 나온 먹이퍼즐 장난감이나 큐브 형태의 플라스틱 안에 구멍을 내어 사료나 간식이 나오게 하는 정적인 먹이 장난감들도 추천합니다.

　모든 장난감에는 난이도가 있으며 어려운 장난감을 제공하면 처음부터 포기할 가능성이 크므로 가벼운 셀프 먹이 장난감(플라스틱 생수통에 구멍을 내서 사료 담기)을 제공할 때는 최대한 구멍을 많이 내서 손쉽게 이용 가능하게 하였다가 단계적으로 구멍을 적게 내서 난도를 올리는 방법도 추천됩니다.

　고양이가 움직임이 적다고 해서 사냥본능이 없는 것은 아닙니다. 움직임을 최소화하면서도 충분히 사냥놀이를 제공할 수 있으며 또한 관절질환이 있거나 통증으로 인해서 움직임이 저하된 고양이의 경우 진통소염제를 처방받아 투약하면서 통증으로부터 벗어나게 해 활력적인 고양이로 만들어줄 수도 있을 것입니다. 통증이 사라지면 언제 그랬느냐는 듯 활기차게 움직이며 노는 고양이도 많으므로 성향 때문에 놀이에 관심이 없는지 신체적인 통증이나 질환문제로 움직임이 적은 것은 아닌지 먼저 꼭 감별 후 놀이 관심을 판단할 필요가 있습니다.

8. 점프를 잘 못하는 것 같은데 괜찮을까요?

아이가 누워 있는 것을 좋아하고 높은 곳에 올라가려 하지 않습니다. 캣 타워도 거의 사용하지 않고 가끔씩만 올라가고요, 낮은 침대 (사람 무릎 정도) 높이도 가장 좋아하는 장난감으로 놀 때는 장난감에 정신이 팔려서인지 잘 올라가는데 평소에 생활할 때는 뛰어서 올라오려면 엉덩이 씰룩거리는 시간이 굉장히 깁니다. 그리고 식탁 정도의 높이는 한 번에 뛰어 올라가지 못하고 간식이나 밥을 줄 경우에만 의자나 박스 같은 것들을 밟고 올라와요. 물론 고양이들마다 차이가 있겠지만 점프를 못해도 생활에 이상은 없는 거 맞겠죠?

고가의 제품을 구매 후 고양이가 사용하지 않아서 난감해하거나 고민하는 보호자분들이 많습니다. 특히나 고양이에게 수직공간이 필요함을 알아서 적지 않은 금액으로 캣 타워를 구매해 놔두어도 고양이가 사용하지 않는다면 단순히 장식품에 지나지 않게 됩니다. 값이 나가는 제품보다 박스 하나에 고양이가 몸을 웅크리고 들어가 편안하게 쉬는 모습을 보면 고양이란 생명체는 정말 어떻게 이해를 해야 되나 하고 허탈 웃음을 짓는 분들도 많습니다. 하지만 고양이가 좋아하는 공간으로 만들어주는 방법은 매우 단순합니다. 보호자가 원하는 공간에서 고양이에게 좋은 일이 생긴다는 것을 인식시켜주시면 됩니다.

특히 캣 타워는 단순히 고양이 스스로 올라가서 쉬기를 바라는 경우 높은 곳보다는 어둡고 숨는 것을 좋아하는 성향의 고양이에게는 이용 가능성이 떨어집니다. 그런 고양이에게는 캣 타워에서 강한 동기부여를 제공해주면 됩니다. 고양이가 좋아할 만한 건조된 간식 한두 개를 캣 타워 근처부터 각각의 층 공간에 배치해줍니다. 제한급식을 할 경우에도 캣 타워 위에서 제공합니다. 중요한 것은 보호자가 원하는 공간을 사용하기를 원한다면 되도록 그 공간이 아닌 다른 곳에서의 먹이 보상은 제한해야 한다는 것입니다.

간혹 일곱 살 이상 된 노령의 고양이는 퇴행성관절염과 같은 노령성 질환에 걸려 높은 곳에서 내려오거나 위로 점프하는 것을 힘들어하는 경우도 있습니다. 이는 감정적으로 두려워서라기보다는 건강상의 문제로 인한 행동입니다. 또한 높은 곳을 올라갈 때도 한 번에 올라가지 못하고 낮은 위치의 발디딤 할 곳을 찾거나 머뭇머뭇하며 올라가지 못하고 자리를 뜨는 행동 또한 이러한 퇴행성관절염의 문제로 생각해볼 수도 있습니다. 퇴행성관절염이 있는 고양이에게는 캣 타워 층간의 수직공간 사이에 경사대를 설치해서 점프가 아닌 천천히 올라갈 수 있는 환경을 만들어주는 것도 도움이 됩니다.

또한 노령묘가 되어 화장실 실수를 하는 경우에 화장실의 턱 높이가 높아 화장실 앞에서 실수하는 일도 있으므로 노령묘를 위한 화장실은 일반적인 화장실보다 턱의 높이가 낮은 제품을 사용하여야 합니다.

고양이가 높은 곳을 잘 올라가지 못하고 내려올 때도 조심스럽게 내려온다고 해도 일반생활을 하는 데에는 문제가 없습니다. 하지만 높은 곳에 올라가 안전감을 느끼고 캣 타워에서 햇살을 받으며 편히 쉬는 걸 좋아하는 고양이의 QOL Quality Of Life(삶의 질)을 생각한다면 퇴행성관절염과 같은 통증을 유발하는 질환을 앓고 있지는 않은지, 새로운 제품을 제공했을 때 좋아할 수 있는 동기부여를 해주지 못했던 것은 아닌지 생각해볼 필요가 있습니다.

9. 장난감에 흥미가 없어요

고양이 두 마리와 살고 있습니다. 각자 따로 놀아주고 있는데 첫째가 놀아줄 때 흥미가 빨리 떨어지고 잘 안 움직이려고 해서 걱정이에요. ㅜㅜ 매번 다른 장난감으로 놀아줘도 좋아하는 종류에만 반응하고 그것도 금방 식어요. 5분 정도는 움직이면서 놀고 그 이후에는 그냥 누워버립니다.

다묘 가정에서 놀이를 제공하는 것은 어려운 일입니다. 보호자가 여러 명일 경우 각자 책임을 지고 놀이를 제공하면 되지만 보호자가 한 분이면 여러 마리에게 놀이를 제공할 때 소외되는 고양이가 생길 수 있으며 놀이를 특정 고양이만 독차지하는 일도 많기 때문입니다. 제가 강연을 하거나 이러한 고민들로 인해 많은 보호자분과 상담을 할 때 이야기하는 것이 바로 **놀이터 이론**입니다. 놀이터 이론이라는 것은 교과서에 나와 있는 내용은 아니지만 다묘 가정에서 한 고양이가 왜 놀이에 소외되는지 설명을 용이하게 하기 위해 만든 표현입니다.

놀이터 이론은 놀이터에 제한된 그네가 있다고 하였을 때 (1개의 그네만 있다고 예를 들겠습니다) 두 명 또는 세 명의 어린이 중 한 명의 어린이가 1개의 그네를 독차지하게 되면, 남은 아이들은 그네가 비워질 때까지 기다리거나 시간이 지나도 자리가 안

나면 그곳을 떠나게 된다는 이론입니다.

두 마리 이상의 다묘 가정에서 낚싯대를 이용한 상호놀이를 제공하였을 때 많은 보호자분이 이러한 경험을 한 적이 있을 것입니다. 활동적인 한 고양이는 적극적으로 놀이에 참여하며 보호자가 흔드는 낚싯대에 반응하지만 그렇지 않은 고양이는 옆에서 지켜보다가 자리를 뜨거나 한번 놀이에 참여하는 시늉을 하다가 금세 포기하고 다른 곳으로 가버리는 경우를 많이들 보셨을 것입니다.

자리를 뜨거나 구경하는 고양이가 놀이에 관심이 없거나 놀이를 싫어하는 것은 아닙니다. 단지 놀이에 더욱 적극적으로 참여하는 고양이의 눈치를 보거나 끼어들지 못하여 쳐다만 보다가 자리를 뜨는 것입니다. 이러한 경우에는 순서를 정해서 놀이를 제공하는 것이 좋습니다. 15분 정도의 시간을 정해두고 차례대로 한 마리씩 상호놀이를 해주는 것입니다. 기다리고 있는 고양이는 공간적인 분리가 가능하다면 다른 공간에 분리해주는 것이 좋습니다. 평소 놀이에 적극적으로 참여하지 못한 고양이라면 우선적으로 놀이에 참여했던 고양이를 분리한 후 먼저 놀이를 제공하는 것이 좋습니다.

분리되거나 기다리고 있는 고양이는 단순히 공간적인 분리만 제공된다면 무료할 수 있으므로 먹이 장난감이나 혼자서 놀 수 있는 장난감을 제공해주면 좋습니다. 적극적으로 놀이에 참여하던 고양이가 보이지 않으면 놀이에 소극적이던 고양이도 좀 더 편안하게 보호자가 제공하는 놀이에 참여하고 반응할 것입니다. 대부분 다묘 가정에서 놀이에 소극적인 고양이들은 다른 고양이가 신경 쓰이거나 인내하는 경우가 많으므로 먼저 배려하여 놀이에 적극적으로 참여하게 독려해줄 필요가 있습니다.

기본적으로 **고양이가 놀이에 집중하는 시간은 15분** 정도이므로 한 세션을 15분으로 나누어 제공해주시면 됩니다. 보호자와의 상호놀이가 끝난 고양이는 다시 분리 후 혼자서 놀 수 있는 먹이퍼즐 장난감을 제공해주면 됩니다. 세 마리 이상의 고양이와 놀이를 제공해주셔야 한다면 두 마리를 다른 공간에 다른 장난감과 함께 분리한 후 한 마리씩 거실 또는 보호자가 상호놀이를 제공할 수 있는 공간으로 데리고 나와 놀아주면 더욱 심리적으로 편해져 보호자와의 놀이에 적극적으로 참여할 수 있을 것입니다.

행동학에는 'NILIF'라는 말이 있습니다. Nothing In Life Is Free의 약자이며 간단히 설명을 드리면 **'세상에 공짜는 없다'**라는 뜻입니다. 보호자분들이 놀이를 제공하며 실수하는 것 중 하나가 동기부여를 위한 간식 제공을 아무 이유 없이 하는 것입니다. 항상 급식을 하기 전 또는 맛있는 간식을 주기 전에 놀이를 제공하면 고양이에게 큰 동기부여 및 집중력을 심어줄 수가 있습니다. 놀이에 집중력이 떨어진다면 간식 주는 시간을 적극적으로 활용하시길 추천드립니다. 대부분 아무 이유 없이 고양이가 귀여워서, 퇴근 후 오랜 시간 집에서 무료하게 보냈을 고양이가 안쓰러워서 간식 통을 꺼내 그냥 주신다면 고양이가 적극적으로 놀이에 참여하고 집중할 수 있는 기회를 날려버리게 되는 것입니다.

고양이의 모든 행동에는 **강력한 동기부여**가 필요하며 다묘가정에서 오롯이 본인만의 시간을 순차적으로 보호자와 함께 보내는 것은 아주 큰 만족감을 느끼게 합니다. 이렇게 놀이에 대한

동기부여를 할 수 있는 시간을 잘못 판단하여 급식 후 놀이를 제공하게 된다면 상호놀이에 대한 관심 및 집중력은 현저히 떨어질 것입니다.

고양이들은 상호놀이를 통해 제공되는 장난감 중에서도 선호하는 장난감이나 보상이 있으므로 고양이의 취향에 맞게끔 장난감을 제공하면 놀이 시간을 더욱 즐거운 시간으로 만들어줄 수 있습니다. 낚싯대 끝에 달려 있는 모양이나 흔들면 나는 소리에 따라 반응하는 정도는 각각의 고양이마다 다를 수밖에 없으며 이에 맞춰 좋아하는 간식의 선호도로 보상의 강도를 조절하면 놀이에 대한 반응은 달라질 것입니다. 좋아하지 않는 장난감에 반응을 유도하기 위해서는 가장 좋아하는 간식과 같은 보상을 제공하는 것이 유익하며, 좋아하는 장난감에 대해서는 사료와 같은 보상을 제공하는 것도 하나의 방법이 될 수 있습니다.

10. 새로운 장난감을 무서워해요

새로운 먹이 장난감을 사줘도 무서워하고 흥미가 없어요. 장난감을 이것 저것 사다 보니 많아지기만 하고 먹이 장난감으로 밥을 잘 먹는 고양이가 되었으면 좋겠어요.

"우리 고양이가 장난감에 흥미가 없어요. 어떻게 해야 되나요?"라는 질문은 많이 받는 질문 가운데 하나입니다. 고양이라면 당연히 놀이에 관심이 많아야 되는데 조금 냄새를 맡으며 탐색을 하다가 흥미를 보이지 않으면 고민해서 구매한 장난감이 쓸모가 없어지는 듯해서 좌절감이 많이 들기도 합니다. 먹이 장난감을 이용해서 급식을 해야 된다는 점은 많이 알고 계신 분들도 있고 모르시는 분들도 있습니다. 안다고 하더라도 먹이 장난감을 사용하지 않는 고양이를 보면 답답한 마음이 들기도 합니다.

고양이에게 먹이 장난감을 제안해드리는 경우 제공에 실패하는 일이 많은데 그 이유는 다음과 같습니다. 우선 먹이 장난감을 제공하면서 다른 곳에 사료가 그대로 있는 경우입니다. 먹이 장난감이라는 것은 고양이의 사냥본능을 충족시키기 위해서 먹이를 장난감 안에 숨겨놓고 스스로 고민하며 사냥하듯이 꺼내 먹거나 찾아 먹게 하는 기능을 가지고 있습니다. 당연히 사냥

본능을 충족시켜줘야 하기 때문에 노력이라는 것이 필요합니다. 하지만 자율급식 하듯이 사료가 다른 곳에도 있으면 고양이는 어렵게 먹이를 먹기보다 간단히 쌓여 있는 먹이를 선택하게 됩니다. 우리도 마찬가지로 맛있는 뷔페 식당에 가서 쌓여 있는 음식을 편하게 먹을 수 있는데 굳이 어려운 수학공식을 풀어야지만 밥을 먹을 수 있는 상황을 선택하는 분은 아무도 없을 것입니다. 고양이에게 사냥이라는 것은 그 자체로 즐거움이지만 근본적으로는 자원을 확보하는 일입니다. 먹이 장난감과 편하게 먹을 수 있는 사료그릇을 같이 놔둔다면 먹이 장난감을 사용하지 않으므로 항상 먹이 장난감을 제공할 때는 사료그릇을 치워주셔야 합니다.

 두 번째로 **먹이 장난감 제공 시 처음에는 쉬운 것**부터 시작해야 합니다. 먹이 장난감은 단순한 것부터 여러 가지를 움직여야 간식 또는 사료를 먹을 수 있는 복잡한 것까지 종류가 다양합니다. 다르게 비유를 하자면 더하기 빼기부터 함수 그리고 미분, 적분처럼 어려운 난도까지 다양하게 있습니다. 처음부터 힘든 난도의 먹이 장난감을 제공할 경우 쉽게 포기하는 고양이들이 많습니다. 처음 먹이 장난감을 제공할 때에는 간단히만 움직여도 보상이 나오는 것으로 제공하는 것이 좋습니다. 기성 먹이 장난감을 사지 않아도 500밀리리터의 플라스틱 페트병을 이용해 먹이 장난감을 만들어줄 수 있습니다. 간단히 설명을 드리면 페트병에 사료가 나올 수 있을 만큼 구멍을 여러 개 만들어줍니다. 대략 4면을 기준으로 12개 정도를 뚫어줍니다. 그다음 사료를 2/3 정도 채운 후 제공하면 고양이가 살짝만 툭 쳐서 돌려도 사료가 나오게 됩니다. 이 먹이 장난감에 쉽게 익숙해져 밥을 잘 먹는다면 단계적으로 구멍을 9개 6개 3개 순으로 줄여 새로운 페트병을 만들어가면서 난도를 높여줍니다.

먹이 장난감을 통해 급식을 하는 것은 고양이에게 사냥본능을 충족시켜줄 수 있는 매우 좋은 방법입니다. 먹이 장난감에 대한 난이도 설정 실패 또는 자율급식과 먹이 장난감을 동시에 제공함으로써 먹이 장난감 사용에 동기부여를 해주지 못해 고양이가 제대로 사용하지 못하는 경우가 있으므로 이러한 부분들을 고려해서 먹이 장난감을 준다면 훨씬 적극적으로 사용하는 고양이의 모습을 볼 수 있을 것입니다.

11. 고가의 놀이기구에 대한 고양이들의 선호도가 궁금해요

캣휠을 구입하고 싶은데 고가의 기구를 사서 고양이가 사용하지 않고 방치할까 걱정이 되어 구매를 못 하고 있어요. 대여라도 하고 싶은데 그런 곳이 없는지 못 찾겠네요. 캣휠에 대한 고양이들의 선호도가 궁금해요.

나샘's 솔루션

캣휠은 고양이가 유산소 운동을 할 수 있는 아주 좋은 기구입니다. 다이어트가 필요한 고양이나 움직임이 많은 고양이에게는 필수로 있어야 합니다. 하지만 아무리 좋은 물품이라고 하더라도 사용하지 않는다면 비싼 가구가 공간만 차지하는 셈이 되어 좌절감이 들기도 합니다.

캣휠과 같은 고가의 큰 기구를 구매하든 낚싯대와 같은 간단한 장난감을 구매하든 먼저 고려해야 될 것은 고양이의 성향을 파악하는 것입니다. 기본적으로 외형적인 모습으로 고양이의 성향을 구분할 수 있는데 **샴, 벵갈, 아비시니안, 러시안블루**와 같이 전체적인 체형이 날렵하며 얼굴 모양이 역삼각형인 고양이들의 경우 대개 외향적이며 호기심이 많습니다. 이러한 고양이들과 생활하는 보호자들은 고양이가 많이 움직일 수 있도록 먹이나 간식을 휴지 심에 넣어 숨겨놓은 다음, 보물찾기 하듯이 혼자서 탐색할 수 있게 하거나 캣휠처럼 유산소 운동을 할 수 있는 기구들을 제공하면 좋습니다. 반면 **페르시안**처럼 머리가 눌리거나 얼굴이 원형인 고양이는 동적인 놀이보다 정적인 장난감을 좋아하는 경우가 많으므로 먹이퍼즐과 같은 평면적인 장난감을 제공하는 것이 도움이 됩니다.

장난감 또는 캣휠과 같은 기구를 잘 사용하기 위해서는 강력한 동기부여가 필요합니다. 고양이에게 강력한 동기부여는 여러 가지가 있겠지만 간식만큼 좋은 것이 없습니다. 처음 캣휠에 익숙해지게 하기 위해 캣휠 위에 간식을 놓아 냄새를 맡고 좋아하는 장소로 만드는 것부터 시작합니다. 매일 간식 시간마다 캣휠에서 제공하는 상황을 만듭니다. 그 후 간식을 보여주며 고양이가 한 발자국씩 움직이면 보상을 즉각적으로 줍니다. 놀이 교육의 핵심은 간식을 주는 타이밍인데 0.5초 또는 3초 내에 즉각 주면 좋습니다.

손가락 코인사에 익숙한 고양이라면 손가락을 이용하여 캣휠에서 움직이게 합니다. 어묵꼬치와 같은 작은 낚싯대 장난감을 좋아하는 고양이라면 낚싯대를 흔들면서 동기부여하는 방법이 있습니다. 기본적으로 레이저 포인트를 좋아하는 경우가 많으므로 레이저 포인트를 캣휠로 지정해서 고양이를 움직이게 하는 방법도 있습니다. 이때 중요한 것은 캣휠을 탄 후에 간식과 같은 즉각적인 보상을 해주는 것입니다. 레이저 포인트를 잡지 못한다는 단점은 있지만 일정 이상 고양이가 캣휠을 타다가 보상을 받는다는 인식이 생긴다면 스스로 캣휠을 타는 선택을 할 것입니다.

새로운 장난감이나 기구에 익숙해지려면 고양이가 여유롭게 탐색하고 편안하게 즐길 수 있어야 됩니다. 또한 그 기구를 이용하거나 장난감을 사용하는 데 어려워할 경우 가장 좋아하는 간식을 제공해준다면 강력한 동기부여가 될 것입니다. 간식을 제한적으로 주는 것은 고양이가 여러 상황에 익숙해지는 교육을 할 때 효과적인 방법이므로 매일 정해진 시간에 캣휠에서 간식을 주며 장난감을 즐기는 교육을 진행한다면 캣휠을 즐겁게 타는 고양이의 모습을 볼 수 있을 것입니다. 결과적으로 고양이로 하여금 모든 행동을 하게 하기 위해서는 간식과 같은 보상이 따르는 것만큼 큰 동기부여는 없다는 것을 기억하셔야 합니다.

12. 어릴 때 '쭙쭙이' 하던 버릇이 커서도 그대로인데 괜찮을까요?

태어나자마자 버려진 아이들을 데려와서 키우는 중입니다. 암컷 한 마리, 수컷 한 마리인데 어릴 때부터 제 손을 젖을 빠는 것처럼 빨았는데 7개월인 지금까지도 그러네요. 수컷은 좀 나은데 암컷이 심해요. 집착합니다. 아직 어려서 그런 걸까요? 어릴 때 제가 버릇을 잘못 들여서 그런 걸까요. 좀 더 크면 나아질까요? 중성화 수술은 4개월쯤 둘 다 했습니다.

대부분 문제행동의 시작은 보호자가 잘못된 행동을 제공하면서 발생합니다. 질문 속 내용처럼 고양이가 어린 시절 쭙쭙이를 하는 것은 자연스러운 행동이었지만 대상이 보호자의 손이었다는 것은 문제일 수 있습니다. 그러한 행동이나 모습이 귀엽거나 예쁘다고 생각해서 지속적으로 손을 제공해주셨다면 고양이의 입장에서는 빨아도 되는 대상이라고 자연스럽게 인식하게 됩니다. 또한 쭙쭙이를 할 수 있는 대상이 일반적인 천부터 시작해 보호자의 손으로까지 확장되었다면 보호자의 손에서 심리적인 안정을 느꼈을 가능성이 큽니다.

고양이가 성장하면서 사회적인 성숙기에 접어들면 불안감이나 무료함을 없애는 행동을 환경으로부터 많이 찾게 됩니다. 또

한 7개월인 나이를 고려했을 때 정서적으로 독립심이 강해질 수 있는 시기입니다. 수컷의 경우 에너지가 많고 보호자에게 의존적이지 않다면 놀이나 환경 탐색을 통해서 에너지를 분출시키고 불안한 감정을 해소하고 있는 것으로 보입니다. 하지만 암컷의 경우 보호자에게 더욱 의존적인 성향을 보이며 손에 대한 집착을 보이고 있습니다.

손에 의존하는 성향을 고치는 방법은 대안을 제공해주는 것입니다. 고양이가 선택할 수 있는 대안, 예를 들어 쿠션감이 있는 인형(캣잎이 들어 있으면 더욱 좋습니다)이나 장난감 등을 보호자의 곁에 준비해놓습니다. 고양이가 보호자의 손을 쭙쭙 하려고 하는 전조증상이 보이면 즉각적으로 쿠션을 제공하고 반응을 살펴봅니다. 쿠션을 선택할 경우 바로 "잘했어"라고 하며 머리를 쓰다듬어주거나 입 주위나 엉덩이 주위를 토닥거리며 촉각적인 보상을 다르게 진행합니다.

대안을 주었음에도 불구하고 지속적으로 보호자의 손을 향해 온다면 분리하여 놔두는 방법을 선택해서 '네가 곁에 와서 손을 쭙쭙 한다면 같이 있을 수 없어'라는 메시지를 전달합니다. 이는 고양이가 보호자의 손을 쭙쭙 할 경우 같이 있을 수 없다는 것을 인식하게 되어 곁에 있을 때는 다른 대안을 선택할 가능성이 커지며 이러한 행동을 강화하게 됩니다.

고양이가 불안감을 느낄 때 심리적 안정을 위해 보호자의 곁에 와서 신체 일부를 지속적으로 쭙쭙 하는 행위는 본능적이지만 올바른 행동은 아닙니다. 부드러운 천이나 인형을 선택하여 올바르게 쭙쭙이를 할 수 있게 하고 그렇지 않은 행동을 했을 때는 과감히 분리하는 것이 고양이 스스로 올바른 선택을 할 수 있게 도움이 될 것입니다.

    행동학적인 문제행동에는 쭙쭙이와 꾹꾹이처럼 고양이에게 본능적이며 자연스러운 행동들이 있습니다. 하지만 잘못된 대상을 제공하고 강화하여 이를 고양이 스스로 착각하게 만드는 것은 보호자의 오해에서 비롯된 경우가 많으므로 이러한 문제행동을 고치는 것은 고양이 행동의 방향성을 바르게 유도하는 것부터 시작해야 한다고 보시면 좋습니다.

13. 몸에 피가 날 정도로 그루밍을 해요

저희 첫째 고양이는 자기 몸을 그루밍 하다 자꾸 물고 피를 내요. ㅠㅠ 처음에는 등 한 가운데만 집중적으로 물었는데 요새는 아무 데나 그루밍하면서 그러는 거 같아요. 그래서 카라를 하든지 옷을 입히든지 하고 있어요. 물론 싫어해요. 예전엔 엄청 독립적이고 혼자 잘 있었는데, 요샌 자주 뭐 해달라고 야옹거리고 저한테 집착하는 거 같아요.

신체상의 문제인지 행동학적인 문제인지 감별이 어려운 것 중 하나가 과도한 그루밍 행동입니다. 자신의 신체부위를 핥는 행위는 피부문제와 같은 신체에 염증 상황이 생기고 세균 감염, 곰팡이 감염과 같은 질환에서도 충분히 나타날 수 있는 증상이기 때문입니다. 하지만 유심히 살펴보면 몇 가지 차이가 있을 수 있으며 빠르게 판단하여 신체적 문제로 인한 치료를 받아야 될지 행동학적 문제로 인한 상담과 치료를 받아야 될지 정할 수 있습니다.

과도한 핥기로 인해서 생기는 증상들은 처음에는 탈모만 진행되는 경우가 많습니다. 발적이나 염증소견이 동반되지 않으며 단순히 털의 일부분만 빠져 있는 경우입니다. 보통 앞발의 발목과 위쪽에 생기거나 허벅지나 안쪽 또는 바깥쪽에 많이 발생합니다. 심한 아이들은 혀가 닿는 등 쪽에 대칭적으로 탈모가 진행되는 경우도 있습니다. 초기에는 탈모만 진행될 수 있지만 핥기의 강도가 심해지면 발적이 생기며 딱지가 앉기도 합니다. 이렇게 되면 피부병과 혼동될 수도 있습니다. 일반 동물병원에 가서 소염제나 항히스타민, 항생제와 같은 약을 처방 받으면 초기에는 효과가 있을 수 있지만 개선되지 않는 경우가 많습니다. 이럴 때에는 행동학적인 문제로 생각하고 진료를 받아야 합니다.

    제가 만난 과도한 그루밍을 보이는 고양이의 기본 원인에는 일반적으로 환경 영향이 많았으며 혼자 지내는 고양이 그리고 보호자가 혼자서 육묘하는 원룸 환경에서 발생하는 경우가 많았습니다. 이는 고양이가 혼자 있으며 무료한 시간을 오래 보내거나 보호자가 일을 하느라 고양이에게 소홀한 상황이 지속되어 과도한 그루밍을 유발한 것으로 보입니다.

    또한 좁은 주거 여건으로 인해서 고양이가 사냥놀이 및 자극을 받을 수 있는 환경이 부족한 경우도 많았습니다. 이러한 무료함은 고양이가 자신의 몸을 자해하는 증상인 과도한 그루밍으로 이어지는 상황을 불러옵니다. 고양이가 집에 혼자 있는 시간은 평균 7시간 정도로 보고되고 있지만 현실 속 고양이들은 대부분 10시간 이상, 많은 경우 12시간 이상 혼자인 경우도 있습니다. 놀이나 자극이 충분히 제공되지 않는 환경에서 대부분의 고양이들은 자는 것을 선택하게 되며 이보다 더 스트레스를 받고 무료함을 느끼면 자신의 몸을 핥기 시작합니다. 특히 **오리엔탈 종인 벵갈**의 경우 유전적인 소인으로 인해 과도한 그루밍 증상이 더욱 쉽게 발현되는데, 면밀히 생각해보면 벵갈이라는 종은 다른 고양이보다 야생성이 더욱 높으므로 이러한 무료함을 더욱 쉽게 극복하지 못하고 과도한 그루밍 증상을 보이기도 합니다.

이럴 때는 우선 자율급식을 제한급식으로 바꾸어 사료를 사냥놀이 하듯이 먹을 수 있는 환경을 제공할 필요가 있습니다. 제한급식이라고 해도 단순하게 사료를 그릇에 담아 놔두는 것이 아니라, **능동적 제한급식**으로 진행해야 합니다. 이때 활용할 수 있는 것이 휴지 심입니다. 양쪽을 구긴 휴지 심 3~4개를 여러 곳에 배치하여 다양한 장소에서 꺼내 먹을 수 있게 해줍니다. 휴지 심을 골판지나 단단한 종이 위에 접착제로 5~6개를 세워 이어 붙이면 이 또한 고양이가 위에서 파먹을 수 있는 DIY Digger 장난감이 되기도 합니다.

휴지 심을 이용한 먹이 장난감은 간단하면서 실생활에서 접하는 물건으로 쉽게 만들 수 있는 훌륭한 장난감이 될 수 있습니다. 고양이가 사냥하듯이 능동적으로 먹을 수 있는 시간이 되기도 하고 외출 시에 집 안 곳곳에 배치하여 행동유발을 시키고 무료함을 제거할 수도 있습니다.

유산소 운동을 할 수 있는 캣휠이나 캣워크와 같은 환경적인 개선은 에너지를 발산하여 무료함을 감소시키고 스트레스를 풀 수 있는 좋은 방법이기도 합니다. 환경을 만들어주고 적극적으로 이용하게 만들기 위해서는 휴지 심을 이용한 먹이 장난감들을 새롭게 제공된 공간에 배치하거나 숨겨놓고 고양이 스스로 탐색하고 이동해서 먹을 수 있게 합니다. 또한 캣휠과 같이 처음에는 어색하고 낯선 큰 물건의 경우 캣휠에 올라가 앉아 있어도 간식을 제공하고 고양이가 서서히 걷거나 캣휠 위에서 달리기를 하면 바로 간식을 보상으로 주는 것도 좋습니다. 최근에는 캣휠 자체에 자동으로 레이저가 나오는 제품도 있습니다. 이러한 유산소 운동과 함께 제한간식을 제공할 경우 과도한 그루밍 증상을 보이는 고양이에게 도움이 될 수 있습니다.

과도한 그루밍은 강박적인 행동이므로 강박증 치료제 약물을 처방받아서 초기부터 약을 투약해야 되는 상황도 많습니다. 많은 분이 피부병과 과도한 그루밍을 제대로 구분하지 못하여 동물병원에 늦게 오는 일이 많으므로 초기 접근에는 약물적인 처방을 같이 진행하는 경우가 대부분입니다. '**고양이는 독립심이 많고 외로움을 느끼지 않는다**'라는 말은 현재를 살아가는 고양이에게 해당되는 표현이 아닙니다. '**고양이는 독립적인 사냥을 하지만 외로움 또한 느낀다**'라는 말이 올바른 표현이며, 이를 꼭 기억하셔서 외로움과 무료함을 덜 느끼게 만들어주시길 바랍니다.

14. 제 고양이가 지각과민증후군인가요?

귀 안에 뭐가 있는 듯이 자꾸 털거나 등이 파도가 일듯이 꿀렁댈 때가 있어요. 평상시에는 괜찮은 듯하다가도 앉아 있는 상황에서 갑작스럽게 등에 파도가 일고 귀를 막 텁니다. 그럴 때 간지러운가 싶어 귀를 닦아주거나 등을 만져주기도 하는데, 하루에도 몇 번씩 그러는데 왜 그런지 모르겠네요.

고양이의 등이 파도가 치듯이 꿀렁거리는 것을 본 적이 있나요? 아님 가만히 앉아서 휴식을 취하고 있다가 귀에 파리가 들어간 것처럼 귀를 좌우로 터는 모습을 자주 본 적이 있나요? 마지막으로 다리에 뭔가 찝찝한 것이 묻은 것처럼 탈탈 터는 모습을 고양이가 보인 적이 있나요? 이 질문들에 해당되는 행동을 한다면 현재 같이 생활하는 고양이에게 '**지각과민증후군**' 질환이 있을 가능성이 큽니다. 지각과민증후군이라는 질환은 강박증의 특이 증상으로 나눌 수 있는 질환입니다. 한국에서 지각과민증후군을 진단하고 치료하기 시작한 지는 그리 오래되지 않았습니다. 몇 년 전만 하더라도 위에 언급한 증상을 고양이가 보이면 그저 어떠한 자극이 있겠거니 하며 보통의 행동으로 여겼습니다. 사실 이 질환은 진단명 자체로 '지각적인 부분', 즉 느껴지는 부분에

과민하게 반응하는 증상을 말합니다. 어떠한 자극이 없음에도 불구하고 이 질환을 앓는 고양이들은 무엇인가 자극이 있는 것처럼 등을 꿀렁이며 파도가 일듯이 반응을 보이고, 귀에 아무런 자극이 없음에도 불구하고 무엇인가 느껴지는 것처럼 귀를 좌우로 여러 번 터는 증상을 보이기도 합니다. 그리고 발에 아무것도 묻은 것이 없음에도 발을 탈탈 터는 증상을 보이기도 하는데 이러한 과민함에서 보이는 행동입니다. 그래서 지각과민증후군이 있는 고양이를 **'안달난 고양이'**라고 표현하기도 합니다.

강박증을 설명하려면 앞서 설명한 것처럼 무료함과 불안감이라는 감정을 언급하지 않을 수 없습니다. 사냥본능을 해소하지 못하거나 보호자에 대한 의존도가 높거나 다묘 가정에서 다른 고양이에 대한 긴장도가 높을 경우 지각과민증후군을 보일 가능성이 큽니다. 또한 혼자 있는 시간이 많거나 보호자에 대한 애착도가 매우 높아 보호자와 같은 공간에서 시간을 보내고 있음에도 불구하고 불안감을 보이는 경우도 많습니다. 잠을 자더라도 한 공간에서 오래 잠을 못 자는 경우도 많으며, 여러 장소를 바꿔가며 짧은 시간 뒤척이며 잠을 자는 증상을 보이기도 합니다. 한편으로는 매우 슬픈 질환이기도 합니다. 〈올드보이〉라는 영화를 보면 주인공이 갇힌 공간에서 언제 벗어날지 알 수 없는 상황과 매번 군만두만 제공되는 식사를 하는 날들이 지속되다 나중에는 개미가 자신의 몸을 기어 다니는 환각에 빠지는 장면이 있습니다. 이 장면을 보면서 고양이의 지각과민증후군과 매우 흡사하다고 생각했습니다.

지각과민증후군은 강박증의 특이질환으로 약물 처방이 필수적이며 평생 약 처방을 해야 될 가능성이 큽니다. 현재 FDA 승

인을 받은 고양이용 강박증 치료약이 나와 있으며, 항우울제 약을 동시에 처방할 수 있습니다. 약을 투약하는 기간 또한 장기간이 될 수 있으므로 보호자가 고양이에게 약을 투약하는 데 익숙해질 필요가 있습니다. 약에 대한 치료 반응이 높은 질환이므로 평상시 고양이에게 캡슐 약을 편하게 먹이는 연습을 해둘 필요도 있습니다.

물론 보호자의 극진한 노력으로 약을 감량하거나 중단할 수도 있겠지만 교과서적으로는 **평생을 약을 먹어야 하는 질환**입니다. 단순하게 무료함과 불안감을 약에만 의존할 수는 없으므로 '규칙적인 생활'과 '다양한 놀이'가 병행되어야 합니다. 고양이는 생체리듬을 기반으로 생활하기 때문에 시계를 보는 사람과는 다른 인식을 하며 살아갑니다. 오히려 더욱 정확하게 밥 먹는 시간, 놀이를 제공하는 시간 그리고 보호자와 함께할 수 있는 시간과 전조 시그널들을 인지할 수 있습니다. 그러므로 지각과민 증후군 진단을 받은 고양이에게는 최대한 정확한 시간에 식사와 놀이 제공 그리고 보호자와 단단한 관계를 맺을 수 있는 시간들을 규칙적으로 제공해줄 필요가 있습니다.

이러한 루틴은 기본적으로 불안감을 해소하는 데 큰 도움이 됩니다. 또한 외출 시 혼자 있는 시간을 무료하게 보내지 않게끔 행동유발 장난감과 먹이 장난감을 배치하는 것은 필수라고 할 수 있습니다. 고양이에게 규칙적인 삶을 제공하고 놀이치료적인 측면에서 다양한 먹이 장난감과 행동유발 장난감 그리고 상호놀이 및 적절한 스킨십을

제공한다면 지각과민증후군에서 벗어나 일상적인 생활을 할 수 있는 고양이가 될 수 있을 것입니다. 평상시와 다르게 불안해 보이거나 어쩔 줄 몰라 하며 위에 설명한 행동들을 보인다면 동물병원에 방문하셔서 빠르게 치료 및 상담을 받으면 증상이 개선될 것입니다.

동물행동학적 관점에서 봤을 때, 집고양이는 고양잇과 동물 가운데 유일하게 인간과 사회적 관계를 형성하는 종이다. 여기서 사회적 관계란 단순히 서로 다른 두 개체가 같은 공간에 산다는 의미가 아니라 두 개체가 상호작용 한다는 뜻이다. 상호작용을 통해 사회적 관계를 맺는다는 것은 일개미와 병정개미처럼 사회적인 역할을 분담하거나 무리 사냥을 하는 늑대들처럼 서로 협력하고 미어캣처럼 무리를 지키기 위해 경계를 서는 행동을 보이는 것을 뜻한다. 고양이는 개만큼 인간과 함께 지낸 시간이 길지 않기 때문에 인간과 개 사이의 상호작용만큼 명백하고 밀접하진 않다. 하지만 집고양이의 경우 개와 마찬가지로 낯선 사람보다 함께 사는 보호자에게 상대적으로 더 자주 반응하며 혈압과 심박수 역시 보호자와 함께 있을 때 더 낮은 경향을 보였다는 연구 결과가 있다.

메르텐스Mertens는 인간과 집고양이 사이의 상호작용과 복잡성에 대해 관찰한 최초의 연구자 중 하나로, 스위스의 51개 가정을 섭외해 72마리 고양이와 162명의 사람을 대상으로 고양이와 사람 사이의 상호작용을 관찰했다. 엄정한 관찰을 위해 1회 세션이 최소한 210분 이상 진행되도록 실험을 설계했고, 1년 이상 데이터를 수집하고 결과를 정리한 끝에 1991년 논문을 발표했다.

고양이는 사람과 약간의 거리를 두려는 경향이 있다

그는 오전과 오후 각각의 시간마다 대상 가정을 방문해, 가능한 한 일반적인 손님처럼 행동하며 고양이와 아무런 상호작용을 하지 않고 자리에 앉아 보호자와 고양이 사이에 발생하는 모든 사회적인 이벤트를 기록했다. 고양이가 사람의 다리에 머리를 비비거나, 사람이 고양이를 들어 올리는 행동 등은 물론, 사람을 기준으로 1미터 이내에 고양이가 접근하거나 벗어나는 경우 등 관찰 가능한 모든 것을 포함시켰다. 그리고 여기에는 '강아지만큼 귀엽고 애교 많은 고양이'를 기대하거나, '우리 고양이는 별로 사교적이지 않은 것 같다'고 생각하는 보호자에게 사뭇 흥미로운 결과들이 포함되어 있다.

고양이는 사람과 신체적으로 가까운 거리를 유지하는 시간이 길지 않다

인간과 고양이 사이의 상호작용은 어느 쪽에서부터 시작될까? 단위 시간당 고양이가 사람에게 다가가는 경우보다 사람이 고양이에게 다가가는 경우가 더 많았다(반경 1미터 이내 접근 기준). 또한 인간과 고양이가 서로 반경 1미터 이내로 접근한 이후를 기준으로 보더라도, 사람이 고양이로부터 멀어지는 것보다 고양이가 사람으로부터 멀어지는 경우가 더 많았다. 고양이와의 관계를 일종의 밀고 당기기로 보면, 인간은 고양이에게 거의 관계의 주도권을 빼앗기고 있는 셈이다.

고양이가 사람과 가까운 거리를 유지하는 시간은 어떨까? 집고양이를 자유로운 상태에 두었을 때 사람과 1미터 이내의 거리를 유지하는 시간은 시간당 평균 1.7분에 불과했다. 보호자가 24시간 내내 집 안에 있어도, 고양이가 보호자와 가까운 거리를 유지하는 시간은 하루 중 40여 분에 불과하다는 뜻이다. 또한 사람이 고양이에게 다가간 경우와 고양이가 사람에게 다가간 경우를 나누어서 보면 고양이가 먼저 사람에게 다가간 경우, 1미터 이내의 거리를 유지하는 시간이 더 길었다. 종합해보자면 사람과 고양이의 상호작용은 보통 사람으로부터 시작되며, 반면 고양이는 상대적으로 인간과의 '일정한 거리'를 유지하려는 경향을 보인다는 뜻이다. 설령 그 상대가 집에서 함께 지내는 보호자라고 하더라도 말이다.

고양이와 함께 시간을 보낼수록
상호작용의 빈도는 증가한다

사교성이란 대상과 대상 사이의 상대적인 개념이다. 특정한 고양이가 '낯을 가린다'고 할 때, 그 고양이가 정말로 절대적으로 사교성이 떨어지는 것인지 혹은 인간의 잣대로 판단하는 것은 아닌지 정확히 알기 어렵다. 개처럼 아주 사회적인 동물에 비해 고양이가 보호자에게조차 그다지 사회적으로 행동하지 않는다는 사실로 미루어볼 때, 고양이가 "낯을 가리거나 환경 변화에 민감하게 반응한다"는 사실은 고양이 입장에서는 너무나 당연한 것일 수 있다. 특히 고양이가 사회성을 형성하는 결정적 시기인 생후 3~8주에 인간(보호자)을 비롯해 여러 자극을 경험해보지 못했다면 더욱 그렇다.

하지만 연구결과에는 좋은 소식도 있다. 사람이 집에 오래 머물며 고양이와 함께 보낸 시간이 길수록 상호작용을 하는 단위시간당 빈도도 유의미하게 늘어난다는 것이다.

처음 보는 누구와도 잘 어울리고 애교가 많은 '개냥이'는 분명히 존재한다. 어쩌면 주변에서 흔히 볼 수 있을지도 모른다. 하지만 이런 고양이들은 그렇지 않은 고양이보다 사람들의 이목을 집중시키기 때문에, 보통 사람들의 인식 속에서 전체 고양이 집단을 과도하게 대표하고 있는지도 모른다. 과학적인 눈으로 보면 집고양이는 절대 강아지처럼 사교적인 동물이 아니며, 낯을 가리는 것이 오히려 지극히 정상이다. 개와 같은 반응을 기대하고 고양이에게 연신 관심을 보이기보다는 충분한 시간을 함께 지내며 '안심할 만한 사람이구나'라는 걸 가르쳐주는 건 어떨까.

고양이 사회성의 재발견

고양이와 사람 사이 관계에 관한 연구의 역사와 인식 변화의 경로를 간단히 짚어보자. 1980년대 이전까지 동물행동학계에서 집고양이|domestic cat는 다른 대부분의 고양잇과 동물들과 마찬가지로 철저한 단독생활을 유지하는 종solitary species으로 구분됐다. 이때까지 고양이에 대한 학계의 인식은 말 그대로 '작은

호랑이'나 다름없었기에 대부분의 연구는 고양이의 포식행동에 초점을 맞췄고, 사회성은 연구자들의 관심을 불러일으키지 못했다.

그러다 1983년과 1984년, 동물행동학자인 카쉬Karsh와 터너Turner가 체계적인 실험을 통해 고양이의 사회화기|socialization period는 생후 3주부터 8주 사이에 해당하며, 이어지는 추적 연구들을 통해 사회화기에 주기적으로 사람과 접촉하고 핸들링한 고양이는 1년이 지나 성묘가 되었을 때도 낯선 사람에 대한 두려움을 훨씬 덜 느낀다는 결과를 발표한다.

게다가 사회화기에 하루당 40분씩 핸들링을 한 고양이와 15분씩 핸들링을 한 고양이 사이에도 인간과의 애착 정도에 유의미한 차이가 있는 것으로 나타나 사회화기에 인간의 접촉 여부와 빈도 모두 고양이의 사회성에 결정적인 영향을 미친다는 사실이 밝혀지게 된다.

고양이의 사회화기에 대한 연구는, 이후로 '고양이가 사람에 대해 나타내는 사회성' 그 자체에 대한 연구에 물꼬를 트게 된다. 이후로 수행된 연구들에 따르면, 고양이가 인간에게 나타내는 사교성에 가장 큰 영향을 미치는 요소는 사회화기를 어떻게 보냈느냐와 부모(특히 아빠) 고양이의 성격이었다. 부모 고양이가 사람과 친근하고 사회화기에 인간과 긍정적인 접촉을 많이 했을수록 처음 보는 사람에게도 친근하게 행동하는, '개냥이'가 될 확률이 높아진다는 것이다.

고양이도 밥 주는 손은 물지 않는다

핸들링을 거부하는 고양이와 반려하는 보호자에겐 힘 빠지는 소식일 수 있지만, 이처럼 고양이의 사회성과 성격이 부모로부터의 영향(유전)과 어린 시절(사회화기)의 경험에 결정적인 영향을 받는다는 것은 부정할 수 없는 사실이다.

하지만 그렇다고 해서 무조건 포기할 필요는 없다. 동물행동학자 기어링Geering의 연구에 따르면, 사회화가 되지 않은 길고양이라고 해도 고양이 무리는 여러 사람 중에 누가 '밥 주는 사람feeder'인지 인식할 수 있으며, 나중에 사료를 들고 있지 않은 상태로 옆에 가만히 서 있던 사람과 함께 나타나더라도 고양이들은 밥 주는 사람에게 더 호의적인 반응을 보였다.

또한 디니스Dinis의 연구결과, 고양이는 돌봐주는 사람이 실제 보호자든 동물보호센터의 임시보호 자원봉사자든 관계없이 비슷한 생리적 애착도level of attachment를 나타냈으나, 실제 보호자의 경우 고양이를 돌본 시간이 2년이 넘어가면 애착도가 가파르게 상승하는 것으로 나타났다.

그러니 고양이의 사회성과 생리적 애착에 대한 연구결과를 종합하면, 이미 고양이의 사회화기가 지났고 핸들링에 어려움을 겪는 보호자의 경우 사회적이지 않은 상태로 성장한 고양이를 사회적으로 만드는 것이 대단히 어려우며 최소한의 신뢰관계를 만드는 데조차 몇 년이 걸릴 수도 있다는 사실을 먼저 받아들여야 한다. 그러나 고양이와 지속적이고 긍정적인 접촉을 이어나갈 수 있다면 변화의 가능성이 있다는 점도 잊지 말아야 할 것이다.

고양이 지켜보기

2000년대 초반, 일본의 동물행동학자들이 직접 관찰하기 어려운 야생동물을 연구하기 위해 그들의 생태를 가급적 손상시키지 않으면서도 움직임을 세밀하게 감지할 수 있는 가벼운 센서를 제작했다. 그런데 연구진이 새로 만든 센서를 야생동물에게 적용하려면, 실제 동물들의 세부적인 움직임(걷거나 뛰기, 먹거나 마시기, 그루밍 등)을 센서가 감지할 수 있는지 먼저 확인해야 했다.

연구진 입장에서 어느 정도 야생성을 지니면서도 행동패턴이 다양하고, 센서의 데이터와 실제 움직임을 비교해 검증하기 쉬운 동물은 역시 집고양이였기 때문에 이들은 먼저 고양이를 상대로 센서를 시험하고 연구결과를 발표했다.

여기서 연구진은 실험결과 새로운 움직임 센서가 완벽하진 않지만(비디오와 대조한 결과 그루밍과 걷는 움직임은 잘 구별하지 못하는 경향이 있었다) 비교적 효과적으로 고양이의 행동을 모니터링하고 각각의 행동을 구별해낼 수 있다는 것을 확인했다. 연구 자체는 고양이만을 위한 것이 아니었지만, 결과적으로 고양이의 활동과 행동패턴이 초 단위로 정밀하게 측정된 데이터가 수집된 셈이다.

외출이 허용된 3.2킬로그램 수컷 집고양이에게 장착된 센서를 통해 3회에 걸쳐 총 60시간 이상 데이터 수집이 이뤄졌고, 이 중 관찰 카메라에 의해 촬영

된 영상과 센서의 기록을 대조할 수 있는 경우는 113분이었다. 연구기록에 따르면, 고양이는 비디오로 관찰된 시간의 33퍼센트는 잠을 자고 있었고, 23.9퍼센트는 그루밍을 했고, 15.3퍼센트는 음식을 먹었고, 14.6퍼센트는 앉아 있었고, 7.3퍼센트는 걷거나 뛰는 등 움직였고, 3.4퍼센트는 물을 마셨고, 이외의 분류되지 않는 행동에 2.5퍼센트의 시간을 사용했다.

물론 단 한 마리의 고양이를 대상으로 설계된 실험환경에서 '비디오에 관찰 가능한 경우'만 따진 것이기에 관찰 영역 밖에서 자거나 사냥하는 데 사용한 시간이 과소평가되었을 것으로 보이지만, 데이터를 통해 집고양이의 대략적인 행동 분포와 패턴을 엿볼 수 있다. 이미 잘 알려진 대로, 고양이는 활동시간의 대부분을 쉬거나 그루밍하는 데 쓴다.

건강한 고양이의 활동량은 냥바냥이다

건강문제, 특히 갑상샘에 생긴 수의학적 문제가 운동량에 영향을 끼치는 경우가 있다. 갑상샘은 몸의 전체적인 에너지와 대사 조절에 관여하는 기관으로, 갑상샘 호르몬의 생산량이 지나쳐서(갑상샘 기능 항진증) 식욕과 활동량이 왕성해지거나, 반대로 갑상샘 호르몬의 생산량이 부족해서(갑상샘 기능 저하증) 식욕과 활동량이 저하될 수 있다.

하지만 수의사의 진단에 따라 이미 고양이의 건강상태에 이상 없음이 확인되었다면, 활동량이 많거나 적은 것 혹은 갑작스럽게 뛰어다니는 (우다다) 경우 모두 고양이 스스로의 뜻에 달린 것이기 때문에 억지로 활동 자체를 억제하거나 따로 운동을 시킬 필요는 없다.

장난감과 놀이행동에 대한 데이터

미리 고백하자면, 동물과 장난감, 놀이행동 play behavior에 대한 내용을 데이터 기반으로 설명하기는 굉장히 어렵다. 이는 동물의 놀이행동을 관찰하고 연구하는 것 자체가 많은 시간과 노력이 필요한 일이라는 점 그리고 과학적인 연구에 흔히 사용되는 생쥐 이외에는 행동학적으로 표준화된 동물실험 모델을 정립하기 어렵다는 점으로 인해 '인간이 아닌 동물과 놀이행동의 관계'에 초점을 맞춰 대규모로 진행된 연구나 엄밀하게 검증된 문헌자료가 드물기 때문이다.

고양이는 '사냥감 정도의 크기에, 사냥감처럼 움직이며, 사냥감처럼 분해되는 장난감'을 선호한다

여러 크기와 색깔의 인조 모피로 덮인, 움직이는 장난감들을 제작해 2분간 고양이에게 제공한 연구에서 고양이는 더 작은 (쥐와 비슷한 크기) 장난감을 선호하는 것으로 나타났다. 또한 명시적으로 실험해본 것은 아니지만, 사냥감과 비슷하게 움직이는 물체는 (땅을 다니는 사냥감이든 공중을 날아다니는 사냥감이든 상관없이) 놀이행동을 유발할 수 있는 것으로 나타났다.

특히 장난감이 고양이로부터 멀어지는 움직임을 보일 때 추적 행동을 강하게 유발시키며, 고양이가 장난감에 물리적인 충격을 가했을 때 분해되거나 외관의 변화가 일어나는 경우 고양이의 유사-포식행동 pseudo-predatory behavior 을 자극해 놀이에 더욱 집중하는 것으로 나타났다.

배고픈 고양이일수록 사냥놀이에 더 적극적이다

생태적으로 고양이는 식량이 부족하고 굶주린 기간이 길수록 더 자주, 더 큰 사냥감을 찾아 나선다. 사냥놀이의 경우도 마찬가지로, 일반적인 고양이는 생쥐와 비슷한 정도로 작은 크기의 장난감을 선호하지만 배고픈 상태에 놓인 경우 좀 더 큰 장난감을 선호하는 경향이 보고된 바 있다.

흥미로운 것은 다른 동물종들의 경우 식량이 부족한 상황에 놓이면 실제 사냥이 아닌 놀이행동을 억제하는 반면, 고양이는 유별나게도 실제 사냥행동 뿐만 아니라 사냥과 관련된 놀이행동도 더 자주 한다는 점이다. 이는 행동학적 관점에서 고양이가 나타내는 포식행동 predation과 사냥놀이 play 사이에 공유하는 기능이 있다는 추론에 대한 근거가 되고 있다.

익숙한 장난감은 쉽게 질려 한다

익숙해진 장난감habituation은 고양이가 사냥놀이에 대한 흥미를 잃게 만드는 주요 원인이 된다. 1미터 길이의 줄에 달린 인조모피 장난감을 3번 연속 제공하는 실험에서, 고양이들은 사냥놀이가 반복될수록 놀이행동의 강도가 약해지는 경향을 보였으나, 다른 색상과 냄새가 나는 새로운 장난감을 같은 방식으로 제공하자 놀이행동 강도가 다시 강해지는 결과가 나타났다.

위와 같은 연구결과들을 토대로 흔히 고양이에게는 낚싯대 형식의 장난감이 권장되곤 하는데, 그 이유는 고양이들이 움직이지 않는 장난감inanimate objects은 쉽게 질려 하는 반면, 낚싯대형 장난감은 보호자가 사냥감의 움직임을 흉내 내 움직이며 포식행동을 자극할 수 있기 때문이다.

물론 낚싯대 형식의 장난감을 사용하더라도 시간이 지나면 같은 장난감에는 결국 고양이들이 익숙해지지만, 현실적으로 고양이에게 매번 새로운 장난감을 무제한으로 제공할 수 없기 때문에 전문가들은 여러 장난감들을 구비해 놓고 순서대로 교체해가며 가능한 한 고양이들이 새롭게 받아들일 수 있도록 놀아줄 것을 권장하고 있다.

쭙쭙이와 꾹꾹이는
냄새 때문일 수도 있다

쭙쭙이suckling와 꾹꾹이kneading는 집고양이들에게서 흔히 보이는 행동이고, 보통 신생아에 해당하는 어린 시기에 모유 수유와 관련된 행동으로 나타난다. 성묘가 되어서도 여전히 쭙쭙이나 꾹꾹이를 하는 경우도 있고, 어느 시점이 되면 더 이상 그런 행동을 보이지 않기도 한다.

고양이의 쭙쭙이와 꾹꾹이에 대해 체계적으로 수집된 데이터나 연구결과는 흔치 않으며, 왜 어떤 고양이는 다 자라서도 쭙쭙이와 꾹꾹이를 하고 다른 고

양이는 그렇지 않은지에 대해 체계적으로 연구한 내용은 없다.

하지만 고양이뿐만 아니라 다른 포유동물에서도 종종 관찰되는 쭙쭙이와 꾹꾹이(엄밀히는, 젖을 빠는 행동과 젖을 짜는 행동)는 동물의 여러 감각 가운데 후각과 체성감각(신체의 위치와 움직임을 인지하는 감각)과 밀접한 관련이 있을 것이라는 설득력 있는 가설이 있다.

고양이의 감각 발달 과정

젖을 빠는 행동인데 왜 후각의 작용에 주목하는 걸까? 이는 쭙쭙이나 꾹꾹이가 거의 출생과 동시에 본능적으로 나타나는 행동인 반면, 후각과 체성감각 이외의 다른 감각들이 완성되는 시점은 훨씬 늦기 때문이다.

고양이의 감각 발달과 새끼고양이-어미고양이 사이의 관계를 정리해보자면 생후 2주가 될 때까지 새끼고양이의 생존에는 거의 전적으로 어미고양이의 보살핌이 필요하며, 시각이나 청각은 2주차부터 발달하기 시작해 생후 4주가 지나서야 거의 완성된다.

새끼고양이가 가까스로 부모의 젖을 찾아갈 수 있는 것은 생후 3주 이후인데, 이 시점에 완전히 완성되는 감각은 후각과 체성감각뿐이다. 생후 몇 주가 되지 않은 고양이를 돌본 보호자라면 알겠지만, 이 시기의 고양이는 눈도 제대로 뜨지 못한 상태에서(시각이 완성되지 않음) 몸도 제대로 가누지 못하면서도(아직 신체의 움직임을 완전히 제어할 수 없음) 어미 고양이의 젖을 찾아간다.

결국 태어난 직후부터 거의 본능적으로 나타나는 행동인 쭙쭙이 및 꾹꾹이와 깊게 관련된 감각은 후각일 수밖에 없다.

포유동물에서 후각의 영향을 받아 나타나는 사회적 행동에 대한 연구들 가운데 어미 쥐(마우스)의 젖꼭지와 생식기 냄새를 레몬 향으로 바꾼 상태에서 신생아시기를 보낸 수컷 쥐들은 젖을 뗀 이후에 다시 레몬 향을 맡지 않았더라도 성 성숙이 진행된 이후 짝짓기 대상으로 보통의 암컷 쥐보다도 생식기 주변에 레몬향이 더해진 암컷 쥐를 선호한다는 연구결과도 있다. 고양이를 대상으로 수행된 연구는 아니지만, 간접적으로 쭙쭙이와 후각 자극 그리고 신생아기의 본능적 행동 사이의 관련성을 암시하는 것이다.

후각 자극은 쭙쭙이의 유력한 원인이지만, 절대적인 해결책은 아니다

다만, 현재까지의 데이터와 연구결과들이 고양이의 쭙쭙이/꾹꾹이와 후각 자극 사이 관련성을 암시하고 있다는 사실이, 곧장 행동문제는 후각 자극으로 해결하면 된다는 당위를 나타내는 것은 아니다. 예를 들어 고양이가 보호자의 손가락에 쭙쭙이 하는 것을 너무 좋아해 문제가 되는 경우, 쭙쭙이를 하려고 할 때마다 손가락에 고양이가 싫어하는 향(레몬이나 로즈마리)을 묻혀서 간단히 문제를 해결해도 된다는 뜻이 아니라는 것이다.

대부분의 행동문제는 개체별로 정확한 원인 파악이 이뤄진 뒤 교정(혹은 처방)이 이뤄져야 좋은 예후를 기대할 수 있다. 성급한 교정 시도는 예측할 수 없는 결과를 가져올 수 있는 반면, 고양이의 쭙쭙이나 꾹꾹이에 대해서는 아직 과학적으로 알려진 바가 많지 않다. 따라서 특정한 대상에 고양이가 보여주는 과도한 애착행동이 문제가 된다면, 먼저 냥신의 솔루션과 같이 고양이가 다른 대상을 향해 원하는 행동을 표현할 수 있도록 대안을 제시하는 것이 안전하고 바람직한 방법이다.

④ 서로 싸워요. 혼자는 외로울까요?

다묘 가정에서 가장 많이 질문하는 내용이 고양이 사이의 싸움입니다. 사이좋은 형제 또는 자매로 지내길 원해서 입양했는데 미칠 듯이 싸우는 상황을 직접 보고 싸운 후 발생한 상처들과 날아다니는 털을 보면서 새로운 고양이를 입양한 것에 대해 많은 후회를 하기도 합니다. 고양이 사이의 다툼은 매우 다양한 이유로 발생하며 간혹 궁극적인 원인을 오해해 잘못된 접근을 하거나 애꿎은 고양이를 탓하는 경우도 많습니다. 하지만 고양이 사이의 다툼은 본능적인 것들이 충족되지 않거나, 그들의 입장에서 소중하다고 생각하는 것들로부터 시작되는 경우가 많습니다. 다음 사연들을 보고 우리 집의 상황과 유사하지는 않은지 혹시 고양이 사이 다툼의 원인을 오해하고 있지는 않은지 확인해보시기 바랍니다.

1. 한 아이가 다른 아이를 일방적으로 괴롭혀요

원룸에서 한 살과 6개월 된 고양이를 각각 입양해서 키우고 있는데, 첫째가 귀찮고 싫다는 표현을 하는데도 둘째가 귀찮게 굽니다. 둘째의 식탐과 장난감 독점도 심합니다. 둘째는 자신이 간식을 먹거나 놀이를 할 때 첫째가 다가오면 으르렁거리며 위협합니다. 반면 첫째는 소심하고 예민해 위축되고 스트레스를 받는 것 같아서 고민입니다. 서열정리를 어떻게 해야 할까요?

고양이의 나이가 한 살 그리고 6개월이라는 것은 사람의 신체나이로 중학교 2학년인 15세 그리고 10세의 나이인 것과 같습니다. 고양이의 성묘 시점을 보통 만 1년 이후로 보기 때문에 첫째의 경우 신체적 성숙이 완성되었다고 보면 됩니다. 그리고 둘째의 경우, 이제 막 성적인 성숙이 일어나고 있는 시점으로 볼 수 있습니다. 비록 6개월의 시간 차이지만 고양이의 신체시계는 한 살까지 약 15배 정도 빠르므로 6개월의 시간 차이는 사람의 신체나이로는 대략 6년의 차이가 난다고 볼 수 있습니다.

이러한 신체나이의 특성을 이해한다면 고민을 하나씩 풀어 나갈 수 있습니다. 우선 첫째의 경우 한 살에서 두 살로 접어드

우리 고양이는 사람 나이로 몇 살일까?

단계	고양이 나이	사람 나이
유년기	1개월	1세
	2개월	2세
	4개월	6세
	6개월	10세
청년기	7개월	12세
	1세	15세
	2세	24세
성년기	3세	28세
	4세	32세
	5세	36세
	6세	40세
중년기	7세	44세
	8세	48세
	9세	52세
	10세	56세
노령기	11세	60세
	12세	64세
	13세	68세
	14세	72세
고령기	15세	76세
	16세	80세
	17세	84세
	18세	88세
	19세	92세
	20세	96세
	21세	100세

는 시점이기 때문에 자신만의 공간과 사냥놀이를 정립하여 청소년기를 넘기고 있다고 볼 수 있습니다. 둘째의 경우 첫째에 비해 매우 활동적인 연령대라고 볼 수 있습니다. 이런 측면에서 중학생의 혈기왕성함과 초등학생의 혈기왕성함이 부딪쳐 다툼이 일어나는 것입니다. 하지만 보호자의 고양이들은 각자 성향이 달라 첫째 고양이가 특히 더 스트레스를 받는 것으로 보입니다.

다묘 가정의 보호자에게 항상 강조하는 것 중 하나는 "각각의 고양이는 각자의 것을 가져야 한다"라는 지침입니다. 소심하면서 움직임이 덜한 첫째를 위해서 숨숨집 같은 쉴 수 있는 단독공간과 혼자서 가지고 놀 수 있는 장난감을 제공해주고, 운동성이 많고 활발한 둘째 고양이를 위해서는 **hunting feeder 같은 행동유발 장난감을 제공**해주는 것이 좋습니다.

다묘 가정에서 실수하는 것 중 하나가 모두 같은 공간에서 사료를 제공하는 것입니다. 이는 사이좋은 고양이들에게도 인내심을 요구할 수 있는 부분이기 때문에 각각 분리된 공간에서 편안하게 간식과 사료를 급식하는 것이 좋습니다. 만약 공간을 분리할 수 없는 상황이라면 두 마리의 고양이가 정면으로 마주 보고 식사를 하지 않도록 해주시고, 서로를 등지고 거리를 둔 상태에서 식사를 제공해야 합니다. 또한 장난감을 제공할 때도 같은 공간에서 주는 것보다 별도의 장소에서 제공해주는 것이 도움이 됩니다. 서로가 거슬리지 않도록 적절히 차단해주고 자신만의 공간에서 장난감을 가지고 놀게 하면 심리적으로 안정감을 느낄 수 있습니다. 평화로운 공존을 원한다면, 눈치 보며 스트레스를 받는 고양이가 없도록 각각의 장난감과 각각의 공간, 각각의 사료 급여를 잊지 마시기 바랍니다.

2. 두 아이가 미친 듯이 싸워요

2016년 12월생인 아비시니안 첫째와 2018년 4월 21일생 러블 둘째가 너무 싸워요. 둘 다 암컷이고, 둘째가 중성화 수술을 하고 온 날부터 미친 듯이 싸우는데 몇 개월째 눈만 마주쳐도 싸워요. 그래서 분리도 시켜보고, 같이 목욕도 시켜보고 〈고양이를 부탁해〉를 보고 알려주신 솔루션도 시도해 봤는데 전혀 나아지는 게 없어서 차선책으로 첫째를 동생네 집에 분리해 놨습니다. 이게 과연 옳은 방법일까요? 아이들이 이렇게 눈만 마주쳐도 으르렁거릴 때 보호자가 어떻게 행동해야 아이들이 서로 상처를 입지 않고 다시 행복하게 지낼 수 있을까요?

중성화 수술을 하러 동물병원에 갔다가 집에 왔는데 갑작스럽게 싸움이 일어나는 경우는 종종 볼 수 있는 상황입니다. 중성화 수술이 아니더라도 동물병원에 입원했다가 다시 집에 오는 경우나 잠시 다른 곳에 맡겼다가 돌아온 경우에도 발생할 수 있습니다. 이는 기본적으로 고양이들 사이의 페로몬과 연관이 있습니다. 같은 공간에서 잘 지내는 고양이들은 서로에게 자신의 페로몬을 묻혀가며 인식을 합니다. 페로몬은 얼굴 주위에서 가장 많이 나오며, 꼬리 또는 앞발에서도 분비되는 일종의 '기록용 마커'로 생각하면 됩니다. 이를 서로에게 매일 표시하여 공간에 들어온 침입자가 아닌 가족으로 생각하게 되는 것입니다. 하지만 동물병원에 다녀온 후부터 다툼이 시작되었다는 것은 동물병원의 냄새가 둘째 고양이에게 씌워지면서 서로를 인지하는 페로몬을 인식하지 못해 생기는 싸움으로 판단됩니다. 보호자 또한 분리부터 목욕까지 재인식을 위해 노력했지만 상황이 좋아지지 않는 것으로 보아 가벼운 상황 같지는 않아 보입니다. 왜냐하면 대부분 이런 경우 2~3일 내 혹은 길어도 1주일 내에는 서로가 다시 페로몬을 인식해 이전의 관계로 돌아가기 때문입니다. 질문 속 보호자는 고양이 사이의 합사부터 다시 시작할 필요가 있습니다. 보호자가 해볼 수 있는 솔루션 5단계를 소개합니다.

[1단계] **페로몬 교환 방법**

양말에 각 고양이의 페로몬을 묻혀 분리된 공간에 배치하고 서로 익숙해지게 합니다. 다른 방법으로는 두 장의 수건을 준비한 후 각 장의 수건에 고양이의 전체 페로몬을 묻힌 후 다른 고양이의 몸에 묻혀주는 방법을 사용할 수도 있습니다.

[2단계] **시선 교환 방법**

문틈을 열어두고 공간을 분리한 상태에서 최대 거리부터 점점 간격을 좁혀가며 간식을 주는 방법입니다. 시각적 교환을 하는 단계입니다. 상대방을 앞에 두고 먹는다는 행동은 심리적으로 편안하다는 신호입니다. 1.8미터 정도 심리적 거리 간격부터 시작하여 매일 조금씩 거리를 좁혀나가며 간식이나 사료를 급식합니다. 열어놓는 문틈의 간격은 매일 5센티미터 정도 조금씩 열어가는 방법을 추천합니다. 갑작스러운 행동을 할 수도 있는 상황이라면 방묘 문을 설치한 후 담요를 이용하여 조금씩 위로 걷어내거나 옆으로 치우는 방법을 사용할 수도 있습니다.

[3단계] **공간 교환 방법**

시각적 교환 후 공간적 교환을 시작하게 됩니다. 하루에 30분 정도 공간 교환을 통해 후각 교환을 본격적으로 시작합니다. 후각 교환을 위해 공간을 바꿀 때는 서로 마주치면 안 되므로 둘째 고양이를 먼저 제3의 공간인 화장실 또는 다른 방으로 이동시킨 후 첫째 고양이를 둘째 고양이의 공간으로 이동시킵니다. 그 공간에서 충분히 둘째 고양이의 페로몬에 익숙해지도록 시간을 주면서 둘째 고양이를 첫째 고양이의 공간으로 이동시켜 환경 탐색을 하는 동시에 첫째 고양이의 페로몬에 익숙해지도록 합니다.

[4단계] **하네스 교육법**

공간 교환이 익숙해지면 같은 공간에서 하네스 교육을 하게 됩니다. 같이 지내면 좋을 공간인 거실에서 연습을 시작하는데, 하네스 교육을 위해서는 기본적으로 하네스를 차는 교육이 선행되어야 합니다. 하네스는 가해 고양이에게 착용시키는 것을 추천합니다. 이 부분이 문제없이 진행된다면 기본교육 세 가지가 우선으로 진행되어야 합니다. 하네스로 제어 가능한 상황에서 피해 고양이를 괴롭히지 않고 보호자의 명령을 보고 따르는 상황이 되면 즉각 간식으로 보상하거나 '잘했어'라고 말하며 쓰다듬는 칭찬을 해주어야 합니다. 이때, 같은 공간에서 교육 시 피해 고양이의 제어가 힘들다면 같이 하네스를 채운 상태에서 교육할 것을 추천해드립니다. 교육에 있어서 가장 중요한 것은 돌발 상황으로 인한 다툼을 방지하는 것이기 때문입니다.

[5단계] **긍정 강화 교육법**

같은 공간에 있는 것이 편해졌다면 서로가 좋아하는 장소를 만들어주고 일정 이상의 거리를 둔 상태에서 간식과 사료를 제공합니다. 가해 고양이에게는 공격하지 않았을 때 사료나 칭찬으로 보상을 받을 수 있고, 공격 시에는 다시 분리된다는 사실을 지속해서 알려줍니다.

심각한 다툼을 벌이는 고양이들 사이의 싸움은 약물의 도움을 받기도 합니다. 보호자처럼 다른 집에 임시 보호를 보낼 정도로 심각한 상황이라면 합사를 위한 환경 만들기와 약물치료도 병행할 것을 추천합니다. 약물 처방 시 항상 가해 고양이와 피해 고양이가 같이 약을 먹어야 한다는 점을 기억해야 합니다. 가해 고양이는 가해 고양이대로 불안과 스트레스를 받고 있고, 피해 고양이는 그보다 더 큰 불안과 스트레스를 받고 있기 때문입니다.

고양이들의 갑작스러운 싸움을 화해시키는 과정은 마치 라디오 주파수를 조정하는 것과 같습니다. 잡음이 생기지 않도록 조금씩, 조심스럽게 돌려가며 맞추길 노력한다면 둘의 관계는 깨끗한 라디오 소리처럼 마음의 주파수를 맞출 수 있을 것입니다.

3. 중성화 후에도 다른 고양이에게 짝짓기 행동을 해요

원래 키우던 암컷 고양이가 있었는데 그 아래로 수컷 고양이를 입양했습니다. 함께 지내다 둘 다 발정이 나 서로를 괴롭혔는데, 두 마리 모두 중성화 수술 후 둘째는 괜찮아졌지만 첫째는 중성화 수술을 했는데도 계속 둘째를 찾아가 목덜미를 물고 괴롭힙니다. 중성화 수술을 시킨 지 벌써 3년이 넘어가는데 아직도 그런 행동을 해서 가끔 둘째 목덜미가 붓습니다. 특히 자고 일어나서 바로 둘째를 찾아가 핥고 목덜미와 다리를 뭅니다. 거의 매일 그러는 것 같아요. 둘째는 그냥 물려주거나 못 참겠으면 도망갑니다. 대체 첫째가 왜 그러는지 알고 싶어요.

발정은 생후 6개월부터 성 성숙과 함께 교배 행위, 과도하게 울기, 소변 마킹, 수컷 사이의 다툼 등으로 발현됩니다. 심각한 경우 번식을 위해 가출을 감행하는 고양이도 있습니다. 중성화 수술은 암컷이든 수컷이든 생후 6개월 전후 첫 발정 전 시기를 추천하고 있습니다. 이는 중성화 수술로 인한 행동학적 문제를 예방 또는 치료할 수 있고 발정으로 인한 스트레스를 줄이는 동시에 암컷의 경우 유선종양, 수컷의 경우 전립선 비대증 및 방광염 등을 예방할 수 있기 때문입니다.

질문을 보면 둘째 고양이와 첫째 고양이의 다툼이 중성화 수술을 통해 개선됐지만, 그 이후에 첫째가 다른 방법으로 둘째 고양이를 괴롭히고 있는데요, 이는 마운팅mounting 즉, 교배 행위라고 볼 수 있습니다.

이때 드는 의문이 '중성화 수술을 했는데 왜 교배 행위를 할까?'일 것입니다. 교배 행위는 성적인 본능으로 표출되지만 고양이 사이에서 놀이의 하나로 행동하는 때도 많습니다. 둘째에 비해 첫째 고양이가 에너지가 많고 놀이 자극을 많이 필요로 하는 것으로 보입니다. 사냥본능이 높은 경우 보호자와 낚싯대를 이용한 상호놀이 등을 하루 평균 15분씩, 3~4회 혹은 그보다 더 많이 제공해줄 필요가 있으며 먹이 장난감을 이용해 제한급식을 진행하거나 캣잎 가루가 들어 있는 고양이 장난감 쿠션 등으로 사냥놀이 자극을 주면 도움이 됩니다.

만약 사냥놀이 본능이 해소되지 않을 경우, 같은 공간에서 생활하는 다른 고양이에게 그 사냥 에너지를 풀기 위해 쫓아가서 물거나 덮치는 행동을 할 수 있습니다. 명백히 고양이 사이 싸움이라고 볼 수는 없지만 당하는 고양이로서는 큰 스트레스가 될 수 있습니다. 따라서 사냥본능 에너지를 잘 해소하게 해주고, 피해 고양이를 위해서는 쉴 수 있는 방석과 같은 공간이나 높이 올라갈 수 있는 수직공간을 추가로 제공해준다면 스트레스를 더욱 줄일 수 있을 것입니다.

4. 레슬링 하는 고양이들, 장난과 싸움의 차이가 뭔가요?

고양이들끼리 레슬링을 하는데, 다투는 건지 노는 건지 모르겠어요. 진짜 고민이에요. 제가 끼어들어야 하나 싶고요. 두 마리를 키우고 있는데 둘이 싸우는 건지 장난치는 건지 차이를 모르겠어요. 작은애가 물리면 '빼액' 하고 울긴 하지만 하악질은 안 하고 다시 큰애한테 덤벼요. 싸움과 장난의 차이가 궁금합니다.

고양이들이 서로 뒤엉켜 목덜미를 물고 뒷발로 팡팡질 하며 노는 모습을 보면 마치 레슬링 같은 스포츠를 보는 것 같습니다. 이러한 행동은 놀이의 전형적인 모습입니다. 고양이의 몸짓언어 중 놀이자세를 이해한다면 고양이들이 싸우는 것인지, 노는 것인지 쉽게 구별할 수 있습니다.

대표적인 놀이자세 중 하나가 **'서 있기 자세'**입니다. 고양이에게 낚싯대를 흔들었을 때 두 발로 서서 잡으려는 행동을 볼 수 있는데 이를 서 있기 자세라고 하며 놀이를 위한 전형적인 자세입니다. 종종 고양이들이 서로 마주쳤을 때, 서서 덮치듯 다가가는 경우를 볼 수 있습니다. 이런 행동은 껴안는 것처럼 보일 수도 있지만 이내 서로 뒤엉켜 뒹구는 모습을 볼 수 있습니다. 두 번째로 보이는 자세는 **'배 보이기 자세'**입니다. 고양이가 보호자에게 배를 보여준다는 것은 만져달라는 의미가 아니라 신뢰한다는 표현입니다. 종종 자신의 가장 취약점인 배를 보여주면서 보호자에게 놀이를 제공해달라는 신호를 보내기도 합니다. 고양이 사이에서 배를 보이는 것 또한 '같이 놀고 싶다'라는 몸짓 표현입니다.

싸움과 놀이의 차이는 이러한 놀이자세를 서로가 정확하게 보이고 시작을 하는지, 안 하는지에 있습니다. 고양이 사이에서 놀이를 할 때 서로에게 정확하게 자세를 보이며 시작하는 경우가 많기 때문입니다. 싸움의 경우 가해 고양이와 피해 고양이가 있으며, 정확하게 몸짓언어를 보이기보다는 은밀하게 숨어 있다가 덮치거나 놀라게 하는 경우가 많습니다. 또한 스토킹하듯 가해 고양이가 피해 고양이를 졸졸 쫓아다니는 예도 있으며, 다니는 길목을 막고 있는 경우도 있습니다.

질문처럼 싸움과 놀이의 구별이 힘든 이유 중 하나는 작은 고양이가 비명을 지르기 때문입니다. 이는 간혹 덩치 차이가 있는 고양이들끼리 놀다가 놀이 세기 조절이 잘 안 되어 불쾌감이나 불편함을 호소하는 것입니다. 이러면 세기 조절이 안 되던 고양이가 적절하게 놀이 세기를 조절할 수도 있습니다. 하지만 세기 조절이 잘 안 되거나 자신의 기분만을 생각해서 일방적으로 놀자고 하는 경우, 서로의 관계가 악화하거나 싸움으로 이어지는 경우도 많습니다. 만약 이런 문제로 고양이가 괴롭힘에 가까운 고충을 겪고 있다면 보호자가 곁에서 지켜보다 중간에 개입하여 놀이를 중단시킨 후, 에너지가 많은 고양이에게 보호자와 놀 수 있는 상호놀이 장난감을 제공하여 주의를 돌리는 것도 도

움이 될 수 있습니다.

　에너지 차이나 덩치 차이로 인해서 가장 많이 오해하는 놀이가 교배 행위 놀이입니다. 중성화가 안 되어 있는 고양이는 교배를 목적으로 올라타는 자세를 취하는 경우가 있지만 이미 중성화가 되어 있거나, 혹은 암컷이 수컷이나 암컷의 뒤에 올라타는 교배 행위를 하는 경우 놀이 에너지가 해소되지 않아 상대방 고양이의 뒷덜미를 물고 올라타는 행동을 하게 됩니다. 이럴 때는 당황하지 마시고 올라탄 고양이가 과격한 놀이를 하는 것이므로 평소 에너지를 더 쏟을 수 있는 상호놀이 시간을 늘려주고 먹이 퍼즐을 이용해 급식을 해주면 도움이 됩니다.

　놀이는 고양이에게 즐거운 시간이어야 합니다. 그런데 에너지나 덩치 차이로 인해 싸움으로 번지는 경우 보호자의 적극적인 개입이 필요합니다. 특히 어렸을 때 형제들과 일찍 떨어지게 된 고양이가 놀이 세기 조절을 못 하는 경우가 있는데 다묘 가정에서 놀이 상대 고양이로부터 이를 배울 수 있으며, 또한 보호자의 '안 돼 교육'을 통해서도 강도 조절을 할 수 있을 것입니다. 다묘 가정에서 고양이들끼리 잘 노는 모습만큼 귀엽고 즐거운 상황도 없습니다. 정확한 놀이자세 및 상황을 이해하셔서 적절한 놀이하기 교육을 해보는 것도 도움이 될 것입니다.

5. 놀이가 싸움으로 번지면 어떻게 개입해야 하나요?

고양이 두 마리가 하루에 한두 번씩 서로 솜방망이로 얼굴을 건들거나 서로를 사냥하려는 듯한 모습을 보이는데 이걸 노는 것으로 봐도 되는 건가요? 가끔 과해질 때는 제가 개입해도 되는지, 또 어떻게 개입하는 것이 좋은지 궁금합니다.

고양이가 서로의 솜방망이를 이용해 얼굴을 건드리는 모습은 생각만 해도 귀엽네요. 결론적으로 고양이가 앞발을 이용해 감정 표현을 한 것으로 보입니다. 개의 경우 관심이 가는 물건이 있거나 호기심을 표현할 때 먼저 후각을 사용하기 위해 코를 먼저 대는 성향이 있습니다. 고양이 역시 후각을 이용해 분석하는 경우도 많지만 앞발을 먼저 대서 확인해보려는 성향이 있습니다. 게다가 고양이 앞발 뒤쪽에는 한 가닥의 수염이 있어 감각기관으로서의 기능을 하기도 합니다. 이는 개에 비해 고양이가 앞발을 이용해 궁금함을 해소하거나 감정을 표현한다는 뜻입니다.

이때 공격성을 보이는지, 아니면 가벼운 감정을 표현하는지를 알려면 앞발의 발톱을 드러내는지 안 드러내는지를 보면 알 수 있습니다. 고양이 사이의 싸움은 발톱을 드러내 상대방의 얼

굴을 공격하는 경우가 많으므로 당연히 상처가 날 가능성이 크고, 눈 주위를 다치는 일도 많습니다. 또 고양이 사이의 다툼은 긴장감이 유지되다가 갑작스럽게 덮치거나 쫓아가는 경우가 많습니다. 단순히 앞발을 이용해 툭 치는 정도라면 이는 가벼운 감정의 표현일 가능성이 큽니다.

급작스럽게 싸움이 발생하는 경우 한 마리는 도망가고 다른 한 마리가 쫓아가는 양상을 띠고, 날카로운 발톱으로 공격하는 상황에서는 털이 휘날리는 때가 많습니다. 당하는 입장에서 비명도 동반할 수 있습니다. 이때 보호자가 취해야 하는 가장 중요한 태도는 침착성을 유지하는 것입니다. 고양이 두 마리가 다툴 경우 보호자 대부분은 소리를 지르기 쉽습니다.

"야!", "그만해" 같은 흥분을 동반한 큰 소리는 가해 고양이와 피해 고양이 모두에게 좋지 않은 영향을 끼칩니다. 이러한 자극으로 인해 대상이 바뀌는 **대상 전환 공격성**이 발생할 수 있기 때문입니다. 가해 고양이가 피해 고양이를 공격하다가 갑자기 대상을 바꾸어 보호자의 발등이나 종아리 쪽을 공격한다거나, 피해 고양이 또한 도망가다 보호자의 큰 소리에 놀라 역시 보호자를 공격하는 예도 많습니다. 그러므로 고양이가 싸우는 동안은 큰 소리를 내지 않고 본격적인 큰 싸움이 일어나기 전에 가해 고양이에게 손뼉을 치거나 이름을 부르는 등 소리를 내어 싸움을 미리 막는 것이 좋습니다.

싸움이 과격해져서 개입을 해야 한다면 가장 먼저 고려해야할 것은 **고양이와 보호자 모두의 안전**입니다. 우선 두꺼운 담요를 고양이 앞에 펼치거나 종이상자를 이용해 서로의 시선을 가려주면 흥분도를 낮추고 보호자에 대한 대상 전환 공격성을 차단할 수 있습니다. 이미 극도의 긴장감과 화가 나 있는 경우 두 마리 고양이 모두 각각의 공간에 최소 24시간에서 48시간 정도 싸움의 감정이 가라앉을 때까지 분리해두는 것이 좋습니다. 또한 고양이가 앞발을 이용해 상대방을 건드리다 하악질이나 으르렁거리는 소리를 내며 털 세우는 양상을 보인다면 초기에 싸움을 중재해주는 것이 좋습니다. 처음부터 싸움을 걸고 쫓아가고, 또 쫓기는 고양이도 있지만 장난에서 시작된 싸움도 종종 있으니 이러한 부분들을 꼭 기억하신 후 미리 예방하시길 바랍니다.

6. 알로그루밍과 서열정리를 위한 그루밍을 구별할 수 있나요?

원룸에서 활발한 고양이와 얌전한 고양이를 같이 키우고 있습니다. 성향이 다른 둘을 키울 때 주의사항이 궁금합니다. 또 두 마리 중 서열이 높아 보이는 아이가 다른 아이에게 알로그루밍을 해주는데, 그 이유가 궁금합니다.

다묘 가정에서는 고양이 사이에 서열이 존재한다고 믿는 경우가 많습니다. 더불어 고양이와 보호자 사이에도 서열이 있다고 믿기도 합니다. 그런데 고양이와 보호자 사이에는 신뢰를 바탕으로 한 관계가 있을 뿐임을 다시 한번 강조해서 말씀드리고 싶습니다. 부모와 자식 사이에 어떤 위치를 나누지 않고 서로가 가족으로서 한 공간에서 지내며 신뢰와 사랑을 바탕으로 어우러져 사는 것처럼 고양이와 보호자의 관계도 이와 다르지 않습니다. 그렇다면 고양이와 고양이의 관계도 신뢰와 사랑을 바탕으로 지내는 관계인지 생각해보면 반은 맞고 반은 틀릴 수 있습니다.

고양이는 안전하고 쉴 수 있는 공간을 중요시하는 독립적인 성향의 동물입니다. 두 마리 이상의 다묘 가정에서 모든 부분을 서열과 연관시키는 것은 무리가 있습니다. 개나 고양이 사이의 서열에 관해 이야기할 때는 **유연적 서열관계**로 보고 있습니다. 유연적 서열관계란 동등한 관계에서 공간 일부분을 공유하고 서로의 공간을 인정하며 존중하고 먹이 자원을 공유하거나 휴식을 같이 취하는 관계를 뜻합니다. 그러므로 고양이들 사이에 서열이 명확하게 정해져 공동체 생활을 하는 경우도 있지만 대부분 다묘 가정에서의 서열은 유연적으로 작동하거나 없는 경우도 있습니다.

성향이 다른 두 마리 고양이는 공간을 분리하여 제공하면 상하관계를 없애고 긴장도를 낮추는 데 도움이 됩니다. 활동적인 고양이에게는 수직공간의 높은 공간을 제공하고, 보물찾기와 같이 간식 등을 숨겨놓아 움직임을 유발하여 에너지를 소모하게 해주는 것이 좋습니다. 또한 얌전한 고양이는 숨을 수 있는 숨숨집이나 터널 등을 마련해주거나 햇볕이 잘 드는 창가 쪽에 자리를 내주어 휴식을 취할 수 있는 환경을 만들어주는 것이 도움이 됩니다.

'알로그루밍'은 서열을 확인하기 위한 표현이 아니라 고양이들 사이에서 서로를 신뢰하고 좋아할 때 보이는 대표적인 행동입니다. 특히나 고양이 스스로 핥을 수 없는 얼굴 주위나 미간 사이를 핥아주는 것은 상대방을 그루밍해줌으로써 좋아하는 감정을 표현하는 것으로 볼 수 있습니다. 마치 친하고 좋아하는 이에게 손이 닿지 않는 등 부위 같은 곳을 긁어달라고 하는 것과 비슷합니다. 서열이 높은 고양이가 서열이 낮은 것으로 보이는 고양이를 그루밍해준다면 그것은 나이가 더 많은 고양이가 어린 고양이에게 해주는 경우일 가능성이 큽니다. 생식기 주위나 얼굴 주위 그리고 몸통을 핥아줌으로써 돌봐주는 성격의 그루밍이

라고 보시면 됩니다.

  고양이들 사이에 서열을 만들고 서열관계를 인정해주는 것보다 각각의 고양이들 성향에 맞게 안심하고 쉴 수 있으며 먹이를 먹을 수 있는 공간과 환경을 일정 거리를 두고 만들어준다면 서로 다투거나 우위에 있으려고 하는 분쟁 없이 신뢰를 바탕으로 편안한 관계를 유지할 수 있을 것입니다.

7. 각각의 고양이와 따로 놀아줄 수 있는 팁이 있나요?

두 마리의 고양이와 각각 놀아주기가 힘들어요. 분리해서 놀아주지만 첫째가 둘째 소리를 신경 쓰느라 놀지 못합니다. 제 몸이 두 개면 각 방에서 놀아주겠는데 어떻게 해야 더 효과적일지 고민입니다. 게다가 한 아이가 어릴 때 폐렴을 앓아서 그런지 조금만 놀아도 개구호흡을 해요. 근데 다른 아이는 아직 덜 놀아서 그 아이만 따로 다른 방에서 더 놀아주려고 하면 아픈 아이가 앞에서 계속 울고 힘든데도 계속 놀려고 해요. 어떻게 놀아줘야 할까요?

고양이에게 최소 1일, 1회, 15분 정도의 세션으로 놀아주는 것은 강아지의 산책만큼 중요하다는 점을 알고 계실 것입니다. 하지만 두 마리 이상의 다묘 가정에서 놀이를 제공하는 것은 여간 어려운 일이 아닐 수 없습니다. 그렇다고 두 마리 모두에게 동시에 같은 공간에서 놀이를 제공할 경우 옆에서 가만히 앉아서 쳐다보는 고양이가 생길 수 있으며 놀이에 끼어들려고 하다가 낚싯대를 툭 치고 자리를 뜨는 고양이도 있을 수 있습니다.

다묘 가정에서 놀이를 제공하는 방법과 관련해 방송과 강연에서 여러 번 이야기드렸던 개념이 바로 앞에서도 언급한 '놀이터

그네 이론'입니다. 놀이터에 그네가 하나일 경우 이미 독차지한 아이를 다른 아이들이 기다리는 상황이 발생하고, 이내 기다리다 지쳐 놀이터를 떠나거나 하염없이 주위를 서성거리게 되는 상황을 뜻합니다. 이 상황을 해소하기 위해서는 여러 개의 그네를 추가로 설치하거나 다른 놀이기구들을 배치하여 그네가 아니더라도 모든 아이가 놀이터에서 즐겁게 놀 수 있도록 해주는 것이 방법입니다.

이를 고양이에 빗대어본다면 놀이를 제공하는 거실이 놀이터가 되고, 하나의 낚싯대를 흔드는 보호자가 한 대의 그네가 됩니다. 이때 가장 활동적이고 우위에 있는 고양이가 독점할 수 있으며 그렇지 못한 고양이는 주위를 서성거리거나 쳐다보며 기다리다가 거실을 떠나게 됩니다. 이때, 그네를 늘리는 방법처럼 보호자가 긴 낚싯대 두 개 혹은 각각의 길이가 다른 낚싯대를 들고 능숙하게 상호놀이를 제공해준다면 두 마리 모두에게 사냥놀이의 즐거움을 선사할 수 있을 것입니다. 만약 놀이를 제공하는 것이 미숙하다고 판단되면 가족 구성원의 도움을 받는 방법도 있으며 그러기가 힘들면 다른 고양이에게는 다른 장난감을 독립적으로 동시에 제공하면 도움이 됩니다.

질문 속 고양이처럼 호흡기가 좋지 않아 과격한 놀이를 지속하지 못할 경우 분리된 공간에서 먹이퍼즐과 같은 간식이 보상으로 나오는 놀이를 제공합니다. 15분 정도 방 안에서 정적인 놀이인 먹이퍼즐을 통해 사냥놀이를 진행하며, 다른 활발한 고양이에게는 거실 공간에서 낚싯대를 이용한 상호놀이를 제공합니다. 15분 한 세션이 끝나면 방 안에 있던 고양이를 거실로 데리고 나오고 기존에 놀던 아이를 방 안으로 넣어 마찬가지로 먹이

퍼즐을 제공하는 방법을 적용합니다.

시간 분배를 제대로 못 할 경우 한 고양이에게만 관심이 집중될 수 있으므로 항상 놀이시간은 15분 정도를 한 세션으로 정해 정확하게 지키며 간식이라는 보상을 상호놀이나 먹이퍼즐을 통해서만 제공합니다. 두 마리 고양이 모두 왕성한 활동성을 보인다면 분리된 공간에서 먹이퍼즐이 아니더라도 행동유발 낚싯대 중 하나인 **캣 댄서**cat dancer를 문고리에 걸어두어 보호자가 낚싯대를 흔들어주는 효과를 기대할 수도 있습니다.

그 밖에 분리된 공간에서 행동유발 먹이 장난감인 **hunting feeder**를 배치해줄 수도 있으며, 건전지로 작동하는 자동 낚싯대를 설치하는 것도 도움이 됩니다.

중요한 것은 어떠한 방법이든 동시에 놀이가 제공되도록 환경을 만들어주는 것입니다. 내성적인 고양이에게는 정적인 놀이를, 외향적이고 활동적인 고양이에게는 낚싯대와 같은 상호놀이나 행동유발 장난감을 제공해주는 것이 효율적입니다. 거실이라는 놀이터에서 재미있게 놀지 못하고 외면되거나 장난감이 충분히 제공되지 않아 자연스럽게 놀이에서 배제되는 경우 그리고 놀이 제공 시 눈치를 보는 고양이가 없도록 하는 것이 다묘 가정 놀이시간의 핵심이라고 할 수 있습니다.

8. 친구와 사별한 고양이에게 새 친구를 붙여줘도 괜찮을까요?

얼마 전 둘째가 갑작스러운 심장발작으로 하루아침에 별이 되었어요. 혼자 남은 아이가 외로울까 봐 걱정했지만 오히려 더 편하게 지내는 것처럼 보이는데, 집사 욕심에 다른 아이를 또 데려온다면 지금 있는 첫째가 많이 힘들어할까요?

우선 고양이가 갑작스럽게 고양이 별로 떠나게 되어 안타깝습니다. 다묘 가정에서 동거묘가 고양이 별로 먼저 떠나는 경우 남은 고양이는 여러 복합적인 감정을 느끼게 됩니다. 고양이가 죽음에 대해 정확히 인지하지는 않지만 고양이 별로 떠난 고양이 때문에 보호자가 우울해하거나 기존 생활방식에 변화 등이 생기면 그로 인해 남은 고양이가 우울감을 느끼거나 우울증을 앓게 되는 경우가 있기도 합니다. 하지만 일반적으로 죽음에 대해 사람과 같이 애도감을 보이거나 슬픔을 느끼는 감정이 있지는 않습니다. 질문처럼 '남은 아이가 외로울까 봐 걱정했지만 오히려 더 편하게 지내는 것 같다'라는 부분에서 알 수 있듯 고양이는 혼자 지내는 것을 더욱 편하게 생각하는 영역동물입니다.

남은 고양이로서는 사라진 고양이가 고양이 별로 떠났는지,

단순히 없어진 것인지 알 수 없습니다. 매정하게 들릴 수 있겠지만 이론적으로 기존에 공유하던 화장실, 쉴 수 있는 장소 그리고 먹이와 장난감들까지 남은 고양이가 독차지할 수 있게 되므로 경쟁관계에서 비롯되는 긴장감이나 불편한 상황이 사라져서 보호자가 걱정하는 것에 비해 훨씬 안정적으로, 편안하게 지내는 것처럼 보이는 것입니다.

　이러한 상황에서 다른 고양이를 입양한다는 것은 모험에 가깝습니다. 기본적으로 다묘 가정에는 약간의 긴장감이 항상 존재하는데, 만약 남은 고양이가 다른 고양이들에게 친화적인 성격이며 새롭게 입양되는 고양이를 위해서 베이스캠프를 제공해줄 수 있다면 다른 고양이를 입양하는 것도 나쁜 선택이 아닐 수 있습니다. 하지만 다른 고양이로 인해 스트레스를 많이 받는 기질의 고양이라면 새로운 고양이를 입양하는 것이 모험이 될 수 있습니다. 그동안 편안하게 지내던 고양이에게 영역적인 공유, 화장실의 공유, 자원(먹이)의 공유를 받아들이게끔 교육을 해줘야 하기 때문입니다.

　질문 속 내용처럼 보호자의 욕심으로 인해 두 마리 이상의 다묘 가정이 되는 경우가 많습니다. 다묘 가정이 되면 보호자의 책임과 의무가 단순히 2배로 늘어나는 것이 아니라 4배 이상 늘어난다는 점을 명심하시고 충분한 고민 후 입양 결정을 내리는 것이 현명할 것입니다.

　고양이 한 마리와 같이 생활하는 것은 고양이와 보호자 서로에게 행복감을 줄 수 있으며 보호자의 노력이 많이 필요하지는 않습니다. 새로운 고양이를 입양하더라도 기존 고양이가 행복감을 유지하는 데 필요한 보호자의 마음가짐, 시간적 여유, 면밀한

관찰을 토대로 한 배려 등 두 고양이와 함께할 수 있는 여력이 되는지 고민한 후 결정하는 것이 현명합니다.

9. 놀아주는 시간이 적으면 고양이가 스트레스를 받지 않나요?

놀아주는 시간이 적어서 고양이가 우울해하거나 스트레스를 받진 않을까 걱정돼요. 혼자 놀 수 있는 장난감을 많이 사주었는데, 사람이 움직여주는 게 아니면 반응이 없어요.

고양이에게 혼자서 가지고 놀 수 있는 먹이 장난감을 사주었음에도 관심을 안 보이는 경우가 많습니다. 이러한 상황이 생기면 '왜 우리 고양이는 관심이 없을까?' 하고 의구심이 들 수밖에 없습니다. 많은 보호자가 급식하는 방법에 있어 오해를 하는 것 중 하나가 '고양이는 하루 6회에서 12회까지 음식을 소량씩 자주 나누어서 섭취하므로 자율급식을 해줘야 한다'라는 것입니다. 이는 야생에서 생활하는 고양이에게는 맞는 이론일 수 있지만 풍족한 자원을 받는 집고양이에게 적용하기에는 어려움이 있습니다. 자율급식을 하게 되면 질문 속 고양이처럼 먹이 장난감에 관심을 보이지 않는 경우가 많기 때문입니다.

먹이 장난감을 사용하게 하려면 큰 동기부여가 필요합니다. 이를 위해 가장 먼저 추천하는 것이 **간식 선호도 리스트**를 작성하는 것입니다. 우선 고양이가 가장 좋아하는 간식이 무엇인지

1번부터 10번까지 적습니다. 그 후 가장 관심이 없어 보이는 먹이 장난감을 제공할 때 가장 좋아하는 간식을 보상으로 넣어줍니다. 이때 기억하셔야 할 것은 절대로, 아무 이유 없이 간식을 보상으로 제공하면 안 된다는 것입니다. 행동학에서 가장 강조하는 것이 NILIF Nothing In Life Is Free, **즉 세상엔 공짜가 없다**는 이론입니다. 단순히 고양이가 귀여워서, 오랫동안 혼자 집에 있었을 시간이 안타까워서 등 사소하거나 혹은 특별한 이유 없이 보상을 제공한다면 능동적인 고양이가 아닌 게으르고 시큰둥한 고양이로 만들 수도 있습니다.

먹이 장난감을 잘 사용하지 않는 고양이에게 제공할 때는 항상 가장 좋아하는 간식을 보상으로 넣어줍니다. 먹이 장난감을 잘 사용한다고 판단되면 단계적으로 조금은 덜 좋아하는 간식으로 교체하며 넣어줍니다. 먹이 장난감을 매우 쉽게 사용하는 단계에 이른다면 평소 먹는 사료를 넣어주는 방법을 추천합니다. 단 사료를 넣어주는 경우, 밥그릇을 모두 치우고 먹이 장난감을 제공하고 외출합니다.

이때는 단계가 쉬운 것부터 조금은 어려운 단계까지 고양이 한 마리당 두 개 이상의 먹이 장난감을 집 안 곳곳에 배치하는 것이 좋습니다. 고양이는 상호놀이에 반응이 높은 만큼 낚싯대와 같은 상호놀이 제공 시에는 중간중간 낮은 선호도의 간식 또는 사료를 제공하는 방법을 사용합니다. 항상 고양이의 행동을 유발하고 독려하기 위해서는 강력한 동기부여가 필요하다는 점을 명심해야 합니다. 이러한 동기부여에는 각각의 고양이가 선호하는 먹이나 간식이 좋은 매개체가 될 수 있습니다.

10. 홈 캠으로 집을 보면 고양이들이 무기력한 것 같아요

해외 출장이 많은 직업입니다. 한 달에 한 번, 많게는 2박 3일씩 세 번 정도 출장을 갑니다. 매일 부족함이 없도록 출근 전, 퇴근 후에 열심히 놀아주고는 있지만 출장 시 홈 캠으로 지켜보면 두 마리 모두 무기력한 모습으로 있어요(집사 생각입니다). 집을 비우는 것 때문에 시간이 갈수록 고양이들의 스트레스 수치가 높아져 어느 순간 폭발할까 봐 혹은 이상행동으로 발전하는 것은 아닐까 걱정됩니다.

고양이가 하루 중 오랜 시간 동안 집에서 잠만 잔다면 질문 속 보호자처럼 '우리 고양이는 왜 이렇게 무기력하지' '어디가 아픈 것은 아닐까' 하고 걱정되는 것이 사실입니다. 하지만 고양이가 24시간을 어떻게 사용하는지를 안다면 잠만 자는 모습이 그다지 이상한 일이 아님을 알 수 있습니다. 고양이는 하루 24시간 중 평균 14시간을 잠자는 데 사용하며, 6시간 정도를 휴식 취하는 데 사용합니다. 이 말은 하루 20시간 정도는 보통 휴식에 사용한다는 뜻입니다. 이는 놀랍게도 사실입니다. 하지만 길고양이의 경우는 다릅니다. 길고양이는 하루 중 평균 10시간 정도를 잠자는 데 사용합니다. 사냥을 위해 사용하는 시간이 집고양이에 비해 압도적으로 많기 때문입니다.

일반적으로 **집고양이의 경우 24시간 중 단 14분만을 놀이시간으로 사용**하며, **길고양이의 경우 210분 정도를 사냥을 위해 사용**합니다. 15분을 한 세션으로 놀아준다고 했을 때 1일 1회 정도 보호자와 함께 놀이를 한다고 할 수 있습니다. 이 기준으로 보면 출근 전 1회, 퇴근 후 1회 정도의 놀이를 제공하는 보호자 상황의 경우 평균 이상이라고 할 수 있습니다. 하지만 집에 있는 시간 동안 사냥놀이를 하지 않는 것은 스트레스의 원인이 될 수 있습니다. 사냥놀이는 묘생에 있어 가장 중요한 세 가지 가운데 두 번째로 중요한 요소이기 때문입니다.

보호자가 고양이에게 사냥놀이를 충분히 제공하지 못해 스트레스로 인한 강박증이 생기거나 잠만 자는 무기력한 고양이가 되는 상황을 많이 볼 수 있습니다. 외출이나 출장이 잦은 경우 기본적으로 먹이 장난감을 적극적으로 권장합니다. 여기에 덧붙여 고양이에게 제공할 수 있는 장난감 중에 앞에서도 설명한 '행동유발 장난감'이 있습니다. hunting feeder라고도 하며 기성품으로 판매되는 것 가운데 쥐 모양으로 생긴 틀 안에 먹이를 담을 수 있는 구조인 것도 있습니다.

이 장난감에 평상시 먹는 사료를 넣어 4~5개 만들고 고양이가 움직이는 동선에 숨겨놓습니다. 장시간 외출 후 집에 왔을 때 몇 개의 장난감 속 사료가 비워졌는지 확인해봅니다. 기성품을 사용하기 힘든 경우 이미 소개한 두루마리 휴지 심도 좋은 장난감이 될 수 있습니다. 휴지를 쓰고 난 뒤 휴지 심을 모아두었다가 한쪽 면을 구부려 막은 후 그 안에 사료를 넣습니다. 마찬가지로 고양이의 동선에 따라 처음에는 찾기 쉬운 장소에 4~5개 배치하고 외출합니다. 이러한 먹이 장난감 배치를 행동유발 장난감이라고 하는데 저는 **'보물찾기'** 놀이라고 설명해드립니다. 어렸을 때 보물찾기를 하며 숨겨놓은 종이를 찾아 선물 받은 기억이 있다면 이러한 놀이가 얼마나 즐겁고 성취감이 큰지 알 수 있을 것입니다.

보호자가 집에 있을 때 제공하는 놀이도 중요하지만 고양이들만 집에 남겨진 상황에서 사냥놀이를 제공하는 것 또한 매우 중요한 부분입니다. 질문 내용처럼 장시간 집을 비울 때 고양이가 상호놀이에만 익숙해져 무료하게 시간을 보낼 경우, 자신의 몸을 과도하게 핥는 오버 그루밍over grooming과 같은 강박증 증상이나 먹으면 안 되는 비닐이나 전선과 같은 이물을 먹는 이식증을 보일 수 있습니다. 그러므로 보호자가 꼭 개입해서 놀아야만 되는 상호놀이뿐만 아니라 다양한 행동유발 놀이를 제공함으로써 고양이들끼리만 있을 때 발생할 수 있는 스트레스를 줄여주면 강박증으로 이어지는 문제행동을 미리 방지할 수 있을 것입니다.

양쌤's 솔루션

여러 마리의 고양이를 키우는 보호자 가운데 고양이 사이의 다툼을 반려 생활에 있어 가장 심각한 문제로 언급한 비율이 전체 응답자 가운데 23퍼센트에 달했고, 고양이끼리 다투는 모습을 하루에 3번 이상 목격한다고 응답한 비율도 9퍼센트로, 결코 적지 않았다. 혼자 지내는 고양이의 공격성과 분명히 연관된 요인은 '놀이 후 보호자의 보상 방식' 하나뿐이었던 반면, 여러 마리의 고양이가 함께 생활하는 다묘 가정에서는 다양한 연관으로 나타났다. 예를 들어, [필요한 경우 고양이를 보호자나 다른 동물로부터 완전히 분리할 수 있는 방법(크레이트 및 독립된 별도의 공간 등)이 준비되어 있나요?]라는 질문에 고양이 간 다툼이 있는 다묘 가정은 그렇지 않은 다묘 가정보다 언제든 고양이를 분리할 수 있도록 준비해두는 경향이 있었다. 단묘 가정을 대상으로 한 조사의 경우 고양이의 공격성과 분리 방법 준비 여부에 통계적 차이가 없었음을 생각해본다면, 우리나라 보호자들은 고양이가 사람을 상대로 공격성을 보일 때와 다른 고양이를 상대로 공격성을 보일 때 대처하는 방식이 다르다는 점을 추론해볼 수 있다.

다묘 가정에서 화장실을 붙여놓고 관리하는 경우 고양이들이 더 자주 싸운다

하지만 가정에 준비된 크레이트는 고양이 다툼의 원인이라기보다 결과에 가깝다. 분석결과 고양이 간 다툼이 있는 가정과 그렇지 않은 가정 사이에서 다툼의 원인이 될 가능성이 높은 부분은 화장실 관리 부분이었다. 다묘 가정에서 여러 고양이의 화장실을 나란히 붙여서 관리 하는 경우, 그렇지 않은 경우에 비해 고양이 사이의 다툼 발생비율이 더 높게 나타난 것이다.

생활환경에 필요한 자원인 음식, 물, 화장실 등을 다른 개체와 공유하는 것은

다묘 가정의 경우 화장실을 분산시켜 관리하나요?

응답 내용	아니다, 분산시켜 관리한다	그렇다, 여러 개를 붙여서 관리한다
고양이간 다툼 외 문제가 불편이다	310	372
고양이 간 다툼이 가장 큰 불편이다	81 (20.7%)	137 (26.9%)

6.2% 차이는 수치적으로만 봤을 때 적어 보일 수 있지만, 통계적으로 고양이 화장실의 구분 관리 여부와 공격성 사이에는 분명한 연관이 있는 것으로 나타났다.

다툼의 원인이 되기 쉽다. 맞닿거나 가깝게 붙여놓은 여러 화장실은 고양이의 입장에서 보면 하나의 화장실로 인식될 뿐이기 때문에 많은 전문가는 전체 고양이 개체 수 + 1개를 부여하고, 각자가 전용 화장실을 별도로 사용할 수 있도록 권장하고 있다. 하지만 우리나라에서는 의외로 많은 수의 다묘 가정에서 고양이 화장실을 붙여서 관리하고 있는 것으로 나타났다. 따라서 만약 고양이 간 다툼이 발생하고 있거나 다묘 가정을 준비하고 있다면 관리가 번거롭더라도 여러 개의 화장실을 붙여놓고 관리하지 않는 것이 좋다.

싸움의 생태학

어린이들이 그러듯, 다묘 가정의 고양이들도 노는 것과 싸우는 것의 구별이 쉽지 않다. 놀이가 싸움으로 번지기도 하고, 싸우는 것처럼 놀기도 한다. 이는 고양이의 사회적 놀이 행동 자체가 서로 물고, 뒤쫓고, 싸우는 흉내를 모두 포함하기 때문이다. 고양이 사이의 상호작용이 싸우는 흉내를 내면서 실제로는 사회적 놀이를 하는 거라면 다행이지만, 정말로 싸우는 경우 보호자의 적절한 대처를 위해 고양이 사이에 나타나는 공격성과 그 원인에 대한 체계적인 이해가 필요하다.

행동학적 관점으로 보면, 고양이는 단독 생활을 하면서 동시에 사회적 그룹

을 형성할 수 있는 동물이다. 자연 상태에 놓인 들고양이는 보편적으로 자신의 영역을 정해놓고 다른 고양이의 침입을 저지하며 단독 생활을 하지만, 아파트 단지에서 길고양이들이 무리를 이루어 서로 몸을 비비거나 그루밍을 해주는 모습을 종종 볼 수 있는 것처럼 사람이 키우지 않는 야생성이 강한 고양이들도 특정한 조건이 형성되면 무리 지어 생활하기도 한다.

다만 고양이가 이루는 사회적 그룹은 생태계에서 상당히 독특한 점을 보이는데, 보통 한 무리를 이루면 사냥을 함께 나서고 무리 안에서 식사 규칙이나 서열이 정해지는 다른 동물들(개와 늑대가 이런 방식의 전형적인 사회적 그룹을 이룬다)과 달리, 고양이는 같은 그룹에 속해 가까이 살며 상호작용 하더라도 사냥과 식사는 각자 개별적으로 수행한다는 것이다. 그러니 함께 사는 강아지들의 관계는 생활사 대부분을 공유하는 '식구'의 개념에 가까운 반면, 함께 사는 고양이들은 단지 거주공간이 같을 뿐이고 서로 다른 생활사를 영위하는 '룸메이트'에 가까운 관계를 유지하는 셈이다. 그래서 늑대는 영역 범위 내에서 사냥감과 같은 자원이 부족해지면 무리 전체가 새로운 지역으로 이주하지만, 고양이는 영역 범위 내에서 자원이 부족해지면 그룹 내에서 갈등이 발생하고 구성원의 숫자가 변화한다.

고양이가 언제나 사회적 그룹을 형성하는 것은 아니다

한 가지 더 기억해야 할 것은, 가정 내에서 모든 자원이 충분하다고 해서 모든 고양이가 사회적 그룹을 형성하는 것은 아니라는 사실이다. 고양이의 사회적 그룹 형성에 대한 일련의 행동 연구들은 어릴 때부터 함께 자라지 않은 두 고양이일수록 서로를 사회적 그룹의 일원으로 받아들이지 않을 가능성이 크며, 이 경우 고양이들이 서로에게 자신의 영역을 주장하는 위협 반응을 보이게 됨을 지적하고 있다.

따라서 다묘 가정에서 고양이 사이에 갈등이 발생하거나 의심될 경우, 당연히 가장 먼저 체크해야 되는 것은 고양이에게 필요한 것들이 제대로 충분히 제공되고 있는가이다. 환경 풍부화에서 다루었던 것처럼 고양이와 인간은 서로 자원에 대한 인식과 니즈가 다르며, 다투는 고양이와 반려하는 가정은 대체로 고양이 화장실에 대한 관리가 적절하지 못한 경향이 있다는 점을 함께 기억하시길 권한다.

고양이 분리 불안이란 무엇인가?

'대집사 설문조사' 결과, 단묘 가정 보호자의 36퍼센트(25/69명)는 '분리 불안'을 직접적으로 언급했으며, 자신의 고양이에게 분리 불안이 있다고 판단하거나 혹은 우려된다고 답했다. 또 21퍼센트(15/69명)는 '외로움'에 대해 언급했다. 고양이가 외로움을 느끼는지, 만약 느낀다면 그 정도가 어떤지에 대해 과학적으로 증명하기는 어렵다. '동물도 감정이 있는가?' '사람과 비슷한 특정한 감정을 느끼는가?'는 과학이라기보다 철학적인 논의에 가깝기 때문이다. 하지만 확실한 것은 수의학적으로 고양이의 분리불안증후군separation anxiety syndrome, SAS는 실제로 존재하며, 일종의 행동학적 문제로서 논의된다는 사실이다. 반려동물의 분리불안증후군은 어떤 대상으로부터 동물이 분리됨으로써 촉발되는 일련의 감정적, 행동적, 생리학적 반응들을 통칭한다. 분리불안증후군은 사람뿐만 아니라 유인원류, 조류, 말, 개 등 여러 동물에서도 발견되는 현상이며 고양이도 예외는 아니다.

분리 불안으로 진단된 고양이의 주요 증상

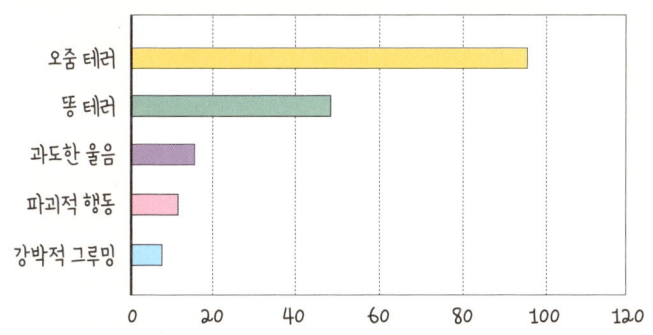

미국의 수의과대학 동물병원에서 1991년부터 2000년까지, 10년간 수행된 고양이 행동 진료 데이터를 리뷰하고, 이들 중 전형적인 분리불안증후군을 보이는 케이스 136건을 추출해 수행한 연구 논문에 의하면 연구 대상이 된 전체 행동 진료 케이스는 716건으로, 이들 중 분리 불안 문제와 연관된 증상(부적절한 배뇨/배변, 과도한 울음, 파괴적인 행동, 자학적인 행동 등) 가운데 어느 하나라도 보인 경우는 300건이었으며, 특정 대상과 분리되었을 때만 증상이 나타나는 행동학적 문제가 분리불안증후군으로 밝혀진 경우는 136건이었다. 전체적으로 행동학적 문제를 보이는 전체 고양이의 19퍼센트 정도는 그 원인 중 하나로 분리불안증후군을 가졌다고 볼 수 있다.

분리불안증후군을 가진 고양이가 나타내는 주요 증상을 빈도 순서대로 나열하자면, 오줌 테러inappropriate urination, 똥 테러inappropriate defecation, 과도한 울음excessive vocalization, 파괴적인 행동destructiveness, 강박적 그루밍 행동psychogenic grooming 순이었다.

입양은 단묘 가정 내 분리 불안 문제의 해결책이 될 수 없다

여기서 흥미로운 것은 분리불안증후군을 보인 것으로 밝혀진 136개 케이스 가운데 단묘 가정 고양이의 비중은 불과 70개 케이스(52퍼센트)에 불과했다는 것이다. 많은 보호자의 예상처럼 고양이의 분리 불안이 혼자 지내기 외롭기 때문이라면, 실제 분리불안증후군을 보이는 고양이의 절대다수는 단묘 가정의 고양이여야 한다. 그런데 적어도 실제 분리 불안에 대한 진료 데이터를 놓고 보면 그렇지 않았다.

게다가 앞에서 밝혔듯, 분리 불안이라고 하는 증후군은 '특정한 대상'과 분리되었을 때 나타나는 변화를 말한다. 혼자 지내는 고양이가 분리불안증후군을 보인다면, 여기서 '특정한 대상'이란 곧 보호자를 의미한다는 뜻이다. 다른 고양이를 더 입양한다고 해서 이미 보호자와 연관된 문제인 분리 불안이 해결될까? 그렇지 않을 것이다.

그래서 단묘 가정 고양이가 분리불안증후군을 보일 때, 한 마리를 더 입양하는 것을 보편적으로 권하기 어려운 것이다. 보호자는 '친구가 생기면 덜 외롭겠지?'라고 생각할 수 있지만, 고양이는 또 다른 고양이가 아니라 보호자가 내 옆에 있어주길 원하는 것이기 때문이다. 고양이가 외로워 보여서 혹은 분리 불안 때문에 다묘 가정이 되는 것을 고려하는 보호자라면, 그것이 정말 고양이를 위한 선택인지 다시 한번 신중히 생각해보자. 모든 종류의 분리 불안 문제를 단숨에 해결할 수 있는 정답은 없겠지만, 적어도 다른 고양이를 더 들인다는 선택지는 행동학적으로 매력적인 오답에 훨씬 가깝다.

⑤ 식탐이 심해요. 비만일까요?

잘 먹는 고양이만큼 사랑스럽고 집사로서 뿌듯함을 느끼게 하는 일도 없습니다. 하지만 경우에 따라 고양이가 왜 이리 사료나 간식 등 원래 먹어야 할 것 외에 식탐을 부리는지 이해가 안 갈 때가 종종 있습니다. 특히 다묘 가정에서 한 마리의 고양이가 다른 고양이의 사료를 뺏어 먹는 경우 사료를 뺏긴 고양이가 안타깝게 느껴지고, 보호자가 식사하려고 하면 고양이가 식탁 위로 난입해 음식을 재빠르게 훔쳐 가는 상황이 생기기도 합니다. 이럴 때면 갑작스러운 상황에 대처하지 못하고 망연자실한 표정으로 소리만 지르게 됩니다. 고양이의 식사예절 때문에 고민인 분들은 다음 솔루션을 잘 참고해 식사예절을 잘 지키는 고양이로 교육할 수 있기를 바랍니다.

1. 사람 음식까지 먹으려고 해요

식탁에 올라와 사람 음식을 먹으려고 합니다. 코를 대고 먹으려 하기에 치웠어요. 츄르나 사람이 먹는 음식을 보면 사족을 못 쓰고 달려들어요. 떨쳐 내려고 해도 너무 흥분합니다. 어떡해야 할까요?

고양이는 순간적인 점프 능력이 있어 사람의 음식을 사냥감이라고 판단할 경우 찰나의 순간 낚아채 도망가기 때문에 흔히 개들이 서서 보호자의 다리나 몸을 발로 긁는 행동인 scrubbing과는 차원이 다르다고 할 수 있습니다. 고양이의 식탁 난입을 줄이는 데에는 여러 방법이 있을 수 있지만 그중 가장 기본적인 **이완기**relaxation **교육**을 추천합니다. 이완기 교육은 앉아서 기다리는 교육이라고 할 수 있습니다. 바로 앉게 하거나 기다리게 할 수도 있겠지만 이를 위해서는 기본적으로 **이름 부르기-앉기-기다리기**가 실행되어야 합니다. 일단 이를 줄여 '이앉기 교육'이라고 변형하여 표현하기도 합니다.

 이러한 이완 교육은 질문처럼 **"떨쳐내려 해도 너무 흥분해요"** 같은 고양이들에게 더욱 필수적인 교육입니다. 흥분을 잘한다는 것은 보호자의 말을 듣지 않는 것이며, 쉽게 반응도가 높아져 교육이 쉽게 이루어질 수 없는 상태가 되는 것을 뜻합니다.

식탁에 자주 올라오는 습관이 있다면 평상시에 이앉기 교육을 자주 그리고 꾸준히 할 필요가 있습니다. 먼저 좋아하는 간식을 준비하고 고양이의 이름을 부릅니다. 부름과 동시에 쳐다보면 즉각적으로 보상을 줍니다. 이때 이름은 통일성 있게 부를 필요가 있습니다. 고양이의 이름을 '아미'라고 한다면 "아미"라고 부를지 "아미야"라고 부를지 보호자 본인과 가족 구성원이 합의해야 합니다. 고양이의 이름을 통일성 있게 부르고 쳐다보면 즉각적인 보상을 제공합니다. 그 후 "이리 와"라고 말하고, 고양이가 보호자 곁으로 조금 다가오면 거리가 좁혀지는 상황에 대해 바로 보상을 합니다.

손가락을 이용하여 고양이에게 코인사를 시도하고 다가오면 보상을 해주는 방법도 좋습니다. '이리 와 교육'까지 성공했다면 그다음은 '앉아'를 알려줄 차례입니다. '앉아'의 경우 손가락 끝을 고양이가 집중해서 볼 수 있는 단계라면 가볍게 손가락 끝을 올려 시선을 위로 향하게 합니다. 엉거주춤하며 완전히 앉지 않는 상황이 되더라도 처음에는 즉각적으로 보상을 줍니다. 그다음 단계적으로 고양이가 엉덩이를 바닥에 대는 순간이 오면 바로 보상을 줍니다.

처음부터 잘할 수는 없으므로 보호자가 원하는 행동을 조금씩 만들어가면 보상을 자주 해줄 것을 추천합니다. 이를 행동학 용어로 **형성**shaping **교육**이라고도 합니다. 말 그대로 행동 하나하나를 단계를 나누어 이루어지게 하는 교육입니다. 앉기에 성공했다면 그다음은 기다리게 하는 것입니다. 기다리기는 '이앉기 교육' 중 마지막 관문이므로 처음 기다리는 순간이 3초 정도만 되더라도 가장 많은 보상을 줄 필요가 있습니다. 이제야 드디어

식탁에 난입하는 고양이를 교육할 수 있는 첫 단추를 끼운 것입니다.

실전으로 들어와서 식사하는 동안 고양이가 근처에 올 경우 '이완기 교육'을 바로 진행합니다. 고양이가 스스로 왔기 때문에 "이리 와"라는 음성 신호보다 이름을 부르고, 고양이가 보호자의 눈을 쳐다보면 앉게 합니다. 그 후 "기다려"라는 음성신호와 함께 손을 이용해 시각신호로 지시합니다. 보호자가 식사하는 동안 고양이가 앉아서 잘 기다린다면 간식이나 사료를 보상으로 제공합니다. 한 번에 많은 양을 줄 필요는 없으며 지속적으로 주기 위해 한두 개의 보상을 제공합니다. 5초, 10초, 30초, 1분, 2분, 5분, 10분과 같은 간격으로 점차 시간을 늘립니다.

식사시간이 30분이라고 한다면 우리의 목표는 15분 동안 고양이가 기다리게 하는 것입니다. 대신 이를 성공했을 때 고양이의 기대를 뛰어넘는 간식을 주어야 합니다. 그것도 아주 많이 줍니다. 물론 중간에 불규칙하게 큰 보상을 주는 경우도 있으며 이를 **간헐적 보상** 또는 **잭팟 보상**이라고 합니다. 만약 다섯 번의 보상을 준다면 1, 3, 5회에 주거나 순서를 바꾸어도 됩니다. 이 교육을 할 때 한 세션의 마지막에는 꼭 보상을 제공합니다. 그리고 어려운 교육일수록 가장 좋아하는 간식을 보상으로 제공합니다. 마지막으로 매번 지속적 보상을 주는 것보다 간헐적 보상을 통해서 집중력 유지 시간을 늘려가는 것이 중요하다고 볼 수 있습니다.

먹을 것에 흥분을 잘하는 고양이는 먹이 보상을 줄 때 얌전히 기다리는 교육이 필수입니다. 먹이에 관심이 많고 에너지가 넘치는 만큼 다른 예절 교육 또한 훌륭히 할 수 있다고 보이므로 기본적인 이완기 교육부터 진행한다면 흥분도를 낮추고 먹을 것 앞에서도 의젓한 고양이가 될 수 있을 것입니다.

2. 식탐이 강하면 오히려 자율급식을 해야 한다던데, 그런가요?

수컷 길고양이를 키우고 있습니다. 집에 온 지는 한 달 정도 되었고 중성화 수술도 시켰습니다. 그런데 식탐이 강해서 자율급식을 하면 사료를 금방 먹어치웁니다. 그래서 제한급식을 하려고 보니 주변에서 식탐 강한 고양이는 자율급식을 해야 한다고 합니다. 그 얘기가 맞는지 궁금합니다.

자율급식과 제한급식에는 각각의 장단점이 있습니다. 오랜 기간 고양이에게 자율급식을 권장하는 분위기가 있었습니다. 고양이는 음식을 천천히 자주 먹는 본능적인 습관이 있으며 하루에도 7회에서 12회까지 음식을 나누어 먹는다고 알려졌었기 때문입니다. 자율급식의 장점은 이러한 고양이의 습성을 이해한다는 측면에서 제공되던 급식 방법입니다. 또한 집고양이의 경우 자원을 풍부하게 제공하기 때문에 빨리 먹지 않아도 되는 상황이므로 질문처럼 식탐이 강한 고양이는 자율급식을 해주는 게 맞는다고 생각할 수도 있습니다. 하지만 이는 잘못된 생각입니다. 자율급식을 한다고 하더라도 빠르게 먹는 습관이 있는 고양이, 특히 어린 고양이들은 음식의 양을 조절하지 못해 과식하는 일도 생기기 때문입니다. 또한 사료를 쌓아놓고 자율급식을 제공할 경우 풍부한 자원으로 인해 게으른 고양이나 무기력한 고양이가 될 가능성이 매우 큽니다.

우선 고양이도 강아지처럼 제한급식을 추천합니다. 최대한 1일 2회 정도의 제한급식을 주는 것을 권장하며, 오전에 1회 그리고 오후에 1회 급식합니다. 정확히 제한급식은 정해진 시간(대략 20~30분)에만 급식을 한 후 사료를 치우는 것까지를 의미합니다. 제한급식에 여러 장점이 있지만 우선 정확하게 고양이가 얼마나 많은 양의 음식을 섭취하는지 확인할 수 있습니다. 이는 비만관리를 할 수 있다는 측면에서 장점이 됩니다. 정서적으로는 고양이와 보호자의 유대관계가 깊어지는 장점도 있습니다. 고양이에게 보호자는 자신에게 음식을 제공하는 사람으로 어떻게 보면 어미고양이와 새끼고양이의 관계로 인식할 수 있습니다.

제한급식을 하면 밥 먹는 시간을 이용해 사냥놀이나 기본적인 예절 교육을 할 수도 있습니다. 먹이는 고양이에게 강력한 동기부여가 되는 수단이므로 이 시간을 이용해 밥 먹기 전 15분 정도 교육을 병행한다면 매우 효과적일 것입니다. 게다가 식탐이 많은 고양이라면 더욱 효과적일 수 있습니다. 식사시간을 이용해 사료를 보상으로 이전에 언급한 '**이완기 교육**'을 진행한다면 빠르게 학습할 수 있을 것입니다.

식탐이 강한 고양이들은 빠르게 먹는 습관도 같이 들인 경우가 많습니다. 이 경우 사료와 공기가 함께 위장으로 들어가게 되어 바로 구토를 하기 쉽습니다. 공기와 함께 음식물이 위로 들어갈 때 위장 내에 공기와 음식이 뒤섞이며 소화력이 떨어져 구토를 일으키는 것입니다. 더욱 큰 문제는 빠르게 먹는 고양이일수록 비만묘가 될 가능성이 크다는 점입니다. 그러므로 천천히 먹는 습관으로 바꿔주어야 합니다.

천천히 먹는 방법에는 여러 가지가 있지만, 그릇을 slow feeder로 바꿔주는 방법이 있습니다. 일반적인 사료 그릇과는 다르게 기둥들이 솟아 있어 고양이가 빠르게 먹을 수 없습니다. kibble과 같은 공 모양에 구멍이 뚫린 먹이 장난감을 이용하는 것도 먹는 속도를 줄일 수 있습니다. 습식사료를 줄 때 평편한 판에 사료를 소량씩 여러 덩이로 올려놓는 방법이 있으며, 가운데에 골프공을 올려놓고 습식사료를 제공할 경우 머리를 돌려가면서 먹어야 하므로 습식사료를 빨리 먹는 습관이 있는 고양이에게 효과적입니다.

하루에 2회에서 3회 정도 제한급식을 하면서 이 시간을 보호자와 유대감을 높이며 즐거운 교육시간으로 활용한다면 자율급식보다 더욱 효과적인 급식 방법이 될 것입니다. 보호자가 부재중이더라도 먹이 장난감을 통해 스스로 찾아서 먹으며 노는 방법을 제공한다면 무료해하거나 비만이 되는 것을 방지할 수 있습니다. 또한 빠르게 먹는 습관은 기존에 나와 있는 여러 slow feeder 제품이나 급식 방법들을 이용하여 건강관리에도 신경써준다면 이러한 습성들을 예방할 수 있을 것입니다.

3. 한 고양이가 다른 고양이 사료까지 전부 뺏어 먹어요

총 세 마리의 고양이를 키우고 있습니다. 그런데 첫째가 유독 식탐이 많고 힘도 제일 세서 다른 아이들의 사료 그릇에 있는 것도 다 먹어버립니다. 그래서 먹을 만큼만 먹고 돌아서는 둘째, 셋째도 덩달아 제한급식을 하고 있습니다. 출근하고 난 후 낮에 충분히 사료를 제공해주지 못해 늘 미안합니다. 모두가 평화롭게 식사를 즐길 방법은 없을까요?

나샘's 솔루션

다묘 가정에서 급식시간은 즐거운 시간이 되기도 하고, 힘든 시간이 되기도 합니다. 식탐이 많은 고양이가 있는 경우 같이 급식을 해도 자신의 것보다 다른 고양이의 사료를 먼저 먹고 오는 일도 있으며 나머지 고양이들의 것을 못 먹게 하는 일도 있기 때문입니다. 고양이의 삶에서 중요한 3대 공간 중 하나가 바로 밥 먹는 공간입니다. 그만큼 밥을 먹는 동안에 스트레스를 받지 않아야 합니다. 게다가 고양이가 본능적으로 자원을 공유하거나 같은 공간에서 밥을 잘 먹는 모습을 보인다고 하더라도 고양이 무리에서는 스트레스를 받거나 밥을 제대로 먹지 못하는 일도 있습니다. 주로 주위를 서성거리거나 밥을 먹지 않고 다른 고양이들이 떠나면 밥 먹는 공간으로 오는 경우, 밥을 먹다가 갑자기 자리를 뜨는 경우, 밥 먹는 도중에 주위를 두리번거리는 경우 등 다묘 가정에서 한 마리의 고양이가 이러한 행동을 보인다면 같은 공간의 급식으로 인해 스트레스를 받고 있다고 볼 수 있습니다.

다묘 가정에서 제한급식이 나쁜 것은 아닙니다. 각각의 고양이들에게 각자 편하게 밥 먹을 수 있는 공간을 제공하는 것이 중요합니다. 식탐 많은 고양이로 인해 다른 고양이들이 아예 먹을 수 없는 상황이라면 서로 분리된 공간에서 급식할 것을 추천해 드립니다. 자신의 시야에서 다른 고양이가 보이지 않으며, 접근할 수 없는 제한된 공간이어야 합니다.

공간적으로 분리가 힘들다면 한 공간에서 최대한 멀리 떨어진 곳에서 동시에 급식을 진행합니다. 급식 시 시선이 마주치는 것도 스트레스가 될 수 있으므로 등을 보이는 상황에서 급식을 진행합니다. 제한급식 후 보호자가 출근할 경우 최대한 많은 곳에 먹이퍼즐과 행동유발 먹이 장난감인 hunting feeder, 보호자가 손수 만든 DIY 장난감 등을 여러 곳에 배치(세 마리 다묘 가정이므로 최소한 6곳 이상)하여 풍부한 자원이 공급되는 환경으로 만들어주는 것도 필요합니다. 이러한 먹이 장난감 등을 바닥에 2개, 이동하는 곳에 1~2개 그리고 수직공간 및 숨을 수 있는 공간에 각각 배치합니다. 자원이 풍부해지면 식탐 많은 고양이가 먹는 동안 다른 고양이들도 다른 공간에서 편하게 먹을 수 있으므로 먹이에 대한 스트레스와 경쟁심이 완화될 것입니다.

최근에는 고양이가 조금 더 개인적으로, 원활하게 식사를 할 수있도록 도움을 주는 제품도 나와 있습니다. sure feed라는 제품인데요, 각각의 고양이에게 다른 인식표를 채워 각자의 사료 그릇에 접근했을 때만 식사할 수 있도록 설정되어 있습니다. 급식기가 인식표를 인지하기 때문에 다른 고양이가 올 경우 급식기 뚜껑이 열리지 않는 원리입니다.

고양이는 독립적이므로 각자의 것을 좋아하며 침해받는 것을 싫어하는 성향이 강합니다. 고양이들이 모여 앉아 밥을 같이 먹는 모습이 예쁘고 사랑스러울 수 있지만, 그중에는 보이지 않는 스트레스를 받는 고양이가 있을 수 있으며 대부분 인내하며 식사를 하고 있을 겁니다. 적절한 분리를 통해 각각의 공간에서 제한급식을 진행하고, 보호자가 외출 시에도 다양하게 자원에 접근할 수 있는 환경을 만들어준다면 모두가 행복한 식사시간이 될 수 있을 것입니다.

4. 고양이 사료 급여량을 어떻게 알 수 있나요?

고양이들을 데리고 병원에 갔는데 선생님께서 아이들이 비만이라고 하셨습니다. 아무리 다이어트를 해도 빠지지 않으니, 여기서 더 안 찌도록 주의하라고 하셨는데 그 어디에도 정확한 사료 급여량이 나와 있지 않아서요. 제가 못 찾는 것인지… 적정한 사료 급여량이나 하루 적정 간식 양을 정확히 알 수 있을까요?

진료 시 체중을 재서 "몇 킬로그램입니다"라고 안내를 드리면 가장 많이 하시는 말씀이, "혹시 우리 고양이 비만인가요?"라는 물음입니다. 일단 고양이가 비만인지 아닌지에 대한 정확한 개념이 필요합니다. 체중이 고양이의 비만을 평가하는 첫 번째 기준이 되지는 않습니다. 사람으로 비유하자면 통상적으로 비슷한 체격의 사람이라도 키 큰 사람은 체중이 많이 나갈 것이고, 키가 작은 사람은 그에 따라 체중이 적게 나갈 것입니다. 고양이의 경우도 마찬가지입니다. 같은 러시안블루라고 하더라도 신장이 클 경우 평균 체중보다 조금 더 나갈 수 있으며 신장이 작은 경우에는 그 반대일 수 있습니다. 그리고 종에 따른 평균 체중이라는 것이 존재하므로 이에 해당하는 평균 체중을 알 필요가 있습니다. 개에 비해 고양이는 소형묘, 중형묘, 대형묘로 나뉘고, 다양하게 많은 종이 있지는 않습니다. 대부분 중형묘에 속하므로 성묘 기준 평균 4~6킬로그램 사이가 정상적인 체중 분포도라고 할 수 있습니다.

비만을 평가하는 데에는 BCS Body Condition Score, 고양이의 골격과 피부층의 두께 상태 그리고 전체적인 몸통의 라인을 살펴 1에서 9까지 나누는 방법이 보편적으로 사용되고 있습니다. 5점을 기준으로 점수가 낮을수록 마르고 영양섭취가 충분하지 않다고 보며, 6 이상의 9점에 가까울수록 비만이라고 봅니다.

비만이 걱정되어 사료의 양을 조절할 필요가 있을 때 적정량을 계산하는 방법이 있습니다. 나이나 중성화 여부 등 여러 가지 요인 Factor에 따라 하루 동안 필요한 열량을 계산합니다. 우선 RER Resting Energy Requirement이라고 하여 기초대사 칼로리 계산법을 알아야 합니다. **(30 × 체중) + 70 = RER** 공식을 이용하고, 이를 통해 기초대사 칼로리를 구했다면 일일 기초대사 칼로리 DER, Daily Energy Requirement를 구해야 합니다. **DER = RER × Factor**를 곱하여 계산합니다. 나이 및 중성화 여부 그리고 비만 또는 체중 감량이 필요한지에 따라 Factor 값은 달라집니다.

> 예) 4kg, 중성화된 고양이의 일일 기초대사 칼로리는?
> 기초대사 칼로리(RER): (30 x 4) + 70 = 190kcal
> 일일 기초대사 칼로리(DER): 190(RER) x 1.2(factor) = 228kcal

해당 고양이에게는 228킬로칼로리가 1일 동안 최소로 필요한 기초대사 칼로리이므로 그만큼의 사료를 급여하면 됩니다.

신체충실도

마른	1	• 완벽한 지방의 소실과 함께 갈비뼈, 등뼈 그리고 엉덩뼈가 매우 잘 보인다. • 허리 라인이 심각하게 드러나 있다. • 배는 완전히 없다.
	2	• 지방층이 덮여 있지 않은 갈비뼈와 등뼈가 쉽게 보인다. • 허리 라인이 약간 드러나 있다. • 배가 심각하게 없다.
	3	• 최소한의 지방층으로 덮인 갈비뼈와 등뼈가 쉽게 보이고 만져진다. • 허리 라인이 눈에 띄게 드러나 있다. • 최소한의 복부지방을 지녔지만, 배가 눈에 띄게 없다.
	4	• 매우 얇은 지방층이 덮여 있거나 그렇지 않은 갈비뼈가 만져진다. • 허리 라인이 명백하게 보인다. • 최소한의 복부지방을 지니고 있다.
정상	5	• 적은 지방층이 덮여 있거나 갈비뼈가 만져진다. • 허리 라인이 적당히 보인다. • 적당한 배의 느낌을 준다.
비만	6	• 약간의 지방으로 덮여 있는 갈비뼈가 만져지지만 일반적으로 보이지는 않는다. • 허리 라인이 명백하지 않다. • 적은 지방으로 배는 약간 바깥으로 돌출되고 아래로 처져 있다.
	7	• 두꺼운 지방으로 덮여 있는 갈비뼈를 만지거나 보기가 힘들다. • 허리 라인을 보기가 힘들다. • 움직일 때마다 출렁이는 지방덩어리로 배는 바깥으로 돌출되고 아래로 처져 있다.
	8	• 매우 두꺼운 지방층으로 덮여 있는 갈비뼈가 만져지거나 볼 수 없다. • 허리 아래 부분에 추가적인 지방덩어리가 있다. • 허리 라인이 소실되었다. • 움직일 때마다 흔들리는 명백한 지방으로 배는 바깥으로 돌출되고 아래로 처져 있다.
	9	• 심각한 지방층으로 덮여 있어 갈비뼈를 만지거나 보기가 불가능하다. • 얼굴, 다리, 허리 아래 부분에 추가적인 심각한 지방덩어리가 있다. • 허리 라인이 소실되었다. • 움직일 때마다 출렁이거나 흔들리는 상당한 지방으로 배는 심각하게 바깥으로 돌출되고 아래로 처져 있다.

사료의 뒷면을 보면 1scoop(컵)당 칼로리가 적혀 있습니다. 보통 사료회사에서 권하는 한 컵의 기준은 130그램이므로 이를 토대로 칼로리를 계산하면 됩니다. 또한 계량컵이 없을 경우 일반적으로 커피믹스용 종이컵을 사용하기도 하는데, 한 컵이 80그램이 되므로 이를 이용하여 계량하면 됩니다. 간식은 일일 기초대사 칼로리를 기준으로 10퍼센트 내외로 주시면 됩니다. 예시 속 고양이의 경우 일일 기초대사 칼로리가 228킬로칼로리였으므로 줄 수 있는 간식의 칼로리는 22.8킬로칼로리입니다. 육포처럼 고형화된 간식은 칼로리가 높을 수 있으므로 간식을 주실 때는 항상 1캔의 칼로리가 어느 정도 되는지, 1스틱의 열량이 얼마나 높은지 확인 후 소량으로 나누어 줍니다. 캔의 경우 티스푼을 이용해 제공하고 스틱형의 경우 여러 부분으로 잘라두었다가 여러 번에 걸쳐 제공해주시면 도움이 될 것입니다.

5. 건식사료와 습식사료를 어떻게, 얼마나 주는 게 좋을까요?

누구는 습식을 하루에 한 번 꼭 하는 게 좋다고 하고, 누구는 습식 많이 주지 말라고 하는데 어떻게 해야 할지 모르겠어요. 그리고 습식사료를 너무 빨리 먹는 경향이 있는데 천천히 먹었으면 좋겠습니다.

보호자들을 만나보면 습식과 건식에 대해 고민이 많습니다. 떠도는 얘기 중 '고양이가 물을 잘 먹지 않으므로 신장질환을 예방하기 위해 습식사료를 줘야 한다'라는 얘기가 있는데 이는 잘못된 내용입니다. 고양이가 물을 잘 마시게 하는 방법이 꼭 습식사료를 통해서만은 아니며 다양하게 마실 수 있는 장소와 다양한 형태의 음수기를 사용하는 것이 더 도움이 됩니다. 습식사료는 많은 처방사료들이 습식 형태로 나오기 때문에 어린 시절부터 습식사료에 대한 거부감을 없애주려는 이유가 더욱 큽니다. 습식사료는 물이 90퍼센트 정도이므로 단백질의 함량이 낮게 표기될 수 있습니다. 하지만 **DMB** Dry Matter Basis, **즉 물을 포함하지 않은 상태의 영양소 함량 파악이 중요**합니다.

캔 사료의 경우 수분 함량이 90퍼센트이고 단백질 함량이 5퍼센트이며, 건식사료의 경우 수분 함량 10퍼센트에 30퍼센트의 단백질이 들어 있다고 할 때 캔 사료의 단백질 함량이 낮다고 착각할 수 있습니다. 하지만 실제 DMB를 계산해보면 캔 사료의 수분 제거 후 단백질 함량은 50퍼센트이며, 건식사료의 단백질 함량은 33퍼센트로 오히려 캔 사료보다 건식사료의 단백질 함량이 낮은 것을 알 수 있습니다. 보통의 고양이가 최소 26퍼센트 이상의 단백질을 필요로 한다고 했을 때, 이 공식을 토대로 올바른 양을 적절하게 섞어서 주는 것이 도움이 됩니다.

릭킹 매트
보통 실리콘으로 만들어져 있으며 욕조나 타일 벽에 흡착하도록 되어 있어 목욕 같은 케어 시에 고양이의 스트레스를 줄여주는 역할을 한다.

습식 캔 등 습식사료를 많이 주지 말라고 하는 이유는, 영양소 표시에 비해 실제 단백질 함량이 많으며 이로 인해 단백질을 과도하게 섭취할 수 있기 때문입니다. 에너지로 연소하지 않은 단백질은 체내에서 지방으로 변환되어 비만을 일으킬 수 있습니다. 또 많은 고양이가 건식사료에 비해 습식사료를 빠르게 먹는 경향이 있습니다. 이럴 땐 습식사료나 캔과 같은 간식은 릭킹 매트licking matt에 발라주어 천천히 먹도록 해줍니다. **릭킹 매트**는 벽이나 바닥에 붙여 활용할 수도 있는데 고양이의 발톱을 깎거나 빗질할 때, 목욕하는 상황 등에서 스틱 타입의 습식간식이나 주식 캔 간식을 발라놓고 고양이가 먹게 하여 이러한 관리를 편안하게 할 수 있습니다.

6. 고양이 간식은 얼마나 줘야 하나요?

고양이 간식을 하루에 얼마나 주는 게 좋을까요? 그동안 한 달에 한 번, 많으면 네 번 정도 캔이나 츄르를 줬고 최근에 '기다려 교육'을 하면서 일주일에 네 번 정도 주고 있습니다. 맞게 주고 있는 걸까요?

교육을 하는 데 있어 먹는 것만큼 강한 동기부여를 해주는 것도 없습니다. 하지만 간식을 많이 먹으면 혹시 비만이 되거나 사료를 먹지 않고 간식만 먹을까 걱정하는 보호자들도 많습니다. 그 때문에 어느 정도의 간식을 줘야 할지 고민하게 됩니다. 통상적으로 고양이에게 필요한 하루 열량의 10퍼센트 내외를 적정 간식 양으로 권장합니다. 예를 들어 5킬로그램, 중성화된 고양이를 기준으로 계산한다면,

일일 기초대사 칼로리DER: [(5kg x 30) + 70] x 1.2(Factor) = 264kcal

이 값의 10퍼센트인 26~30킬로칼로리 정도가 하루 적정 간식 칼로리라고 할 수 있습니다. 짜서 먹이는 간식인 츄르의 열량은 일반적으로 개당 7킬로칼로리 정도 되므로 계산상 하루에

4개를 줄 수 있게 됩니다. 이 양을 보고 '생각보다 줘도 되는 양이 많네'라고 놀라는 분들도 계실 것입니다. 이런 계산법으로 미루어봤을 때 질문 속 보호자처럼 한 달에 1회 또는 4회 정도 츄르를 제공하는 것은 영양상 매우 적게 주는 것으로 판단됩니다.

교육 시 간식을 보상으로 제공할 때 고려해야 할 부분은 간식의 양도 중요하지만 보상을 받는다는 인식을 정확하게 심어주는 것입니다. 한 번 핥을 정도라도 교육 시 효과를 얻을 수 있습니다. 정확하고 올바른 행동을 했을 때 받을 수 있는 보상이 있다는 인식을 심어주는 것이 중요합니다. '기다려 교육'을 예로, 처음 "기다려"라는 말에 반응해 성공했을 때 최소한의 간식으로 보상을 줍니다. 두 번, 세 번 반복적으로 진행하면서 간식의 양을 최소한으로 조절하며 제공합니다.

간혹 먹이 보상에 대해 식탐이 강한 고양이의 경우 앞발을 들어 간식 봉지를 잡고 먹으려고 할 수 있으므로 이럴 때는 '안 돼 교육'을 진행합니다. 츄르 1개 정도로 한 세션(15분) 동안 충분히 교육할 수 있습니다. 지속적인 보상 방법을 통해 '기다려 교육'이 일정 이상 성공했다고 판단되면, 간식 보상을 **간헐적 보상**으로 바꿉니다. 이를 **잭팟 보상 교육** 혹은 **랜덤 보상 교육**이라고도 합니다. 잭팟 보상 교육 진행 시 매번 간식 보상을 줄 필요가 없습니다. 간식 보상을 10회 제공한다고 했을 때 1, 3, 6, 9번째에 보상을 주도록 합니다. 그러다 점차 7회, 5회, 3회로 줄여나갈 수 있습니다. 하지만 여기서 중요한 핵심은 이 중 한 번은 예상치 못한 많은 양의 간식을 주어야 한다는 것입니다. 마치 로또에 당첨된 것처럼 말이죠. 습식간식 보상을 할 때는 많은 양을 짜주고, 건식간식을 제공할 때는 1개가 아닌 4개 정도의 간식

비를 뿌려주는 것도 좋습니다. 이렇게 간헐적 보상을 진행할 경우 보상을 받는다는 기대 때문에 적은 양의 간식 보상을 통해서도 효과적인 교육을 할 수 있는 것입니다. 적절한 간식 양을 헤아리는 계산법부터 간헐적 보상 방법까지 간식 양을 잘 조절하여 항상 즐거운 교육 시간이 되었으면 좋겠습니다.

7. 다이어트 중인데 놀이 보상으로 주는 사료는 먹지 않아요

고양이가 다이어트 중입니다. 고양이와 놀아주고 보상으로 사료를 간식으로 주는데 좋아하지 않아서 어쩔 수 없이 동결 건조 간식을 주고 있습니다. 이 때문에 다이어트가 힘든데 어떻게 하면 좋을까요?

식단관리는 살을 빼는 데 있어 운동과 더불어 필수적인 요소입니다. 놀이를 제공하면서 사료를 주는 것은 매우 좋은 방법입니다. 하지만 보호자의 고민처럼 사료를 잘 먹지 않고 간식을 좋아하는 것은 당연한 일일 수 있습니다.

다이어트 중에는 지켜야 할 원칙이 있습니다. 우선 감량하는 동안 모든 간식을 제한합니다. 동결 건조 간식에는 생각보다 많은 양의 단백질이 함유되어 있습니다. 정상적인 고양이의 경우 일정량의 단백질을 추가로 준다고 하더라도 놀이를 통해 에너지를 많이 소모하므로 살이 찌지 않을 수 있지만 비만 고양이의 경우 이러한 간식으로 단백질이 추가되면 비만 탈출이 더 어려워집니다.

놀이 중 사료를 주는 먹이 보상에 반응하게 하기 위해서는 자율급식이 아닌 제한급식을 통해서 식사를 제공해야 합니다.

자율급식으로 항상 사료가 풍족하게 쌓여 있다면 당연히 보상으로 제공하는 사료에 대한 반응도가 떨어질 수밖에 없습니다. 놀이시간을 밥 먹는 시간 직전에 배치하는 것도 도움이 됩니다.

놀이 종료 후 급식을 하는 것보다 사냥놀이 제공 시 중간중간 사료를 주면서 놀이를 진행합니다. 상호놀이가 아니더라도 고양이가 혼자 집에 있을 경우 최대한 움직일 수 있도록 사료를 여러 곳에 소량씩 숨겨놓고 보물찾기 하듯 동기를 유발합니다.

다이어트가 힘든 데에는 여러 이유가 존재합니다. 음식에 대한 유혹을 뿌리치기 힘들거나 평상시 움직이지 않는 상황에서 단순히 식단조절만을 통해 다이어트를 하기 때문입니다. 사람과 마찬가지로 고양이에게도 지속적인 동기부여와 적절한 보상이 중요합니다. 반려동물 선진국의 대표 질환들의 원인인 비만을 예방하기 위해서는 **보호자의 철저한 간식 제한과 적절한 타이밍의 보상**이 있어야 함을 명심해야 합니다. 굳은 의지와 관리만이 건강한 고양이로 행복하게 오래 살 수 있는 길임을 기억하시기 바랍니다.

8. 중성화 수술 후에 찐 살이 안 빠져요

중성화 수술 후 살이 쪄 제한급식도 하고, 다이어트 사료도 섞어 먹이는데도 살이 잘 안 빠집니다. 게다가 식탐이 늘어 밥 달라고 엄청나게 울고 깨뭅니다. 음식량을 어떻게든 줄이려고 하는데, 뜻대로 잘 안 됩니다. 비만이 걱정되는데 어떡하죠?

중성화 수술은 고양이에게 발정으로 인한 스트레스와 공격성을 낮추어주고, 유선종양 및 전립선 비대증과 같은 질환을 예방한다는 측면에서 필수인 수술입니다. 생후 6개월 첫 발정이 오기 전을 적정 수술 시기로 권장하고 있는데요, 하지만 중성화 수술 후 체중이 급작스럽게 늘어나 고민하는 보호자가 많습니다. 중성화 수술 후 체중 증가는 자연스러운 일이기는 하지만 과도하게 찔 경우 비만으로 진행될 수 있으므로 주의가 필요합니다. 앞서 일일 기초대사 칼로리DER에 대해 설명해드렸지만 여기서 중요한 작용을 하는 것이 상황에 따른 요인인 Factor입니다.

일반적으로 중성화가 안 된 경우 더 많은 칼로리를 하루 대사 칼로리로 권장합니다. 그 이유는 생식기에서 소비하는 에너지의 양이 많기 때문입니다. 그런데 중성화 수술 후에도 수술 전 사료량과 똑같이 급여할 경우 생식기에 쏟던 에너지가 사용되지

Factor 적용 값

FACTOR	적용 값
4개월령 이하	2.5
5~12개월령	2.3
비중성화	1.4
중성화	1.2
비만 경향	1.0
체중 감량 필요	0.8

않기 때문에 그만큼 남아 비만으로 이어지기 쉬운 것입니다. 그러므로 중성화 후 적정 칼로리 계산 시 1.4가 아닌 1.2를 적용해 사료량을 제공해줄 필요가 있습니다. 또한 체중 감소가 필요하다고 판단될 경우에는 0.8을 적용하여 칼로리를 산출해 제공합니다.

이미 비만이 진행된 상태라고 판단한 경우 갑자기 사료량을 줄이면 식탐 많은 고양이는 울어대거나 깨물며 사료나 간식을 요구할 수 있습니다. 질문 속 보호자의 가장 큰 실수는 바로 다이어트 사료를 일반 사료와 섞어서 제공한 것입니다. 다이어트 사료는 일반 사료와 다른 기능을 가지고 있는데, 이를 일반 사료에 같이 섞어 줄 경우 처방사료의 기능이 희석되어 효과가 현저히 떨어지게 됩니다. 중성화 후 비만을 겪는 고양이에게 줄 수 있는 처방사료는 포만감을 많이 줄 수 있는 사료로 로얄캐닌 Satiety 처방사료, 힐스 W/D 등이 있으며 이는 모두 저단백질, 저지방으로 이루어진 사료들입니다.

다이어트 사료를 제공해야 한다면 무언가와 섞지 않고 단독으로 급여해야지만 체중을 감량하는 데 효과적일 수 있습니다. 또한 제한급식을 한다고 하더라도 최대한 소량씩 자주 사료를 급여하는 것이 포만감 유지에 도움이 됩니다. 이를 위해서 먹이 퍼즐 장난감을 사용하거나 사료를 다양한 곳에서 소량씩 먹을 수 있게끔 배치해줍니다. 또한 계속 울거나 떼를 쓴다고 마음이 약해져 간식을 주거나 사료량을 늘린다면 원활한 다이어트를 진행할 수 없고 악순환이 계속될 것입니다.

    고양이의 건강상 **1주일에 1퍼센트 체중 감량을 목표**로 진행하는 것이 무리가 되지 않음을 명심해야 합니다. 그 밖에 보호자와 상호놀이를 통한 에너지 소모 외에 캣휠과 같은 유산소 운동을 할 수 있는 제품을 제공하는 것도 체중 감소에 도움이 될 수 있습니다. 하지만 과도한 비만인 경우, 처음부터 과격한 움직임을 통한 체중 감량보다는 처방사료를 이용해 일정 이상 감량 후 캣휠 타기나 캣 타워 올라가기와 내려가기 같은 활동량을 증가시키는 것이 좋습니다.

    비만은 사람뿐 아니라 고양이에게도 만병의 근원이 되며 특히 당뇨병과 고혈압을 일으키는 가장 무서운 원인이 될 수 있으므로 중성화 후 적정 체중을 유지할 수 있도록 사전에 적정 칼로리를 제공해주어 비만을 예방하는 것이 가장 현명하다고 할 수 있겠습니다.

동물행동학적으로 강아지나 새, 사람과 원숭이와 같은 유인원들 사이에서 음식에 대한 집착이나 소유욕의 발현은 흔히 보고되며 음식으로 인한 공격성까지 나타날 수 있다. 고양이 식탐과 관련된 문제는 이식증과는 약간 결이 다르다. 이식증은 소화되지 않는 물건을 씹거나 삼키는 증상이기 때문에 '이물 문제'가 되는 반면, 식탐은 소화나 흡수는 가능하지만 섭취했을 때 반려동물 건강에 치명적일 수 있는 음식까지 무심코 먹게 되어 음식 독성 문제가 될 가능성이 크다.

고양이는 부추, 정확히는 부추속 식물을 가장 조심해야 한다. 엄격한 육식으로 유명한 고양이가 무슨 풀때기를 조심하느냐고 할 수도 있지만 부추속에는 마늘, 양파, 파, 대파, 부추 등 서양은 물론이고 우리나라에서 식재료나 향신료로 자주 첨가되는 식물들이 포함되어 있다. 부추속 식물들의 독성은 이 식물들에 포함된 유기황화합물에 의해 발현되며 반려동물의 체내 적혈구를 파괴해 독성을 나타낸다. 건조시키거나 굽고 볶는 등 일상적인 조리 방식을 거치더라도 이 성분들의 독성은 줄어들지 않는 것으로 연구된 바 있다.

고양이는 개보다 부추속 식물의 독성에 더 치명적이어서 체중 1킬로그램당 5그램의 양파만 섭취하여도 빈혈 등의 임상 증상이 나타나는 것으로 보고되어 있다. 하지만 독성 식품을 섭취했다고 그 즉시 증상이 나타나는 것이 아니라 하루에서 길게는 며칠이 걸리기도 한다.

세계 각국의 반려동물이 의외의 음식을 먹고 부추속 식물에 중독되는 경우가 보고되었는데, 스페인의 토속 음식인 칼솟타다(대파 요리), 캐나다의 양파 수플레, 중국의 찐만두를 먹고(재료에 부추가 포함되어 있음) 치명적인 중독증세를 보여 동물병원에 내원한 사례가 있다. 이 외에도 백합과 Liliaceae(백합과는 부추속을 포함하는 상위 분류그룹이다) 식물의 꽃가루나 잎을 직접 섭취하는 경우도 조심해야 하는데 수국이나 백합, 산세비에리아 등 비교적 우리와 익숙한 화초들이 고양이에게 강한 독성을 가지고 있으므로 환경요소에서 가능하면 배제해야 한다.

고양이는 아직 알려지지 않은 데이터가 많고, 중독물질에 대한 해독제도 없다

강아지에게 이미 독성이 나타난 것으로 알려진 알코올성 물질(칵테일처럼 단맛이 나는 술이나 부동액), 포도나 건포도가 포함된 음식, 초콜릿이나 카페인이 포함된 음식, 마카다미아 땅콩이나 자일리톨이 포함된 음식들도 모두 고양이에게서 분명한 독성이 확인되었거나 나타날 가능성이 있으므로 실수로라도 섭취하지 않도록 주의해야 한다. 다만 강아지에 비해 고양이는 단맛을 잘 느끼지 못하고 이런 음식을 단독으로 섭취하는 경우는 드문 편이라 독성 발현에 대한 보고나 연구결과 자체가 드문 편이다.

위에서 언급한 물질들을 섭취해 독성이 나타난 경우, 이미 나타나고 있는 증상에 대한 처치만 가능할 뿐이며 독성 자체를 낮추는 해독제가 없거나 제때 적용할 수 없는 경우가 많다. 따라서 일상생활에서 고양이에게 독성을 가진 물질의 취급은 모든 보호자가 경각심을 가져야 할 부분이며 식탐이 심한 고양이를 돌보고 있는 경우 특히 주의해야 한다.

영양 불균형을 과도하게 우려할 필요는 없다

고양이의 음식 기호성은 어린 시절의 경험(어미 고양이의 주식)에서 큰 영향을 받는데 한번 기호성이 형성되면 해당 음식을 편식하는 경향이 강하지만, 중간에 성향이 바뀌기도 하므로 일관적이지는 않다. 실제 반려생활에서는 이러한 고양이의 독특한 특성 때문에 보호자의 고충이 발생한다. 혹시라도 우리 고양이가 나의 실수로 잘못된 식단을 받고 있는 것은 아닐까 고민하지만 다행히도 이런 보호자의 우려를 어느 정도 덜어줄 수 있는 연구결과가 몇 가지 있다. 사료

속 단백질과 탄수화물의 적정 비율을 일부러 두 영양소의 구성 비율을 조정해 동일한 공장에서, 같은 방법으로 생산한 4가지 사료를 연속적으로 제공하고 고양이들의 사료 섭취량, 영양소별 섭취량과 에너지 흡수량을 측정했다. 그 결과 39마리 집고양이들은 적절한 단백질 섭취량을 유지하기 위해 탄수화물이 과도하게 포함된 사료는 스스로 섭취량을 줄이는 것으로 나타났다.

연구진은 이때 사료 업계에서 흔히 쓰이는 기호성 증진제Palatants를 4가지 사료에 모두 첨가하고 결과에 영향이 있는지도 확인했으나 탄수화물 비중이 높은 사료에 기호성 증진제를 더하더라도 잘 먹지 않는 것으로 나타났다.

그렇다면 영양성분뿐만 아니라 수분 함량도 조절하면 어떨까? 미국사료협회AAFCO의 영양소 기준을 충족시키는 범위 내에서 단백질, 탄수화물, 지방이 최대치로 포함된 사료를 건식과 습식으로 생산한 뒤 동시에 제공하고 사료별 섭취량을 합산해 주요 영양성분 섭취량을 측정한 경우도 있다. 이 실험에서도,

다른 사람들은 어떻게 주고 있을까?

출처: '대집사 설문조사'

- ◆ 주식의 선택
    - 주식에 건식사료가 포함됨 - 96%
    - 주식에 캔이 포함됨 - 29%
    - 주식에 파우치가 포함됨 - 17%

- ◆ 간식의 선택
    - 간식에 츄르가 포함됨 - 81%
    - 간식에 동결 건조식이 포함됨 - 41%
    - 간식에 캔이 포함됨 - 34%
    - 간식에 시리얼이나 스낵이 포함됨 - 27%
    - 간식에 파우치가 포함됨 - 24%
    - 간식에 져키/스틱이 포함됨 - 15%

고양이는 건식, 습식사료와 영양성분을 어떻게 조합해서 제공하든 관계없이 각각의 영양성분을 고르게 섭취하는 것으로 나타났다.

따라서 고양이가 식욕이 없거나 따로 건강이상 증상을 보이지 않는 한 영양 불균형을 너무 우려하지 않아도 된다. 현대에 생산되는 상업 사료가 언제나 완벽하다는 것은 아니지만, 제품 대부분은 제조사나 주성분과 관계없이 고양이의 영양학적 필요를 충족시킬 수 있도록 국제적으로 확립된 기준에 따라 설계되기 때문이다. 영양이라고 하는 관점에서 보면 소고기와 닭고기 중 뭐가 주성분으로 더 좋은지, 건식사료와 습식사료 중 어느 쪽이 더 고양이에게 좋은지 하는 것은 영양 불균형보다는 고양이 취향의 문제에 지나지 않는다.

우리나라에서 건식사료는 고양이의 주식으로서 공고한 위치를 갖고 있으며, 캔이나 파우치에 담긴 습식사료는 건식사료를 보완하는 대체식으로 활용되고 있다. 나머지 형태의 음식은 간식으로서만 활용되며 동결 건조식, 시리얼/스낵, 져키/스틱 순으로 선호하는 것으로 나타났다. 고양이가 잘 먹던 사료를 갑자기 먹지 않는다거나 하는 기호성 변화에 대해 적절히 대처하기 위해 다른 집사님들의 식단을 참고할 수 있을 것이다.

비만이 고양이에게 가져오는 위협

앞서 고양이는 제공되는 사료에 따라 영양소별 섭취 균형을 스스로 유지한다고 언급했다. 따라서 현대의 집고양이들은 식단의 영양 불균형이나 특정한 영양소의 결핍보다는 영양 과잉, 과체중이나 비만으로 인한 위협이 더 크다는 것이 수의학계의 중론이다. 고양이도 사람과 마찬가지로 살을 찌우기보다 감량하기가 훨씬 어려움에도 불구하고, 보호자 사이에서 고양이 비만문제는 편식 문제만큼 활발히 논의되지 않는다. 심지어 서구권에서 작성된 임상수의학과 고양이 비만에 대한 문헌을 살펴보더라도 '고양이가 비만한 상태에 놓인 것이 왜 문제인지 인지하지 못하는 보호자'에 대한 언급을 드물지 않게 찾아볼 수 있다.

고양이의 비만이 저체중에 비해 보호자의 문제의식을 일으키지 못하는 이유

는, 첫째로 반려동물이 못 먹고 야윈 것에 비해 많이 먹고 뚱뚱한 것을 훨씬 긍정적으로 보는 기저 심리가 있고, 둘째로 사람과 달리 고양이는 뚱뚱하더라도 매력과 귀여움이 거의 줄어들지 않기 때문일 것이다.

사람과 마찬가지로 비만이 생기는 이유는 사료나 간식으로 섭취하는 에너지의 양에 비해 활동으로 소모하는 에너지 양이 충분하지 않기 때문이다. 섭취한 영양소 가운데 소비되지 않은 것은 지방으로 전환되어 체내에 축적되고, 이렇게 지방 조직이 과도하게 축적되는 것을 수의학적으로 '고양이 비만'이라고 정의한다. 고양이 비만을 엄밀히 진단하려면 BCS Body condition score와 체중을 함께 판단해야 하지만, 일반적으로 고양이가 적정 체중의 15퍼센트를 초과했을 때 과체중 overweight, 30퍼센트를 초과했을 때 비만으로 평가한다.

메인 쿤과 같은 일부 대형 종을 제외하면 고양이의 적정 체중은 4.5킬로그램(4~5킬로그램 선)으로 보기 때문에, 관대하게 보더라도 6.5킬로그램을 초과하는 고양이는 최소한 과체중이라고 볼 수 있다.

이를 기준으로 '대집사 설문조사' 응답 내용을 평가하면, 한 살 이상의 코리안 숏헤어를 키운다고 응답한 보호자 가운데 반려묘가 6.5킬로그램 이상의 체중인 경우는 21퍼센트(179/836)에 달했다. 우리나라 집고양이 다섯 마리 중 한 마리는 과체중이라는 뜻이다. 1990년대 초반 미국의 31개 동물병원을 대상으로 2,000마리 이상의 고양이 진료내용을 분석한 결과, 전체 고양이의 25퍼센트가 과체중 혹은 비만으로 판정되었다.

다만 실제로 비만이 심각한 고양이를 보더라도, 수의사가 "이 고양이는 치료가 필요할 정도로 비만이 심각합니다"라고 선뜻 말하기가 쉽지 않다. 왜냐하면 진료도 사람(수의사)과 사람(보호자) 사이에 일어나는 일이기 때문에, 발화의 의도가 조금만 잘못 전달되어도 불필요한 오해를 불러일으키거나 의료진과 보호자 사이의 관계가 악화하기 쉽기 때문이다.

하지만 비만 고양이가 당뇨병에 걸릴 확률은 정상 체중 고양이에 비해 3.9배 높고, 절뚝거림 등 관절에 문제가 발생할 확률은 4.9배 높으며, 비알레르기성 피부질환이 발생할 확률은 2.3배 높다. 그뿐만 아니라 마취 후 합병증, 하부요로기계 질환, 지방간, 면역 결핍성 질환 등 여러 수의학적 질환의 위험 인자로 알려져 있다. 고양이 당뇨와 피부질환은 국내 동물병원에서도 드물지 않게 찾아볼 수 있고, 비만으로 인해 유발되는 질환들은 특별한 치료법 없이 평생 관리해야 하는 질환임을 생각하면 결코 가볍게 생각할 일이 아니다.

고양이의 비만 여부를 결정하는 것은 보호자의 인식이다

고양이 비만과 관련된 수의학적 위험성과 보호자의 경각심에 대해 강조하는 이유는, 현재까지의 연구결과를 종합했을 때 실제 반려묘의 비만 여부에 가장 결정적인 영향을 미치는 것은 유전적 요소나 급여 방식, 환경조건이 아니었기 때문이다.

　뉴질랜드의 연구진이 수의사와 함께 도심에 거주하는 154개 가정에 방문해 202마리 고양이의 기본정보, 건강상태, 급여 방식, 고양이의 신체적 특성, 거주 환경 조건, 보호자의 인식과 고양이 관리방식에 이르기까지 폭넓게 조사한 뒤 고양이의 비만 여부와 관련 있는 요인을 분석한 결과, 고양이의 비만 여부에 가장 큰 영향을 미치는 요소는 다름 아닌 '보호자의 인식'이었다.

　보호자가 생각하는 반려묘의 비만도(BCS)와 실제 비만도의 격차가 클수록 고양이가 비만한 경향이 나타났다. 보호자의 소득 수준이나 자율급식/제한급식 여부, 주식의 종류나 간식의 제공 여부와 고양이 비만도는 통계적으로 유의미하지 않은 수준이었다. 따라서 반려묘가 오랫동안 건강한 삶을 유지하길 원하는 보호자라면 고양이의 적정 체중과 BCS를 정확히 평가하고 관리할 수 있도록 주의를 기울여야 한다. 영양 균형은 고양이 스스로 유지할 수 있지만, 중성화와 실내 생활로 인한 운동량(에너지 소비량) 감소는 고양이 스스로 관리할 수 없기 때문이다.

⑥ 편식해요. 아무거나 씹어요.

잘 놀고 잘 먹는 고양이만큼 보호자에게 기쁨과 만족감을 주는 존재도 없을 것입니다. 잘 놀고, 잘 먹는 것은 삶에서 매우 기본적으로 누려야 할 기쁨이지만 그렇지 않은 고양이들이 생각보다 많습니다. 많은 보호자가 캔 간식을 정성껏 그릇에 담아 주었는데도 냄새만 조금 맡다가 금세 고개를 휙 돌리고 떠나는 고양이 때문에 속상해하고, 한편으론 건강에 무슨 문제가 있는 건 아닐까 걱정했던 경험이 있을 것입니다. 고양이들의 식성은 까다로울 수도, 그렇지 않을 수도 있습니다. 6장에서는 보호자의 마음을 들었다 놨다 하는 고양이의 입맛에 대해 알아보겠습니다.

1. 다 커서도 이유식만 고집하는 고양이, 괜찮을까요?

중성화한 암컷 31개월령 고양이입니다. 그런데 얘가 딱 한 브랜드의 키튼 사료만 먹어요. 다른 것도 먹여볼까 싶어 10종류 넘게 사서 먹여봤는데 입도 대지 않습니다. 그래서 결국 같은 사료를 주고 있습니다. 현재 몸무게는 4.2kg~4.5kg 정도를 유지하고 있습니다. 그런데 계속 키튼 사료만 먹여도 되는지 궁금합니다. 간식은 하루에 츄르 1개, 동결 간식 조금씩 매일 주고 있습니다. 혹시, 고양이에게 영양적으로 문제가 있진 않을까요?

나쌤's 솔루션

한 가지의 브랜드만 고집하는 고양이를 종종 볼 수 있습니다. 더 좁게는 한 브랜드 안에 한 가지 종류의 사료만 먹는 경우도 있습니다. 이것은 먹이에 대한 **네오포비아**Neophobia, 즉 새로운 것을 싫어하는 성향이 있다고 볼 수 있습니다. 네오포비아가 있는 고양이는 새로운 음식에 대한 거부감이 매우 심합니다. 이미 고착된 사료를 바꾸는 것이 좀처럼 쉽지 않습니다. 이 경우 자묘 시절 먹던 습관을 체크해볼 필요가 있습니다. 대체로 생후 6개월 전에 고양이의 입맛이 정해지는데, 이 시기에 접한 사료가 습식인지, 건식인지, 향은 한 가지였는지, 여러 가지였는지, 모양이 둥그런 형태였는지, 마름모 형태였는지에 따라 식이 성향이 정해지고, 다양한 경우의 수를 접한 고양이일수록 네오포비아 성향이 없을 가능성이 커집니다.

　질문 속 고양이는 키튼 사료만 고집하고 있는데, 입양 시기나 자묘 시절 생활환경에 대해 알아볼 필요가 있습니다. 혹시 펫 숍이나 다른 한정된 공간에서, 한정된 사료만 제공받은 경험은 없는지 확인해봐야 합니다. 자묘 시절 펫 숍에서 길러지다 분양되는 경우 그 공간에서 성묘 사료보다 키튼 사료만 제공받았을 가능성이 큽니다. 그 때문에 키튼 사료에 입맛이 고착화되어 다른 브랜드의 사료 모양이나 향, 식감에 큰 흥미를 느끼지 못해 음식에 대한 네오포비아적 성향이 강해진 것으로 추측됩니다.

　키튼 사료를 지속적으로 제공한다면 비만이 될 확률이 높아집니다. 성묘 사료에 비해 키튼 사료는 단백질과 지방 함량이 높아 고양이에게 필요한 적정 영양소보다 더 많은 영양소를 섭취하게 됩니다. 현재 보호자의 고양이는 4킬로그램대, 평균 체중을 유지하고 있지만 장기적으로 봤을 때 비만에 노출될 위험이 있고, 경우에 따라 사료를 바꾸어야 할 때 원활한 급식을 할 수 없는 상황에 처하게 될 수 있습니다. 그나마 다행인 것은 츄르나 간식을 먹는다는 것인데 이것은 음식의 모양이나 형태에 대해 강한 거부감이 있는 것은 아니므로 단계적으로 훈련을 시도해볼 수 있습니다.

　현재 먹고 있는 키튼 사료와 같은 브랜드의 사료는 모양과 향이 비슷할 가능성이 크므로 일정량을 섞어 급여해볼 것을 추천해드립니다. 처음부터 완전히 바꾸지 않고 1주일의 시간을 두고 변경을 시도합니다. 처음 이틀은 기존 사료 70퍼센트에 새로운 사료 30퍼센트, 다음 이틀은 기존 사료 50퍼센트에 새로운 사료 50퍼센트, 다음 이틀은 기존 사료 30퍼센트에 새로운 사료 70퍼센트 그리고 마지막 날인 7일째에는 기존 사료를 빼고 완전히 새로운 사료만 100퍼센트 급여합니다.

자묘 시절 특정 사료에 입맛이 정해진 경우 바꾸는 데 많은 시간이 소요됩니다. 급한 마음에 갑작스럽게 사료를 교체하면 음식에 대한 네오포비아가 있는 고양이에게 오히려 큰 부작용을 불러올 수 있습니다. 그리고 습식 타입의 츄르나 다른 간식을 먹는다면 새로운 사료에 버무려주는 것도 방법이 될 수 있습니다. 고양이 입맛은 한번 정해지면 쉽게 바뀌지 않는 성향이 있으므로 시간을 두고 스며들 듯 조심스럽게 바꿔주어야 합니다.

모든 고양이가 그런 것은 아니지만 2~3년을 주기로 식성이 변하기도 합니다. 평상시 반 고형화된 사료부터 소량씩 급식을 시도하면서 시간을 두고 기다리다 보면 어느 순간 습식사료도 잘 먹는 고양이가 될 수 있을 것입니다.

2. 습식사료를 먹어줬으면 하는데 안 먹어요

저희 고양이가 습식사료를 안 먹어요. 대신 물은 잘 마십니다. 다른 집사님들이 꼭 습식사료를 먹여야 한다고 하는데, 강제로라도 먹게 해야 할지 고민입니다. 편식이 심해 성분 좋은 캔 같은 건 입에 대지도 않거든요. 건식사료만 먹어서 그런지 변비가 있어 보조제로 유산균과 식이섬유라도 먹이려고 하는데 무조건 거부합니다. 어떡해야 할까요?

'물을 마시지 않으면 신장질환에 잘 걸린다' '강제 급수를 해서라도 꼭 물은 먹여야 한다' 등 고양이의 물 섭취에 관해 다양한 설이 있습니다. 그러나 이는 앞에서 언급한 것처럼 과도하게 확산된 루머에 가깝습니다. 물론 신장질환이나 비뇨기질환 같은 특이질환이 있는 경우라면 음수량을 고민해야 하지만 보호자가 강박적으로 '우리 고양이가 물을 안 마시는데 어쩌지?' 하고 고민하실 필요는 없습니다.

    질문 속 고양이는 습식사료는 안 먹지만 물은 잘 마신다고 하는 것으로 보아 물이 부족해 일어나는 만성적인 탈수나 건강 이상에 대해 고민할 필요는 없어 보입니다. 대신 습식사료에 익숙하지 않은 경우, 차후 처방사료를 급식해야 하는 순간에 매우 곤란을 겪을 수 있습니다. 그러므로 습식사료를 조금씩이라도 먹는 연습을 할 필요가 있습니다.

이때 좋은 방법 중 하나는 고형에서 습식으로 변하는 타입을 제공하는 것입니다. 바로 **얼음 틀을 이용**하는 방법인데, 일반적으로 닭 육수를 얼음 틀에 넣고 얼려 사료에 섞어줍니다. 그릇에 한두 개 담아서 주면 호기심에 핥거나 냄새를 맡습니다. 시간이 지남에 따라 얼음이 녹으면서 자연스럽게 반 습식사료가 되는데 이때 얼음을 핥으며 수분 섭취도 동시에 할 수 있습니다. 평상시 이렇게 얼음 틀에 만들어두었다가 특식처럼, 놀이처럼 고양이에게 제공한다면 자연스럽게 음수량과 습식사료에 적응하게 만들 수 있습니다.

한 번 더 강조해서 말씀드리고 싶은 것은 고양이가 아무 질환이 없다면 너무 음수량이나 습식사료에 대해 강박을 가질 필요가 없다는 것입니다. 고양이의 식습관, 특히 음수량에 대해 습식사료 외에도 물을 마시게 할 수 있는 방법은 다양하므로 강제 급수나 습식사료 강제 급여는 관계를 악화하는 지름길임을 명심하시기 바랍니다.

3. 일주일마다 사료 종류를 갈아치우는 고양이, 계속 이렇게 바꿔줘도 될까요?

기호성 테스트를 하고 건식사료를 주는데 그때마다 1주일에서 열흘 정도는 잘 먹고 그 후로는 정말 깨작깨작 먹어요. 아예 안 먹는 날도 있고요. 그럴 때마다 캣 페어에서 받아 온 다른 샘플 사료를 섞어주면 잘 먹어요. 혹시나 해서 종류가 다른 두 사료를 사서 번갈아 줘봤는데 결국 둘 다 질리는지 반도 안 먹었어요. 그러다 결국 다른 브랜드 샘플 사료를 섞어줘야 하고… 주식 캔 중에 국물이 많은 타입은 국물만 먹고, 퓨레 타입은 입도 안 대서 캔은 간식 개념으로 가끔 줍니다. 몸무게도 3kg 초반 대의 작은 애라 잘 먹으면 좋겠는데 대체 어느 장단에 춤을 춰야 할지 모르겠어요. 어떤 때는 아예 하루 종일 아무것도 안 먹습니다. 간식도 먹는 것만 조금씩 먹어요. 츄르 한 개를 한 번에 다 안 먹어요. 애기 때는 잘 먹었는데 한 살이 넘어가면서 계속 이 상태라 절대사료를 찾는 원정대가 된 기분이에요. 원래 입이 짧은 건지 제가 이렇게 까다롭게 만든 건지 모르겠어요. 도대체 어떻게 해야 잘 먹을 수 있을까요?

질문 속 보호자처럼 절대사료를 찾아 떠나는 분들이 의외로 많습니다. 고양이 페어 같은 곳에서 나누어주는 사료 샘플이나 동물병원에서 얻을 수 있는 샘플 사료를 구하고 구해 조금씩 가져

다주면 그나마도 조금 입을 대다가 돌아서는 고양이를 보고 있자니 "나의 절대사료의 원정은 언제 끝날까" 하는 자괴감이 들기도 합니다. 어쩌다 잘 먹는 사료를 발견하게 되더라도 언제 또 고양이가 싫증을 낼지 몰라 불안함에 스트레스를 받는 보호자도 많습니다.

고양이의 성향 가운데는 새로운 음식을 거부하는 네오포비아 고양이, 반대로 새로운 사료를 좋아하는 **네오필리아**Neophilia 고양이도 있습니다. 질문 속 고양이가 이 네오필리아 성향의 고양이로 추측됩니다. 만약 자율급식을 하는 가정이라면 더욱 입맛이 까다로운 고양이가 될 가능성이 큽니다. 눈앞에 자원이 풍부하다는 것은 굳이 지금 사료를 먹지 않아도 다른 간식이나 츄르로 언제든 먹을 것을 제공받을 수 있고 이마저도 먹지 않는다고 하더라도 고양이 스스로 언제든 사료 그릇에 접근해 편하게 먹을 수 있는 상황임을 의미합니다. 고양이는 스스로 이 점을 인지하고 있습니다. 이럴 때 무조건 선행되어야 하는 것이 제한급식입니다. 고양이가 한두 번은 고집을 피울 수도 있지만 결국에는 정해진 시간에 밥을 먹어야 한다고 인식하게 되고 더 이상 거부나 투정을 하지 않게 됩니다.

자율급식의 단점 중 하나는 편식을 할 수 있게 만든다는 것입니다. 보호자께서 한 가지 사료를 먹여야겠다고 결심했다면 오전, 오후 시간대로 2회(성묘 기준)를 정해 30분의 급식시간을 가집니다. 30분의 급식시간이라는 것은 그 이후에는 사료가 제공되지 않으며 그릇이 바로 치워지는 것을 의미합니다. 이러한 상황이 여러 번 반복되면 정해진 시간이 아닐 때는 자원이 제공되지 않는다는 것을 고양이가 인지하게 되고 조금씩 사료에 관심을 보이며 먹게 됩니다. 이때 유의하셔야 될 점은 사료 외에 대체로 간식 등을 제공하시면 안 된다는 것입니다. 그럴 경우 현재 사료를 먹지 않더라도 대체품을 제공받는다고 생각하게 됩니다. 또한 가족 중 누군가 전담하지 않고 모두 급식에 참여하고 있다면 가족 구성원 모두 약속을 지키며 급식 습관을 지켜야 합니다. '밥상머리 교육'은 다른 의미에서 입맛이 까다로운 고양이에게 필수적입니다. 그렇지 않을 경우 절대사료를 찾아 헤매는 보호자의 여정은 지속될 수밖에 없으니 급식에 있어서도 단호함을 유지하시고 규칙을 잘 적용하여 즐거운 식사시간이 될 수 있도록 만들어보시기 바랍니다.

4. 전선을 씹는 고양이, 어떻게 해야 하죠?

둘째가 벵갈 남아인데, 몇 개월 전부터 전선을 장난삼아 깨작거리고 뜯는 일이 있어요. 병원에 문의했더니 장난감처럼 노는 것 같다고 이야기하셨어요. 충분히 놀이도 하면서 간식도 주고, 휴식타임도 주고 다 해도 안 되네요. 그래서 싫어하는 냄새를 전선에 발라두었는데 그때뿐입니다. 어떻게 하면 전선을 안 건드리고 지낼 수 있을까요?

전선에 호기심이 많거나 가지고 노는 고양이는 많습니다. 이 때문에 깨작거리고 뜯는 행동을 하다 전기로 인해 화상을 입는 일도 많이 생깁니다. 가끔 고양이가 입 주위에 화상을 입어 내원하는 경우 TV 뒤쪽, 전선이 얽혀 있는 곳에 호기심을 느끼고 들어갔다 다친 경우가 대부분입니다. 전선을 가지고 노는 이유는 여러 가지 측면에서 추측해볼 수 있습니다. 먼저 '벵갈'이라는 종의 특이점을 들 수 있습니다. 벵갈은 오리엔탈 종으로서 가장 야생성이 높은 고양이 중 하나입니다. 또한 벵갈이 가지고 있는 행동학적 호발 질환 중에는 강박증이 있을 수 있는데 이 중 하나가 이물섭식증상이기 때문에 이러한 특성들이 결합하여 전선을 집착 및 놀이 대상으로 접근하는 경우가 많은 것으로 판단됩니다.

보호자가 전선에 싫어하는 냄새를 발라주어 접근을 못 하게 한 방법도 좋은 방법이기는 하지만 한시적일 가능성이 큽니다. 그보다 1차적으로 전선 피복을 보호하는 플라스틱 제품을 설치하는 것이 낫습니다. 항상 행동학적인 교정을 진행할 때는 불쾌한 감정을 주어 행동을 못 하게 하는 체벌positive punishment보다는 미연에 환경을 개선시켜 예방하는 것을 권합니다. 단순히 예방하는 것도 중요하지만 기본적인 환경 개선을 우선 실시하고, 종의 특이성에 따라 에너지 소모가 높은 놀이를 제공해줄 필요가 있습니다.

에너지가 많은 만큼 전선이 지나는 동선에 먹이 장난감을 배치하여 사냥놀이를 할 수 있는 대안을 주는 것도 좋습니다. 막연히 못 하게 하는 것보다는 대안을 제공하며 선택을 할 수 있게끔 도움을 주는 것이 문제행동을 개선하는 동시에 보호자와 고양이의 신뢰관계를 무너뜨리지 않는 효율적인 방법입니다.

질문 속 고양이는 새로운 것에 관심이 많은 네오필리아 타입으로 선형의 장난감이 달린 다양한 낚싯대를 적극적으로 제공하는 것이 도움이 됩니다. 전선이 있는 장소 근처에서 낚싯대를 흔들고, 고양이가 전선이 아닌 낚싯대를 선택하였을 때 적극적으로 보상합니다.

현재 고양이에게 제일 재미있는 놀이는 전선을 깨물고 건드리는 것입니다. 다른 놀이로 전환시키기

위해서는 더욱 즐겁게 반응할 수 있는 상호놀이 장난감을 요일별로 제공하면서 선택하도록 하며 먹이 장난감 중 찾아가며 먹을 수 있는 행동유발 장난감 등을 근처에 배치하는 것도 도움이 될 것입니다. 만약 전선을 깨물거나 씹는 행동을 할 경우 즉각적으로 분리하여 전선에 접근하지 못하도록 하고, 놀이나 교육에 반응할 경우 적극적으로 보상한다면 전선에 대한 관심은 서서히 사라지게 될 것입니다.

5. 밥을 먹고도 종이나 화장지를 뜯어 먹어요

화장 솜, 휴지, 장난감에 달려 있는 털을 뜯어 먹어요. 물고 있을 때 뺏으려고 다가가면 으르렁 거리면서 도망가서 먹고 와요. 밥도 넉넉히 주는데 왜 그러는 걸까요? 최대한 조심하고 있는데 이런 것들을 먹어도 괜찮은 걸까요?

화장실에서 화장지를 뜯거나 먹어버리는 고양이들을 종종 볼 수 있습니다. 이는 건강상으로 매우 안 좋은 습관이며 소화가 안 되므로 위내에 정체될 수 있어 심각한 소화기 문제를 일으킬 수 있습니다. 또한 엑스레이 같은 검사를 통해서도 진단 내리기가 매우 어려워 소화기내 폐색(막히는 증상)이 일어날 수 있고 수술적인 교정으로 이어지는 경우가 많습니다. 고양이는 원활한 소화 기능을 위해 간혹 섬유질을 필요로 하는 경우가 있습니다. 이럴 땐 '파이보fibor'라고 하는 시판되고 있는 섬유질을 제공하면 됩니다. 또한 캣 그라스나 귀리 등을 집에서 재배하여 제공해주는 방법도 있습니다.

그러나 장난감에 달려 있는 털을 먹거나 뜯어가는 문제는 다를 수 있습니다. 이런 경우 포식행위가 발달한 고양이라고 볼 수

있습니다. 게다가 입에 물고 있다가 뺏으려고 하면 으르렁거린다는 것은 **소유 공격성**까지 보이는 것으로 판단됩니다. 이렇게 포식행위 본능이 높은 고양이들에게 놀이 제공 시 가르쳐야 할 교육이 하나 있습니다. 바로 놀이를 만족하게 만든 후 중단시키는 '잘했어 교육'입니다.

고양이 놀이의 시작은 찾기 Searching, **쫓아가기**Stalking, **잡기** Catching, **가지고 놀기**Manipulating **순으로 진행**됩니다. 마지막 가지고 놀기 단계에서 고양이가 발로 움켜쥐고 있던 장난감을 놓거나 입에 물고 있던 장난감을 내려놓는 순간 즉각적으로 '잘했어'라는 음성신호를 들려 주며 보상을 줄 경우(보상은 항상 0.5초 또는 3초 내에 진행되어야 합니다) 고양이와 실랑이 없이 놀이를 중단하였다가 다시 시작할 수 있는 시간을 가질 수 있습니다. 하지만 정확한 보상 타이밍을 놓칠 경우 장난감을 입에 물고 도망가면 중단 신호를 주지 못해 놀이가 명확하게 중단되지 못하게 됩니다. 이러한 상황이 반복되면 질문 내용처럼 소유 공격성으로 이어질 수 있으며 낚싯대 끝에 달린 장난감을 먹어버리는 문제까지 발생할 수 있습니다.

사냥놀이 본능이 강한 고양이일수록 호기심이 많으며 먹으면 안 되는 것들에 대한 관심과 이물섭식으로 이어지는 경우가 많습니다. 사냥놀이를 알맞은 순서대로 제공하고 에너지를 조절할 수 있는 연습까지 더해진다면 이런 문제를 개선할 수 있음을 명심하시기 바랍니다.

6. 머리끈을 먹은 고양이, 아무 증상이 없는데 병원에 가야 하나요?

5kg 스핑크스 고양이가 머리끈을 좋아해서 가지고 몇 번 놀아주었는데 어느 날 먹는 것을 봤어요. 벌써 한두 달이 지났는데, 그 후에 활동성 문제나 식욕 감소는 나타나지 않았고 불행인지 다행인지 잘 지내고 있긴 합니다. 오히려 너무 잘 먹어요! 병원에 가서 가서 검사를 받아봐야 하는지, 아니면 병원에 가는 게 오히려 스트레스일지... 너무 고민이 됩니다. 어떡해야 할까요? 심각한 문제는 아닐까요?

결론부터 말씀드리자면, 먹어도 되는 이물은 없습니다. 머리끈이나 아기자기한 액세서리는 고양이가 호기심을 보이며 가지고 놀거나 먹기도 하는 대표적 이물 중 하나입니다. 특히 머리끈은 고무 재질의 동그란 모양으로 고양이에게 있어 발로 치며 놀 수 있는 매우 매력적인 장난감인데요, 이를 고양이가 섭취할 경우 즉각적인 문제가 일어나지 않을 수 있지만 차후 임상증상을 보이는 경우가 종종 있습니다. 날카로운 이물이 아니기 때문에 운 좋게 대변이나 구토를 통해 배출되는 경우도 있지만 위내에 정체되어 1년 이상 손상을 일으킬 수도 있습니다.

만약 고양이가 이물을 섭식하였다면 발견 즉시 동물병원에 방문하여 검사를 받고 올바른 처치를 받아야 합니다. 날카롭지 않은 이물을 먹었다면 구토 유도제를 사용하여 이물을 배출시키고, 섭식 후 8시간 이상이 지나지 않았다면 내시경 시술을 통해 이물을 제거하기도 합니다. 하지만 이물 섭식 후 12시간 이상, 혹은 24시간 이상 지난 후에 대변으로 배출되지 않았다면 장 절개술이 필요할 수도 있습니다.

질문 속 보호자의 고양이처럼 머리끈을 먹었지만 구토나 설사 같은 즉각적인 임상증상이 나타나지 않은 이유는 소재의 특성에 있습니다. 부드러운 소재의 이물은 위내에서 천천히 자극을 일으킵니다. 하지만 그렇다고 해서 안심해서는 안 되며 언제든 문제가 일어날 수 있는 시한폭탄을 삼킨 것과 같은 상황이므로 즉시 동물병원에 방문하여 수의사 선생님과 상의 후 알맞은 처치를 받을 것을 권장합니다.

스핑크스라는 종은 에너지와 활동량이 많은 데다 호기심까지 강한 품종이기 때문에 이물에 접근하기 전에 보호자가 미리 잘 치워놓아야 합니다. 그 외 에너지와 호기심이 많은 고양이들에게는 상호놀이(낚싯대 및 보호자와 함께하는 놀이)와 행동유발 장난감 제공을 통해서 이물에 관심을 가지지 않도록 하고, 만약 동물병원에 가는 것이 스트레스라면 사전에 이물 섭식에 노출되지 않도록 환경을 만들고 놀이 제공에 더욱 신경을 써야 합니다. **'먹어도 되는 이물은 없다'**는 사실을 꼭 명심하시고 보호자의 부주의로 인해 고양이가 위급한 상황에 노출되지 않도록 주의하시기 바랍니다.

7. 새로 떠 온 물만 먹는 까다로운 고양이, 문제는 없을까요?

미리 떠놓은 물은 절대 안 먹어요! 물을 마시고 싶을 때마다 물그릇 앞에서 야옹야옹 하고 울어요. 또 자기 털이 조금이라도 물에 빠져 있으면 다시 떠오라고 울어요. 물그릇도 바꿔봤는데 또 그 그릇에 있는 물은 절대 안 먹네요. 제가 집에 있으면 떠다 주면 되는데 일하러 갔을 때는 물을 어떻게 마시나 걱정이 돼요. 우리 고양이 왜 그러는 걸까요?

고양이가 물을 선택하는 기준은 매우 단순합니다. 바로 **신선도**입니다. 그런데 물에 무언가가 빠져 있다면 자기 털이라고 하더라도 자신이 세운 신선한 물의 기준에서 한참 멀어진 것입니다. 물을 놓는 위치를 정할 때 사료 바로 옆에 두지 않도록 권장하는 것도 신선도를 유지하기 위해서입니다. 사료를 먹을 때 소량의 가루가 날리게 되는데 가루들이 물그릇으로 들어갈 경우, 물이 오염됐다고 판단하여 물을 마시지 않기도 합니다.

    질문 속 고양이처럼 자신의 털이 물에 빠져 있거나 주위 환경이 깨끗하지 않아 물 마시기를 거부하는 경우를 흔치 않게 볼 수 있습니다. 이럴 때는 환경적인 요인이 크므로 물의 위치만 변경해주어도 나아지기도 합니다.

또한 물의 신선도를 좌우하는 것은 산소 포화도인데, 산소 포화도를 높이기 위해서는 물을 자주 갈아줄 수 있는 싱크대 아래 처럼 물과 접근성이 좋은 위치에 물그릇을 놓는 것이 좋고 수시로 물을 갈아주는 것이 음수에 도움이 될 수 있습니다. 최근에는 고양이 분수대나 정수기 같은 고양이 음수 제품들이 나와 있으므로 우리 고양이에게 알맞은 제품을 알아보고 사용하는 것도 좋습니다. 간혹 정수기와 같은 제품들은 소음이 발생할 수 있으므로 청각이 예민한 고양이가 싫어할 수도 있습니다. 이러한 경우 무소음으로 만들어진 분수대 같은 제품들도 있으니 참고하시면 좋겠습니다.

흐르는 물은 지속적으로 산소를 머금게 되므로 산소 포화도가 높아, 이로 인해 신선도를 더욱 오래 유지할 수 있는 장점이 있습니다. 또한 흐르는 물 자체가 고양이의 호기심을 자극하기 때문에 물에 대한 친숙함을 유발하는 데 도움이 됩니다. 기본적으로 물그릇은 고양이 한 마리당 3개 정도 배정하는 것이 좋습니다. 이는 고양이에게 선택의 여지를 제공하는 것이며 놓인 위치에 따라 특정 선호도가 생길 수 있습니다. 만약, 선호하는 장소가 생긴다면 그 장소를 기준으로 물그릇을 배치해주는 것도 좋은 방법입니다.

간혹 신선도를 너무 중요하게 여겨 화장실 물을 마시는 경우도 있습니다. 화장실 물 자체가 크게 해가 되지는 않지만 보호자 입장에서는 위생상 안 좋게 느껴질 수도 있습니다. 하지만 반대로 고양이의

입장에서는 자주 물이 걸러지므로 신선도 면에서 다른 곳에 있는 물보다 매력적으로 느낄 수 있습니다. 물에 대해 까다로운 태도는 고양이에게는 자연스러운 습성입니다. 다양한 물그릇의 위치와 물그릇의 종류 그리고 신선도를 잘 고려하여 제공한다면 안 마시거나 과도하게 무언가를 요구하는 울음을 줄일 수 있을 것입니다.

8. 방광염이 한 번 왔었는데 건식사료만 고집해요

다양한 생식과 습식을 도전해봤는데 매번 실패하고 오로지 건식사료만 좋아해서 방광염 재발이 너무 걱정됩니다. 강제 급수하면 너무 싫어해서 방광염이 걸렸을 때만 합니다. 흐르는 물을 좋아할까 싶어 정수기도 써보았으나 관심도 없어요. 건식사료에 물 타는 것도 싫어하고 오로지 건식사료만 좋아해요. 다시 방광염으로 고생할까 걱정됩니다. 앞으로 어쩌죠?

나쌤's 솔루션

음수량을 늘리고 습식사료를 거리낌 없이 먹는 고양이의 모습은 모든 보호자가 원하는 모습일 것입니다. 하지만 질문처럼 강제 급수 때문에 고양이가 스트레스를 받고 있다면 오히려 보호자와 고양이 사이의 신뢰관계가 무너질 수 있기 때문에 추천하지 않습니다. 습식사료를 좋아하지 않는다면 단계적으로 부드러운 식감에 익숙해지는 방법을 택할 수 있습니다.

고양이는 생후 6개월쯤 먹이에 대한 선호도가 결정되므로 그 전에 습식사료나 다양한 식감의 사료를 경험해보는 것이 좋은데, 그러지 못한 경우 편향적인 식습관을 가질 가능성이 큽니다. 물론 2~3년 주기로 식성이 변하기 때문에 식습관도 변하길 기대해볼 수 있지만 그러지 못할 가능성도 있으므로 우선 다양

한 식감에 익숙해지는 연습을 해보는 것이 좋습니다.

처음에는 건식 형태의 간식에 약간의 물을 적셔 반습식 형태로 만들어 제공합니다. 이때 중요한 것은 고양이가 가장 좋아하는 동결 건조 간식을 선택하는 것입니다. 그래야 고양이가 관심을 보이며 접근할 수 있습니다. 1~2주 정도 규칙적으로 제공하면서 앞으로 간식은 무조건 반습식 형태로 제공된다는 사실을 인식시켜줍니다. 이러한 상황이 익숙해지면 이번엔 사료를 반습식 상태로 제공해줍니다. 고양이에게는 먹이의 온도감이 중요한데, 가장 선호하는 온도는 30°C로 자신의 체온보다 조금 낮은 상태의 온도입니다.

반습식으로 만든 사료를 전자레인지에 15~30초 정도 데워 손쉽게 만들 수 있습니다. 이러한 형태의 사료가 익숙해지면 데워진 사료에 소량의 물을 더 넣어 좀 더 물의 양이 많은 형태의 사료를 제공합니다. 단순히 사료에 물을 타는 것보다 적절한 온도를 맞추고 좋아하는 간식을 같이 만들어 풍미를 제공해주는 것도 도움이 됩니다.

그리고 질문자의 고양이는 방광염을 앓았던 전력이 있는데 고양이에게 방광염은 흔하게 발생하는 비뇨기계 질환 중 하나입니다. 또한 오해가 많은 질환 중 하나이기도 합니다. 보호자가 그랬듯이 음수량을 증가시키는 것도 방광염에 도움은 됩니다만, 그보다 방광염의 원인이 무엇인지 정확히 파악하고 전문의와 상의하여 치료하는 것이 가장 확실한 치료 방법입니다. 방광염 중 대표적인 것이 세균성 방광염입니다. 세균성 방광염은 **스트루바이트**Struvite라고 하는 결석 생성을 유발하는 주된 원인이기도 합니다. 그러므로 세균성 방광염이 발생했을 경우 항생제 처방과 같은 약물적인 치료가 우선시 되어야 합니다. 방광염의 다른 대표 질환은 **특발성 방광염**Feline Idiopathic Cystitis(FIC)으로 주원인은 스트레스로 보고 있습니다. 모두가 알다시피 고양이는 스트레스에 예민한 동물이므로 스트레스를 유발하는 여러 원인들이 동시다발로 발생할 경우 특발성 방광염에 걸릴 가능성이 큽니다. 스트레스의 원인은 주로 환경적인 것들이 차지하는데 수직공간이 제공되는지, 다묘 가정인지, 주택이나 아파트 같은 주거 특성이 있는지 등이 포함됩니다.

실내에서만 생활하는 서울의 반려묘들을 대상으로 생활환경과 고양이 특발성 방광염과의 역학관계를 분석한 논문 〈Journal of Feline Medicine and Surgery〉에 게재된 내용에 따르면, 수직공간이 없을 경우 특발성 방광염 발병 가능성이 커지며 다묘 가정일 경우 또한 특발성 방광염이 발생할 가능성이 크다는 연구결과가 있습니다. 홀로 지내다 다묘 가정이 되면 화장실을 공유하게 되고, 접근성에 문제가 생길 가능성이 커지므로 고양이에게 스트레스 요인이 될 수 있습니다. 또한 고양이와 생활하는 우리나라 가구의 주거 형태는 대부분 원룸이거나 아파트입니다. 그렇다 보니 부득이하게 충분한 공간 제공을 하지 못해 고양이가 스트레스를 받는 경우가 많습니다.

실제로 주택에서 사는 고양이보다 원룸이나 아파트에서 생활하는 고양이에게 특발성 방광염 발병률이 더 높다고 보고된 바 있으며 암컷보다 수컷 고양이에게 특히 더 발생한다고 알려져 있습니다. 이렇게 우선적으로 고려되어야 하는 원인들이 많기에 단순히 음수량을 늘려 방광염을 예방하겠다고 하는 것은 여러모로 한계가 있습니다.

입맛이 까다로운 고양이들은 사료의 모양, 온도감 그리고 제공되는 환경 등도 매우 중요하게 생각합니다. 입맛이 건식사료에만 쏠리는 고양이로 만들지 않기 위해서는 생후 6개월 전에 다양한 형태의 사료를 제공하는 것이 좋습니다. 또한 단순히 물을 마시지 않는다고 해서 무조건적으로 방광염에 걸리는 것은 아니므로 여러 다양한 원인들을 먼저 고려해보시고 행동학적으로 **low stress 환경**을 만들어주시는 등 알맞은 관리를 해준다면 방광염이 재발하거나 걸릴 가능성이 줄어들 것입니다.

9. 온갖 물그릇을 써도 스스로 물을 먹지 않아요

어렸을 때부터 온갖 물그릇을 써봤지만 자발적으로 물을 먹는 경우가 거의 없습니다. 현재 아침저녁으로는 습식사료로 급여를 하고 있고 건식사료를 자율급식하고 있습니다. 물그릇에 담긴 물을 먹지 않는 건 반습식 생활 때문일까요? 소변, 대변은 항상 일기로 작성하면서 체크하고 있는데, 앞으로도 이렇게 쭉 지내도 될지 걱정입니다.

물을 잘 마시게 하려는 보호자들의 이와 같은 노력을 듣다 보면 그 정성이 정말 대단하게 느껴집니다. 그만큼 고양이는 물을 마시는 데 있어 매우 까다롭고, 이해하기 힘든 행동들을 많이 하기 때문인데요. 고양이의 까다로운 성향을 맞추는 것은 매우 힘든 일입니다. 고양이는 음수와 관련해 다양한 성향을 보이지만 그중 질문 속 보호자가 문의하신 물그릇에 대해 이야기해보겠습니다.

고양이는 하루에 체중을 기준으로 킬로그램당 **50밀리리터** 정도의 물을 마시는 게 권장됩니다. 4킬로그램 고양이를 기준으로 한다면 대략 200밀리리터 정도가 하루 적정량이 되는 것입니다. 고양이가 물을 잘 마시게 하기 위해서는 물이 놓인 위치나 신선도도 중요하지만 물을 담는 그릇도 중요합니다. 일반적으로 고양이가 좋아하는 물그릇의 형태는 도자기(사기그릇)로 알려져 있습니다. 그다음이 유리, 스테인리스, 플라스틱 형태 순인데, 이는 보편적인 이야기일 뿐 실제 각묘각색이라고 생각하시면 됩니다. 질문 속 보호자는 다양한 물그릇을 제공하며 물마시기를 유도했다고 하셨는데 적정한 물그릇 교체 시기는 최소 2주입니다. 물그릇을 교체하고 2주 후 다른 물그릇으로 교체하면 되는데 그럼에도 전혀 사용하려는 기미가 보이지 않는다면 평상시 주로 물 마시던 위치에 다른 타입의 물그릇을 제공해봅니다. 그 후에도 아예 마시지 않거나 다른 곳에서 마신다면 물그릇 위치의 문제가 아닌 물그릇 용기의 문제라고 판단할 수 있습니다. 또한 중요한 것이 물그릇의 모양입니다.

행동학적인 연구에서는 그릇의 형태가 넓어야 고양이의 수염이 물에 닿지 않아 좀 더 편하게 마신다고 알려져 있습니다. 그래서 수반과 같은 넓고 투명한 유리그릇에 물을 제공해주면 빛이 반사되는 즐거움도 얻고 수염이 물에 닿는 것과 같은 불편함을 겪지 않게 되므로 고양이의 음수량을 증가시키는 데 도움이 됩니다.

하지만 최근 독일의 수의 영양학 전문의 프리츠DR. Fritz의 549개 설문을 통한 연구에 따르면 넓은 유리그릇이나 사기 형태의 물그릇도 중요하지만 머그컵처럼 사이즈가 작은 형태의 것도 좋아한다는 연구결과가 있습니다. 머그컵 형태의 좁은 물그릇에 머리를 넣어 조금은 힘겹게 물을 마시려는 고양이들을 종종 보셨을 것입니다. 좁은 컵 입구에 머리를 집어넣으면 자연스럽게 수염이 뒤로 젖혀지면서 물에 닿지 않게 되어 선호하게 된 것입니다. 온갖 물그릇을 사용해봤지만 효과를 얻지 못했다면 이처럼 작은 형태의 머그컵도 한번 사용해보시길 바랍니다.

　물그릇을 활용해 음수량을 늘리는 것도 좋지만 여의치 않다면 차선을 선택하는 것도 좋은 방법입니다. 수분이 많이 포함되어 있는 습식사료나 간식을 제한적으로 제공하면서 음수량을 늘리는 것도 도움이 될 것입니다. 고양이의 입맛만큼 까다로운 것이 물에 대한 선호도일 것입니다. 좀 더 장기적으로 시간을 두고 다양한 위치와 재질, 형태를 고려하여 물그릇을 제공해주시길 바라고 보호자께서 현재 습식사료를 주고 계시므로 물을 스스로 먹지 않더라도 어느 정도 수분을 제공받고 있으니 너무 염려하지 않으셔도 될 것 같습니다. 조금 더 인내하며 노력한다면 물을 좋아하는 고양이로 만들 수 있을 것입니다.

주는 대로 잘 먹으면 좋겠지만 고양이는 원래 편식하는 경향이 있다. 오해가 없도록 하기 위해 전제를 하나 깔아두고 가자. '편식'이라는 단어가 사람에게 사용될 때 보통 영양학적으로 불균형한 식사를 고집한다는 의미를 내포하고 있는 것과 달리, 고양이가 편식한다는 말은 영양학적으로 불균형한 식단을 선호한다는 뜻은 아니다. 고양이의 기호성palatability과 관련된 연구들을 검토한 결과, 고양이는 자신에게 필요한 영양소가 섭취 가능한 음식을 스스로 골라 먹도록 진화해온 것이 아닐까 하는 견해도 학계에서 제시된 바 있다. 고양이가 편식한다는 건, 한번 형성된 특정한 음식에 대한 취향과 선호가 잘 변하지 않는다는 뜻이다. 보호자와 조금만 대화를 나눠도 "우리 애는 이거 아니면 안 먹어요"라는 말을 전혀 어렵지 않게 듣는다.

고양이 식사 취향의 일반론

고양이의 음식에 대한 선호는 크게 냄새, 맛, 식감(음식의 질감과 온도 등)에 큰 영향을 받는 것으로 알려져 있다. 고양이의 직접적인 선조인 아프리카 들고양이는 척추동물만을 사냥해서 먹는 철저한 육식동물이었고, 그들의 후손인 집고양이 역시 필요 영양소의 대부분을 동물성 단백질로 섭취한다. 이러한 생태적 환경에서 고양이의 혀는 같은 식육목의 동물들에 비해 산미를 민감하게 느끼며, 음식에 단백질과 아미노산이 풍부하게 포함되어 있는지 판단할 수 있다. 그러니 다른 영양학적 구성이 비슷하더라도 고양이가 육류나 어류를 베이스로 한 식단을 선호하는 것은 당연한 일이다.

흥미로운 것은 고양이들이 특정한 음식을 선호하는 경향이 있는 것은 분명한데 그 '특정한 음식'이 구체적으로 무엇인가에 대해서는 고양이마다 기준이 전부 다르다는 것이다. 같은 집에 사는 고양이들끼리도 어떤 고양이는 고기향

사료를, 또 다른 고양이는 생선향 사료만 고집하기도 한다. 고양이가 선호하는 특정한 음식이란 언제, 어떻게 결정되는 걸까?

어린 시절의 경험이 입맛을 결정한다

학자들은 고양이의 입맛이란 어릴 때의 경험, 어미고양이의 주식으로부터 결정적인 영향을 받는다고 보고 있다. 젖을 뗀 직후의 어린 고양이는 음식을 가리지 않으며, 음식에 대한 선호도 금세 변화하기 때문이다. 고양이의 음식 선호도에 어미고양이가 미치는 영향을 알아보기 위해 보통의 고양이라면 잘 먹지 않을 음식(감자와 바나나)을 어미고양이가 먹도록 훈련시킨 뒤 나타나는 새끼고양이들의 음식 선호를 조사한 연구도 있다. 결과는 놀랍게도, 감자와 바나나를 먹는 어미의 새끼들은 육류보다 감자와 바나나를 선호하는 것으로 나타났다.

아프리카 들고양이의 경우 이유 시기에 어미가 사냥을 해서 새끼고양이들을 위한 먹잇감을 찾아오는데, 이때 고양이 가족이 사는 지역과 환경조건에 따라 어미가 접근 가능한 먹잇감이 정해지고(작은 설치류, 조류, 도마뱀 등) 이때 어미에게서 배운 사냥 방식과 입맛이, 독립된 이후의 삶의 방식과 입맛에도 결정적인 영향을 주는 것으로 알려져 있다.

입맛이 영원하다는 보장은 없다

그런데 연구자들을 혼란스럽게 하는 사실은 고양이가 특정 음식(혹은 물체)에 대해 강한 선호를 보이는 현상neophobia과 새로운 음식(혹은 물체)을 받아들이며 취향을 바꾸는 현상neophilia이 동시에 나타날 수 있으며, 들고양이는 물론 집고양이도 그렇다는 것이다. 이러한 이중성(?)이 고양이에게만 나타나는 것은 아니며 생태학적으로는 개나 늑대와 같은 다른 포유류나 일부 조류에서도 보고되었다. 동물들 사이에서 새로운 음식에 대한 선호가 나타나는 원인에 대해서는 더 많은 연구가 필요하지만, 고양이는 자신의 기호성에 맞기만 한다면 식단에 필수 아미노산이 결핍되었다고 하더라도 몇 년 동안 섭취하는 경우도 있는

것으로 알려져 자연 상태에서 특정한 사냥감만을 지속 섭취할 때 발생 가능한 영양소 결핍에 대한 방어기제로 추측되고 있다.

결론적으로 고양이 입맛은 어릴 때 형성되어 잘 변하지 않지만 중간에 바뀐다고 해서 꼭 문제가 되거나 치명적인 결과에 이르는 것은 아니다. 고양이가 적절한 식사량과 에너지 섭취량을 유지하고 있고 (현대의 고양이는 영양불균형보다 비만이 더 큰 위협이다) 어떤 입맛이든 영양학적으로 균형 잡힌 식사를 하고 있다면(시판되는 사료 대부분은 고양이에게 필요한 모든 영양학적 필요를 충족시키도록 설계되어 있다), 고양이의 편식을 사람의 편식과 같은 의미로 우려할 필요는 없을 것이다.

이식증을 가진 고양이들이
공통적으로 가지는 특성과 가장 흔한 원인 물질

반려동물이 영양학적 요소가 없는 물건을 먹는 것을 이식증pica이라고 하는데, 고양이에게도 이식증이 나타날 수 있다는 사실이 공론화된 것은 40여 년 전부터이다. 하지만 아직도 이식증이 나타나는 이유에는 여러 가설이 존재한다. 집 안에서만 기르는 고양이에게서 이식증의 발현비율이 더 높다는 연구결과를 기반으로, '고양이가 느끼는 지루함이나 낮은 사회적 접촉 빈도가 이식증의 원인이다', '선조로부터 유전적 영향이 있으며 전환된 사냥행동이다', '강박행동의 일종이며 불안장애의 일종이다', '장 운동성이 낮아졌을 때 나타나는 일종의 소화기 증상이다' 등 다양한 견해가 있다. 이처럼 고양이 이식증의 원인에 대해 학문적으로 완전히 합의된 견해가 없기에 해결책도 완전히 정립되어 있는 것은 아니지만, 일상생활 속에서 이물을 주워 먹는 행동이 문제가 된다면 혹시 모를 사고의 예방을 위해 보호자 입장에서 참고할 만한 데이터가 있다.

캐나다에서 이식증을 갖고 있는 것으로 의심되는 131마리 고양이 보호자를 대상으로 고양이의 기본정보, 병력, 생활 패턴, 행동 특성, 환경 구성 등에 대해 상세한 설문을 구성하고, 실제로 이식증이 있는 고양이 그룹과 그렇지 않은 고양이 그룹을 구성해 비교 분석했다.

연구결과, 이식증을 가진 고양이와 그렇지 않은 고양이 사이에 평균 나이나 성별, 젖을 뗀 시기, 과거의 병력, 입양 경로, 고양이 분수 제공이나 보호자와의 놀이 패턴 등은 통계적으로 유의미한 차이가 없었다. 반면 이식증을 가진 고양이들은 상대적으로 입양 당시의 연령대가 높았고, 외출이나 자율급식을 허용하는 비율이 낮았다. 또한 고양이 자신의 신체를 물거나 과도하게 핥는 행동이 더 많이 나타났고 설사나 변비 등 다른 소화기계 증상과 이식증 여부는 큰 관계가 없었으나 구토 증상은 이식증이 있는 경우 더 자주 나타났다.

이식증의 발현시기와 관련된 또 다른 연구가 있는데 고양이 이식증은 생후 4년 이내에 언제든 나타날 수 있지만 주로 6개월에서 18개월령 사이, 혹은 입양된 지 두 달 이후 가장 빈번하게 나타나며 중성화 여부 등 다른 요소와의 큰 연관성은 발견되지 않았다.

음식이 아닌 물건을 씹는다면
끈이나 실을 조심해야 한다

이식증과 관련된 연구들이 공통으로 지적하는 것은, 고양이들이 씹거나 삼키는 물건으로 신발 끈이나 실, 헤어밴드처럼 가늘고 긴 물건들을 굉장히 선호한다는 사실이다. 대부분의 연구에서 이식증을 가진 고양이의 80퍼센트 이상은 실처럼 생긴 물건이나 천으로 된 재질을 가장 선호하는 것으로 나타났으며, 그 다음으로 플라스틱, 고무, 종이, 나무 순이었다.

따라서 이식증이 있거나 음식이 아닌 물질을 씹는 버릇이 있는 고양이를 반려하고 있다면 주변 환경에서 실이나 집어삼킬 수 있는 가늘고 긴 물체는 정리해주는 것이 좋다. 이러한 물체를 잘못 삼켜 위나 장 내부로 들어가 문제가 된 경우를 선형이물Linear foreign body이라고 하는데, 고양이는 혓바닥에 목구멍 안쪽으로 돌출된 돌기를 가지고 있어 한번 잘못 삼킨 물건을 잘 뱉지 못하는 데다 선형이물은 장의 정상적인 운동을 방해해 순식간에 생명을 위협하기 때문에 유의해야 한다.

고양이 음수량 측정에 도전한 물리학자들

많은 보호자들이 고양이의 건강을 위해 음수량 관리를 중요하게 여긴다. 또 고양이의 권장 음수량이 고양이 몸무게(kg) x 50ml라는 사실도 대부분 잘 알고 있다. 진짜 문제는, 고양이가 물을 얼마나 마셨는지 파악하기가 너무 어렵다는 것이다. 실제 고양이가 물을 얼마나 마셨는지 어떻게 알 수 있을까? 그릇에 둔 물이 줄어든 부피나 무게를 측정하면 되는 걸까? 그럴듯하지만, 많은 보호자가 고양이의 음수량을 늘리기 위해 여러 곳에 물그릇을 배치해두는 데다, 상온에 방치한 물은 시간이 지나면 조금씩 증발한다.

고양이 음수량 측정의 어려움은 여기서 그치지 않는다. 보호자가 그릇에 놓아둔 물보다 세면대에 고인 물을 마시기 좋아하는 경우라든지, 한 그릇을 쓰더라도 여러 고양이를 키운다면 어떡해야 되는 걸까? 사실 고양이마다 음수량을 측정하기는 거의 불가능에 가깝다. 그러니 고양이의 실제 음수량을 정량적으로 측정하거나 비교한 데이터도 학계에는 거의 전무하다시피 하다. 하지만 고양이의 음수량에 대해 발상의 전환을 이룬 연구가 있다. 생리학이나 수의학계가 아닌 물리학계에서 수행된 연구이다.

메사추세스 공과대학교(MIT)의 생물물리학자인 로먼 스토커Roman Stocker를 비롯한 연구진들은 혀로 물을 '퍼 올려서' 마시는 개과 동물들과 달리 고양잇과 동물들은 혀로 물을 '튕겨서' 먹는다는 것을 발견하고 고양이 혀와 물리학적으로 동일한 작용을 하는 기계를 만들어 여러 고양잇과 동물들이 물을 마시는 방법과 관련된 물리법칙에 대해 연구했다. 물론 연구의 본래 목적은 고양이의 음수량 측정이 아니라 동물들의 방식으로 물을 마실 때 물기둥에 작용하는 유체역학과 중력의 작용법칙에 대한 분석이었다. 하지만 의외로 이 과정에서 집고양이가 한 번 혀를 튕길 때 섭취하게 되는 물의 양과 빈도수를 정확히 산출할 수 있었다. 물리학적 모델링에 따르면 집고양이들은 물을 마실 때 혀로 1초에 물을 약 4번 튕겨내며, 한 번 튕겨낸 물기둥을 통해 0.1밀리리터의 수분을 섭취한다. 즉 고양이들은 초당 0.4밀리리터의 물을 마시며, 1분간 계속해서 물을 마시면 24밀리리터의 물을 마시게 된다.

다 자란 고양이가 평균적으로 5킬로그램 정도의 체중임을 고려한다면, 보

출처: 2010년 과학저널 《사이언스》

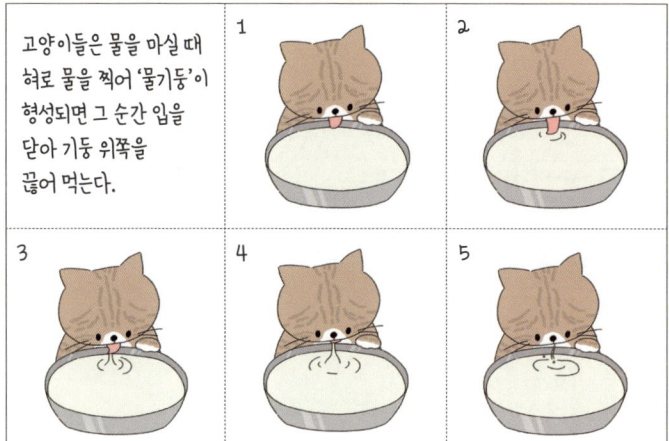

고양이들은 물을 마실 때 혀로 물을 찍어 '물기둥'이 형성되면 그 순간 입을 닫아 기둥 위쪽을 끊어 먹는다.

보통 고양이의 일일 권장 음수량은 250밀리리터(5kg x 50ml)에 해당한다. 고양이가 1초에 마시는 물의 양이 0.4밀리리터이므로 권장 음수량을 채우기 위해서는 산술적으로 하루당 약 10분(625초)간 물 마시는 행동이 관찰되어야 하는 셈이다.

단, 이 방식의 정확도가 공식적으로 확인되었다거나 고양이 음수량 적정성의 평가에 보편적으로 사용될 수 있다는 뜻은 아니다. 예를 들어 건식사료가 아닌 습식사료를 주식으로 급여하는 고양이의 경우 물을 따로 섭취하는 일이 드물거나 아예 없어도 정상적인 대사를 유지하는 경우가 보고된 바 있기 때문이다. 건강한 고양이들은 서로 다른 식사패턴을 가지고 있더라도 최종적으로 자신에게 필요한 만큼의 필요 영양소와 수분을 섭취하는 것으로 알려져 있다. 따라서 물 마시는 시간을 기준으로 음수량이 권장량에 비해 모자란다고 해서 무조건 음수량의 부족을 걱정할 필요는 없다. 다만 음수량 측정과 확보에 어려움을 겪는 보호자, 특히 다묘 가정의 보호자라면 충분히 물 마시는 시간을 주의 깊게 관찰해 고양이별 음수량을 평가하는 데 어느 정도 참고할 수 있을 것이다.

⑦ 건강이상은 어떻게 알 수 있나요?

여러 마리의 고양이와 생활하는 가정에서는 각각의 고양이가 배변을 잘하는지, 사료는 잘 먹고 있는지 확인하기가 쉽지 않습니다. 동물병원에서 진료를 하다 보면 종종 어떤 고양이가 설사를 하는지, 구토를 하는지, 잘 먹고 있는지, 물은 누가 잘 마시는지 혼란스러워 내원하는 경우가 있습니다. 정확하게 파악이 되어 내원을 한다면 쉽고 빠르게 진료가 가능하겠지만 그렇지 못한 경우 함께 지내는 모든 고양이를 데려와 한 마리씩 검진을 하거나 보호자가 따로 시간을 내어 집에서 관찰해야 되는 경우가 생기기도 합니다. 간단하게 규칙을 정하고 따른다면 혼란스럽고 난해했던 이 부분에 대한 고민을 쉽게 해결할 수 있습니다. 많은 다묘 가정에서 고민하고 있는 고양이마다의 건강이상 체크에 대해 간단한 규칙과 팁들을 활용하여 해결하는 방법을 알아보겠습니다.

1. 다묘 가정이라 화장실 체크가 어려워요

두 마리가 화장실을 같이 쓰다 보니 누가 뭘, 얼마나 쌌는지 헤아리기가 힘들어요. 대소변으로 기본적인 건강상태를 파악하는데, 다묘 가정일 경우 어떻게 파악할 수 있을까요?

고양이들이 화장실을 같이 사용하고 있다면 고양이의 성향보다 화장실에 대한 관점부터 접근할 필요가 있습니다. 많은 다묘 가정에서 화장실을 제공할 때 치우기 편하도록 여러 개의 화장실을 같은 장소에 두는 경우가 많습니다. 하지만 고양이는 아무리 화장실이 여러 개라고 하더라도 동일한 장소에 연결된 듯이 붙어 있으면 하나의 화장실로 인식하기도 하므로 화장실마다 각각 일정거리를 두고 떨어뜨려 배치해야 합니다. 이때는 각 고양이의 동선과 쉬거나 자는 베이스캠프를 기준으로 정하는 것이 좋습니다.

　화장실 개수도 중요한데, 질문 속 보호자처럼 두 마리의 고양이가 함께 생활하고 있다면 화장실 개수는 정확하게 N+1, 즉 3개를 제공해줄 필요가 있습니다. 물론 단순하게 개수만 늘려서 제공한다고 해서 모든 화장실을 고양이가 잘 쓸 거라고 장담할 수는 없습니다. 왜냐하면 고양이가 화장실을 선택하는 데는 생각보다 복잡한 요인이 작용하기 때문입니다. 그러므로 화장실을 제공할 때 기본적으로 참고해야 할 것은, 여러 개 모두 동일한 사이즈일 것, 오픈형일 것, 사이즈는 크면 클수록 좋으므로 사이즈를 고려할 것 등입니다.

고양이가 중요한 장소라고 생각하는 세 곳을 꼽자면 **잠자고 쉬는 곳, 밥 먹고 물 마시는 곳, 대소변을 처리할 수 있는 화장실 공간**을 꼽을 수 있습니다. 고양이가 베이스캠프로 장소를 정할 때 고려하는 것은 쉬면서 잠을 잘 수 있는 공간인지, 물과 음식을 먹을 수 있는 공간인지를 따져 결정합니다. 두 마리의 고양이가 이러한 공간을 정했다면 각각의 지점을 중심으로 떨어진 곳에 화장실을 배치해줍니다. 중요한 것은 화장실이 놓일 위치가 베이스캠프를 크게 벗어나지 않아야 한다는 점입니다. 이렇게 위치를 잡아줄 경우 자연스럽게 각각의 고양이가 자신의 공간에서 모든 것을 해결할 수 있게 됩니다. 또한 간식이나 사료를 먹은 후 배변, 배뇨 욕구가 강해지는데 이때 가까운 화장실을 쓰려고 하는 경향이 있습니다.

각 고양이에게 따로 배정해준 화장실이 있지만 각 화장실의 사이즈나 모래가 다를 경우 서로가 더 좋은 화장실을 사용하려는 상황이 생겨 하나의 화장실을 같이 사용하거나 화장실 앞에서 싸우기도 하는 일이 벌어집니다. 그러므로 경쟁을 방지하고, 고양이의 취향을 파악할 수 있도록 동일한 크기의 화장실과 동일한 재질의 모래를 제공해줄 필요가 있습니다.

기본적으로 화장실은 최소 고양이 신장의 1.5배 이상이어야 합니다. 큰 화장실일수록 좋아할 가능성이 크며 재질은 천연모래에 가까운 벤토나이트 모래를 선호하는 경향이 있으므로 동일한 조건으로 화장실을 제공해줍니다. 이처럼 동일한 환경이 각각의 고양이에게 제공된다면 어느 고양이가 화장실에서 대소변을 보고 있는지 더 쉽게 확인할 수 있습니다. 간혹 화장실을 여러 개 배치했더라도 같은 화장실을 여러 마리가 다 같이 사용하는 경우도 있습니다. 이럴 때는 보호자의 프라이버시를 심하게 침해하지 않는다는 전제하에 CCTV를 설치하는 것도 좋은 방법입니다. 하지만 가장 좋은 것은 고양이가 화장실을 다녀온 직후 바로 보호자가 관찰하는 것입니다. 여러 번 강조했듯 다묘 가정의 배뇨배변 문제를 비롯한 문제행동 개선은 항상 세심한 관찰과 관심이 필수라는 것을 명심하시기 바랍니다.

2. 고양이마다 각자의 밥그릇을 정해줄 순 없나요?

두 마리의 고양이와 함께 살고 있는데 각자의 밥그릇을 정해 각각의 섭취량이나 방식 등을 조절하려면 어떻게 훈련해야 할까요?

다묘 가정에서는 특정 고양이만 다른 사료를 먹어야 하는 경우가 종종 발생합니다. 비뇨기계 질환이 있거나 소화기 질환이 발병하였을 때 처방사료라고 하여 특별한 사료로 교체하여 급여해야 하는 경우인데요, 이 경우 보호자의 가장 큰 고민은 '우리 집은 자율급식이라 아프지 않은 고양이가 처방사료를 먹을 수도 있는데 괜찮을까?'라는 생각입니다. 질문에 답이 이미 나와 있습니다. **자율급식을 제한급식으로 바꾸어주기만 하면 됩니다.** 그렇게 하면 사료가 섞일 일이 없습니다.

우선 정확히 급여할 시간을 정합니다. 이 교육의 목적은 일정 식사 시간이 지나면 그 어떤 것도 먹을 것을 주지 않는다고 인식시키는 것입니다. 면밀히 따지자면 제한급식은 단순히 정해진 시간에 밥을 주고 떠나는 것뿐만 아니라 정해진 시간 안에 식사를 하지 않으면 사료를 빼는 것까지를 포함합니다. 만약 두 마리의 고양이에게 오전 8시와 저녁 8시에 제한급식을 한다고

가정해본다면 각각의 고양이가 먹어야 하는 사료의 종류와 양을 조정한 후 최대한 둘 사이가 떨어진 공간에서 급식하도록 합니다. 공간적으로 둘 사이를 막거나 분리해준다면 더욱 좋지만 그렇지 않더라도 서로가 시선을 마주하지 않는 방향이면 됩니다. 30분 정도의 식사시간을 준 후 정확히 몇 그램을 먹었는지 확인합니다.

그런데 급식시간에 고양이가 밥을 먹지 않는다고 곧바로 간식을 주거나 다른 먹을 것을 주는 경우가 있는데 이는 오히려 역효과를 일으킵니다. 어린아이가 제대로 밥을 먹지 않는다고 식사시간 직후 과자나 간식을 주는 것과 똑같습니다. 사료에 대한 흥미는 더욱 떨어질 것이고 급식 교육에 어려움을 겪게 됩니다. 아침저녁으로 정해진 시간, 정해진 장소, 정해진 양을 제한된 시간 안에 주는 것이 포인트이므로 보호자는 단단한 마음가짐이 필요합니다. 안쓰러운 마음이 들면 제한급식 교육에 실패할 가능성이 커지기 때문입니다.

그리고 아침저녁 급식시간 사이에 고양이를 꼭 굶겨야 하는 것은 아닙니다. 행동유발 먹이 장난감이나 먹이퍼즐 등을 집 안 곳곳에 배치하여 스스로 움직여가며 먹을 수 있게 환경 풍부화를 이루어줄 수 있습니다. 간식 또한 같은 제한급식 방법으로 급여할 수 있습니다. 일반적으로 하루에 먹는 사료 칼로리의 10퍼센트를 계산해 간식으로 제공하면 됩니다.

사람도 식단관리가 건강과 직결되는 것처럼 고양이도 일정 이상의 식단관리와 건강관리가 필요합니다. 이에 성공하기 위해서는 제한급식 방법을 평상시에도 제대로 지킬 필요가 있습니다. 두 마리 이상의 다묘 가정에서 사료의 섭취량이나 급식 방법을 정확하게 지키는 것은 어려운 일입니다. 번거롭고, 힘들 수 있지만 식사예절을 비롯한 모든 행동학적인 교육은 세 살 아이에게 정확한 식사방법을 알려준다는 마음으로 임해야 할 것입니다.

3. 몸이 약해서 중성화 수술을 할 수 없어요. 소변 실수라도 줄일 방법이 있을까요?

고양이가 발정 때문에 너무 스트레스를 받아요. 그 탓에 발정기가 되면 소변 실수를 해요. 중성화 수술을 해야 하는데 마취시키기 두려워 수술이 고민됩니다. 고양이가 사고를 겪은 이력이 있어 마취가 어려운 상황이거든요. 어떻게 하면 소변 실수를 줄일 수 있을까요?

나샘's 솔루션

배뇨 실수라기보다 마킹이라는 행위로 정의하는 것이 올바르다고 할 수 있겠는데요, 발정기와 마킹은 분리할 수 없습니다. 고양이는 발정기가 되면 번식을 위해 자신의 흔적을 남기려는 욕구가 강해집니다. 이때는 정상적으로 화장실에 배뇨를 하는 것이 아니라 벽에 배뇨를 하게 됩니다. 발정기의 마킹은 일반적인 배뇨 실수와는 차이가 있는데 **1) 벽을 향해 있다 2) 소량씩 뿌린다 3) 여러 곳에 배뇨한다** 등의 특징이 있고, 발정기가 아닌 일반 배뇨 실수는 **1) 쪼그려 앉아 배뇨한다 2) 한 번에 배뇨하는 양이 많다 3) 여러 곳이 아닌 한두 곳에 배뇨한다**는 특징이 있습니다.

생후 6개월이 되면 성 성숙이 일어나기 때문에 특히 수컷의 경우 집 안 곳곳의 벽을 향해 소변을 분사하려 하며 또한 소변이 높은 곳에 묻을수록 만족하므로 최대한 다양하고 높은 곳에 분사하려 합니다. 이렇듯 발정기에 받는 스트레스를 감소시키고 정상적인 배뇨 활동을 하게 하려면 중성화 수술이 필수적으로 이루어져야 합니다.

중성화 수술 후 2~3주 정도부터는 마킹이라고 하는 배뇨 실수가 감소됩니다. 이렇게 시간이 걸리는 이유는 체내에 있는 호르몬이 사라지는 시간이 필요하기 때문인데 간혹 열 마리 중 한두 마리가 중성화 수술 후에도 마킹 행위를 하기도 합니다. 하지만 대부분의 경우 중성화 수술을 통해서 마킹과 같은 배뇨 실수를 하지 않게 됩니다.

보호자께서 마취에 대해 걱정되신다면 충분한 마취 전 검사를 권합니다. 미국 마취의사회에서는 단순한 중성화 수술을 위한 마취의 위험도를 최소 위험그룹인 ASA 1단계(생리적, 생화학적, 정신적 질환이 없음)로 분류한 바 있습니다. 일반적인 혈액학적 검사 외에도 순환기 문제를 판단할 수 있는 심장 호르몬 검사 키트와 신장의 조기손상을 체크할 수 있는 검사 기법들이 있습니다. 고양이의 안전을 위해 충분한 검사를 하고 수술을 진행한다면 보호자님의 걱정을 최대한 줄이면서 수술을 진행할 수 있을 것입니다.

마킹이라는 배뇨 행위가 습관화되어 지속적으로 배뇨 실수를 하게 된다면 고양이와 보호자 모두에게 고통스러운 시간이 계속될 수 있으므로 꼭 알맞은 검사를 거친 후 안전하게 수술을 받기를 권해드립니다.

4. '똥 스키'를 타는 건 문제행동이 아닐까요?

아이가 사냥을 할 때 '똥 스키'를 타요. 유독 사냥할 때 자주 그래요(항문낭을 짜주기는 합니다). 이거 문제 있는 행동인가요?

일명 '똥 스키'라는 행동은 항문 주위를 바닥에 대고 엉덩이를 끌면서 움직이는 것입니다. '항문을 바닥에 댄다'는 것은 항문에 자극이 있기 때문입니다. 이러한 자극을 일으키는 원인은 여러 가지입니다. 항문 주위에는 항문낭액이 차 있는 주머니인 항문낭 두 개가 항문을 중심으로 4시와 8시 방향에 위치해 있습니다. 개의 경우에는 집이나 반려동물 미용실 혹은 병원에서 정기적으로 짜주어 위생관리를 해주는데, 고양이의 경우 이처럼 주기적으로 짜서 관리를 해주는 것에 대해 많은 보호자가 인식하지 못하고 있습니다. 물론 개의 경우처럼 자주 짜주어야 하는 것은 아닙니다. 배변을 통해 자연스럽게 함께 배출되는 경우가 있으므로 고양이의 경우 3~4개월 또는 6개월에 한 번 정도 항문낭을 마사지하면서 배출시키면 됩니다.

만약 이를 인지하지 못하고 그대로 둔다면 항문낭액이 오랜 기간 동안 쌓이게 되고, 고체화되면서 소양감(간지러움)을 일으키게 됩니다. 이 때문에 엉덩이를 바닥에 대고 끄는 행동인 '똥 스키'를 타는 것입니다. 똥 스키의 다른 이유로는 비만을 들 수 있습니다. 몸에 붙은 살 때문에 항문에 묻은 변을 스스로 그루밍하지 못하여 위생관리가 제대로 되지 않는 것입니다. 이 경우 보호자가 자극이 적은 반려동물용 물티슈를 이용해 가볍게 닦아주는 것이 도움이 될 수 있습니다.

질문 속 고양이처럼 사냥을 할 때 이러한 행동을 하는 원인은 두 가지로 추측해볼 수 있습니다. 하나는 사냥으로 인한 흥분도가 올라감으로써 항문낭이 수축하게 되어 배출될 것이 원활하게 배출되지 못해 자극을 느끼게 되어 그런 행동을 할 수 있고, 다른 원인으로는 공포심이나 긴장감 때문에 원치 않는 배변, 배뇨 실수를 하다가 항문낭액이 분출되는데 이 또한 원활한 분출이 되지 못해 자극이 되어 엉덩이를 바닥에 끄는 것입니다.

고양이는 항문낭을 자주 짜줄 필요는 없지만 이러한 행동을 자주 하는 고양이라면 항문낭을 정기적으로 압출시키면서 위생관리에 신경 써줄 필요가 있습니다. 그대로 놔둔다면 항문낭염이라고 하는 염증이 생겨 항문을 기준으로 4시와 8시 방향이 빨갛게 되며 부풀어 오르고, 더욱 심해지는 경우 고름과 같은 삼출물이 터져 나와 수술적 치료를 받아야 하는 상황이 발생할 수 있기 때문입니다.

'똥 스키'라는 말처럼 고양이가 엉덩이를 바닥에 대고 끄는 모습이 귀엽게 느껴질 수도 있습니다. 하지만 항문낭은 고양이의 삶의 질과 건강에 밀접한 연관이 있는 부위이므로 항상 항문 주위를 잘 관찰해주시고 정기적으로 위생관리에 신경 써주어야 합니다.

5. 집에 혼자 있게 된 이후부터 오줌 테러를 해요

신랑과 저, 둘 다 이직을 하면서 동반입사를 해 출퇴근을 같이하게 됐어요. 그래서 집에 사람이 없는 시간이 늘었는데, 어느 날 퇴근하고 오니 첫째가 이불과 바닥에 토와 소변을 해놨습니다. 그 뒤로 3일간 계속 하루에 한 번씩 이불에 소변을 봐 그때마다 바로 유린오프로 소변 냄새를 지우고 이불도 바로바로 갈았습니다. 중성화 수술을 한 지 한 달 넘었어요. 그리고 가끔 화장실에서 소변을 보고 안 덮어요. 그런데 이제는 둘째도 이불과 화장실 두 곳에 다 소변을 봅니다. 대체 둘 다 이러는 이유가 뭘까요?

나샘's 솔루션

고양이의 화장실 문제를 예방하기 위해서는 화장실의 위치, 모양, 재질, 개수까지 고려해야 한다는 점은 이미 많은 보호자들이 알고 계신 사실입니다. 고양이는 대변과 소변을 분리해서 보는 것을 선호하는 경향이 있습니다. 그러므로 한 마리의 고양이와 생활한다고 하더라도 최소한 두 개의 화장실을 제공해주는 것이 좋습니다. 또한 각각의 화장실을 같은 공간에 붙여두기보다는 고양이의 접근성을 고려해 여러 곳에 나누어 배치해야 하고, 돔형보다는 주위를 둘러볼 수 있는 오픈형 화장실이 심리적 편안함을 느낄 수 있어 권장됩니다. 모래의 경우 천연 모래에 가까운 벤토나이트 같은 응고형 모래가 고양이가 일반적으로 선호하는 재질이라고 할 수 있습니다.

만약 이러한 것들이 모두 충족되었음에도 불구하고 고양이가 배뇨 실수를 한다면 '심리적 원인'을 고려해봐야 합니다. 다묘 가정에서 배뇨 실수를 하는 고양이의 심리적 원인으로는 먼저 긴장감을 생각해볼 수 있습니다. 화장실에 갈 때 퇴로가 충분히 확보되지 않았거나 갇힌 형태의 화장실일 경우 다른 고양이가 앞을 지키고 쳐다보고 있거나 공격할 수 있어 매우 스트레스를 받기 때문입니다. 그런 이유로 점점 화장실을 기피하게 되고 배뇨 실수를 하게 되는 것입니다.

질문 속 고양이의 경우에서 추측해볼 수 있는 원인은 **'분리 불안'**입니다. 분리 불안으로 인한 배뇨 실수의 경우 보통 보호자가 집에 같이 있을 때는 나타나지 않지만 보호자가 외출을 하거나 고양이가 혼자 있게 될 때 실수하는 경우가 많습니다. 게다가 질문 속 내용처럼 보호자가 고양이와 많은 시간을 보내다가 본의 아니게 고양이와 떨어져 있는 시간이 많아지면서 고양이가 갑작스러운 환경 변화나 교감 시간의 변화 때문에 애착증이 생겨 불안감에서 비롯된 배뇨 실수를 한 것으로 보입니다.

분리 불안이 있는지 확인하는 방법으로는 1)외출을 준비하려고 하면 주위를 계속 서성거리거나 쫓아다니는가? 2)외출 준비를 하고 있을 때 현관 문 앞에 앉아 있거나 옆으로 누워 기다리고 있는가? 3)문을 닫고 나갔을 때 복도에서 고양이가 우는 소리가 크게 들리는가? 4)외출 후 돌아왔을 때 배뇨 실수를 했는가? 5)외출 후 돌아왔을 때 식탁을 지지하는 나무나 벽지 등을 뜯어 파괴적으로 손상시키는 행동을 했는가? 6)외출 후 돌

아팠을 때 고양이 스스로 몸을 과도하게 핥거나 털을 뽑아 손상을 시키지 않았는가? 등이 있습니다. 위의 행동에 다 해당되지 않더라도 해당되는 개수에 따라 그리고 번호가 뒤로 갈수록 심각한 상태를 뜻하기 때문에 고양이가 대략 어느 정도의 분리 불안 스트레스를 받는지 파악할 수 있습니다. 이러한 기준에서 봤을 때 질문 속 고양이는 중등도 이상의 분리 불안증으로 보입니다. 이러한 문제행동 증상이 더욱 심해질 경우 집 안의 물건을 파괴하고 먹는 이식증 같은 이상행동을 할 수도 있으며, 최악의 경우 자신의 몸을 해하는 자해행동까지 보일 수 있습니다.

분리 불안 때문에 배뇨 실수를 하는 고양이를 치료할 때는 치료의 기본 개념인 3M에 기초하여 접근합니다. **3M은 1) Management(환경관리) 2) Modification(놀이치료와 같은 중재) 3) Medicine(약물치료)**를 뜻합니다. 질문 속 보호자의 대응을 3M을 토대로 짚어본다면, 먼저 환경관리 측면에서 유린오프로 오줌의 냄새를 제거한 것은 올바른 대응입니다. 다음 놀이치료 및 중재의 기준으로 접근을 한다면 규칙적인 급식과 놀이 제공을 하고 있는지 스스로 체크해볼 필요가 있습니다. 이러한 놀이는 루틴을 정해 제공하는 것이 좋습니다. 불안감은 예상하지 못한 일상생활에서 비롯되는 경우가 많습니다. 고양이 스스로 언제 보호자가 집으로 돌아오는지, 언제 보상과 놀이를 제공받을 수 있는지 예상할 수 있다면 불안감은 단계적으로 감소할 것입니다.

세 번째, 약물의 개입은 분리 불안이 중등도 이상인 고양이에게

탁월한 효과를 보일 수 있습니다. 행동문제에 약물적 개입은 이러한 불안증을 보이는 고양이에게 세 가지 치료 방법 중 가장 우선적으로 시행될 수 있습니다. 일반적으로 항우울제나 신경안정제와 같은 두 가지 약물의 조합이 처방되며 투약 시 1~2주 안에 불안감이 개선되는 효과를 볼 수 있습니다. 이때 약 처방과 함께 보호자의 다른 노력도 동반된다면 더욱 효과를 볼 수 있으며 차차 단계적으로 약물을 줄이다 나중에는 약의 도움 없이 불안감을 개선할 수 있을 것입니다.

6. 고양이가 아픈 건 어떻게 알 수 있나요?

고양이가 아픈지 안 아픈지 구별이 안 갈 때가 있어요. 수의사 선생님께 연락해 문의하기도 하지만 평소 컨디션만으로 어디가 아픈 건지 분별하기가 너무 어렵습니다. 가장 쉽게 판단할 수 있는 방법이 있을까요?

'고양이가 말을 할 수 있으면 얼마나 좋을까?'라는 생각은 애묘인이라면 누구나, 항상 가지고 있는 소망일 것입니다. 고양이가 구토나 설사를 할 때, '엄마, 제가 먹으면 안 되는 풀을 먹었어요. 죄송해요'라고 말할 수 있다면 얼마나 좋을까요.

고양이는 자신이 아프더라도 통증을 표현하지 않는 본능적인 습성이 있어 질환이 일정 이상 진행되고 치료시기를 놓친 뒤에야 뒤늦게 동물병원에 오는 경우가 많습니다. 이런 문제를 미리 예방하기 위해 평소에 고양이의 외모를 잘 관찰해보는 것도 도움이 됩니다.

전반적으로 고양이의 귀 모양을 보고 통증정도를 짐작할 수 있습니다. Feline Grimace Scale에 따르면 고양이는 통증이 증가할수록 양쪽 귀의 사이가 벌어지는 경향을 보인다고 나와

얼굴로 알아보는 통증지표 Feline Grimace Scale

〈출처: 미국수의학협회〉

통증 0단계   통증 1단계   통증 2단계

있습니다. 통증 0단계의 경우 귀가 앞을 향해 있으며 눈과 입이 동그란 모양을 하고 있고, 수염은 차분히 옆으로 내려져 있으며 전반적으로 편안한 표정을 하고 있습니다. 통증 1단계는 중증도로 양쪽 귀가 바깥쪽으로 살짝 벌어져 있습니다. 눈은 부분적으로 감고 있고 입모양은 약간 긴장한 듯 보입니다. 통증 2단계는 심각한 통증 상태로 양쪽 귀가 평평하게 바깥쪽을 향해 있고 눈은 감고 있거나 가늘게 뜨고 있습니다. 입은 경직된 상태로 닫혀 있으며 수염의 모양이 삐쳐있는 양상을 띠고 있습니다. 또한 머리는 숙인 상태를 유지하고 있습니다. 몸 또한 제대로 그루밍하지 못하여 털의 상태가 좋지 못하고 얼굴 주위에도 눈곱이 껴 있고 지저분한 모습을 하고 있습니다. 이렇듯 눈의 모양과 털의 방향 그리고 전체적인 몸의 청결 상태를 통해서 통증 상태를 유추

해볼 수 있습니다.

　　미국 콜로라도대학교 수의학센터에서는 고양이의 통증을 확인할 수 있는 기준을 표로 정리해두었는데 이것이 바로 고양이 통증 지표 Feline Pain Score 입니다. 일반적으로 다섯 단계로 통증 상태를 체크해볼 수 있는데 고양이의 자세와 활동성으로 나눕니다. 첫 번째, 통증이 없는 0점 상태를 보면 고양이가 편안한 자세를 취하고 있습니다. 가볍게 뒷다리는 모으고 앞다리를 세운 채로 몸을 일으켜 앉아 있는 자세입니다. 눈은 아몬드 형태 almond type를 띠고 귀는 올바르게 세워져 있습니다. 이와 같은 자세로 집에서 TV를 시청하는 고양이를 본 적이 있다면 통증이 없는 가장 편안한 상태라고 보아도 좋습니다.

　　두 번째, 통증 1점 상태는 엎드린 상태에서 앞발을 앞으로 모으고 (엎드려) 머리를 들고 있는 상태입니다. 이 상태는 주위환경에 대해 이전보다 관심도가 조금 떨어지는 상황이라고 볼 수 있습니다.

　　세 번째, 통증 2점 상태의 고양이는 전반적으로 몸을 동그랗게 말고 있으며 꼬리 또한 말려 몸을 향해 있습니다. 머리는 들지 못하고 내려가 있으며 앞발은 몸 안으로 말아서 넣은 상태입니다. 눈의 밝기가 감소하고, 털의 상태도 조금 푸석해 보입니다. 건강한 상태의 고양이일수록 그루밍을 잘하므로 털의 윤기가 유지되지만 아픈 고양이들의 경우 그루밍을 할 수 없기 때문에 자연스럽게 털의 윤기가 사라지게 됩니다.

　　네 번째, 통증 3점 상태의 고양이는 지속적으로 몸을 웅크리고, 앞발은 힘없이 앞을 향해 있습니다. 머리는 들 힘조차 없어 떨구는 경우가 많고, 꼬리를 말고는 있지만 힘 있게 말린 상태가

고양이 통증지표 Feline Pain Score

〈출처: 미국 콜로라도대학교 수의학센터〉

통증 점수	예시	정서와 행동학적 변화	촉진 시 반응	몸의 긴장상태
0		• 관심이 없을 때 조용하고 자신감 있음. • 쉬는 동안 편안해 보임. • 주위환경에 관심을 보임.	• 신체부위 어디를 만져도 개의치 않음.	최소
1		• 보호자는 변화를 인지하기 쉬우나 동물병원에서는 통증으로 인한 미묘한 변화라 인지하기 어려움. • 집에서 초기 증상으로 주위 환경에 대한 무관심 또는 일상의 변화가 생길 수 있음. • 동물병원에서 미약하게 불안해하고 주위환경에 대한 관심은 감소하나 주위 상황에 대한 시선은 두는 상태. • 반응도는 감소하며 더욱 혼자 있으려고 함.	• 수술부위나 상처 부위를 만질 경우 반응하거나 반응하지 않을 수 있음.	경도
2		• 조용해지며 눈의 생기가 소실됨. • 몸을 말고 누워 있거나 배를 안으로 넣은 상태로 앉음. 네 발은 몸 안으로 숨기고 어깨는 쳐진 상태를 유지하며 머리는 어깨보다 내려가 있는 상태로 꼬리로 몸 전체를 말고 있음. • 눈은 반쯤 또는 조금 감은 상태. • 모질 상태는 거칠거나 좋지 않음. • 통증이 있는 신체부위를 강하게 핥으려고 함. • 식욕이 감소하고 사료에 대한 관심이 없어짐.	• 통증부위를 만질 경우 공격성을 가볍게 보이거나 도망치려고함. • 통증 부위를 만질 경우 피하려는 행동을 보이고 주위에 대한 무관심이 증가함.	경도에서 중증도
3		• 지속적으로 울거나 하악질을 하고 으르렁거림. • 혼자 있을 경우 움직이려 하지 않고 통증 부위를 깨물려고 함.	• 만지기만 해도 하악질을 하거나 으르렁거림. • 어떠한 접촉도 피하려고 함. • 공격성이 증가함.	중증도
4		• 몸을 제대로 가누지 못함. • 주위 환경에 대한 반응도가 급격히 떨어지며 인지능력이 저하됨. • 야생 고양이의 경우 접촉 및 접근이 가능한 상태.	• 만져도 반응이 없음. • 통증으로 인해 몸이 경직됨.	중증도에서 심각 (움직일 때 통증유발을 최소화하기 위해 경직된 상태 유지)

아닌 몸의 옆에 떨구어놓은 상태로 유지하고 있습니다. 지속적으로 울거나 하악질을 보이고, 때에 따라 그르렁거리는 경우가 많습니다. 몸을 조금만 만지더라도 예민한 반응을 보일 수 있습니다.

마지막으로 통증 4점은 힘없이 옆으로 누워 머리를 바닥에 붙이고 있는 상태입니다. 꼬리 또한 들거나 말 수 없어 바닥에 놓인 상태이며, 앞발과 뒷발도 펴진 채로 옆으로 놓여 있습니다. 이 경우 아픈 상태가 심각한 수준이 많으며 이로 인해 주위 자극에 아예 반응을 하지 못하고 의식이 없을 수 있습니다.

고양이는 개에 비해 드러내는 성향이 적기 때문에 보호자가 고양이의 아픔을 쉽게 알아차리는 데 어려움이 따릅니다. 그러나 위의 통증 지표를 기준으로 관심을 가지고 평소 고양이의 자세와 반응도 등을 체크해본다면 고양이의 현재 상태를 확인해 볼 수 있으며 심각한 상황으로 치닫는 결과를 미리 방지할 수 있을 것입니다. 또한 통증 지수 외에도 모질의 상태나 얼굴의 청결 상태를 통해서도 고양이의 상태를 확인할 수 있으므로 평상시와 다른 울음소리를 내거나 한곳에 편안하게 있지 못하는 등 다른 행동을 한다면 수의사와 꼭 상의하시기 바랍니다.

7. 뭔가 이상할 때마다 병원에 가야 하나요?

콧물이 나거나 눈곱이 자꾸 껴서 신경이 쓰일 때가 많아요. 게다가 사료를 급하게 먹는지 먹은 후 바로 토를 하는 경우가 있습니다. 너무 안쓰러워요. 이럴 때마다 항상 동물병원에 데려가야 할까요?

고양이를 입양해서 함께 살다 보면 모든 것이 신비롭고 사랑스럽기만 합니다. 하지만 이렇게 사랑스러운 고양이에게 조금이라도 문제가 있다고 생각이 들면 걱정스러운 얼굴로 동물병원에 방문하시는 보호자들이 많습니다. 질문 속 고양이가 겪고 있는 상황에 대해 말씀드리자면, 먼저 구토는 하루 3~4회 이상의 급성 구토와 1주일에 2~3회 3주 이상 지속적인 구토를 보이는 만성적인 구토로 나눌 수 있습니다. 이를 기준으로 예시된 급성 또는 만성 구토 형태의 증상을 보인다면 동물병원에 방문해서 진료를 받을 것을 추천해드립니다. 하지만 한 달에 1~2회 정도 헤어볼 구토를 보인다면 이는 가벼운 구토 증상이므로 자연스럽게 회복되는 경우가 많습니다. 또한 콧물이나 눈곱이 끼는 것은 상부 호흡기 증상 중 하나로, 색에 따라 정도를 판단할 수 있습니다. 만약 콧물과 눈곱의 색이 맑은 색에 가깝다면 대개 큰 문제는 아닐 가능성이 크고, 화농성(노란색)에 가깝다면 바이러스나 세균성 감염에 의한 증상일 확률이 높으므로 동물병원에 방문하실 필요가 있습니다.

고양이를 반려한다는 것은 아이의 양육과 견줄 만하기 때문에 고양이 보호자들은 대개 '육묘'라고 칭합니다. 세상의 빛을 본 지 1년이 채 지나지도 않은 아이를 돌봐본 적이 있으신가요? 만약 아이가 갑작스럽게 열이 나고 콧물이 흘러 숨도 잘 못 쉬는 것 같고, 방금 먹였던 이유식을 토해내며 계속해서 운다면 어떻게 해야 할까요? 특히 새벽 같은 시간대라면 병원은 어디로 가야 할지, 응급처치는 어떻게 해야 할지, 말 못하는 아이가 얼마나 힘들고 괴로울까 하는 마음에 발을 동동 구를 수밖에 없습니다. 질문의 답을 구하고 싶다면, 이런 상황에서 아이라는 단어를 고양이로 바꾸어보면 됩니다.

고양이와 생활하는 **애묘인 10가구 중 4.1가구가 1년에 1회조차도 동물병원에 방문하지 않는다는 조사결과**가 있습니다. 실로 충격적인 현실이기도 합니다. '반려'란 함께한다는 뜻입니다. 사랑하는 고양이와 건강하게 오래오래 함께하고 싶다면, 평소 면밀하게 고양이를 관찰하는 것은 기본이며 고양이의 건강에 이상소견은 없는지 정기적으로 동물병원을 방문하는 것이 큰 병을 막는 데 도움이 될 것입니다.

8. 동물병원에 주기적으로 다녀야 하나요?

동물병원에 방문해야 된다면 몇 개월마다, 혹은 1년에 몇 번이나 가야 하나요? 고양이도 정기검진을 받아야 하나요? 고양이가 이동장에 들어가는 걸 극도로 싫어하는데 걱정입니다.

동물병원을 방문하는 경우는 크게 응급상황과 정기적 검진상황으로 나눌 수 있습니다. 응급상황은 말 그대로 즉각적으로 병원에 와야 하는 상황으로, 고양이가 하루 동안 많은 횟수의 구토나 설사를 보이는 소화기 문제 증상이나 쇼크, 외상 같은 생명과 직결된 위험에 처한 경우를 의미합니다. 정기적 검진에는 생후 6주부터 시작하는 접종과 매월 진행하는 종합기생충 예방 등이 포함됩니다. 이뿐만 아니라 **6개월 혹은 1년에 한 번 정도는 사람처럼 종합검진을 받도록 권장**합니다.

어렸을 때부터 병원에 자주 드나든 고양이라면 동물병원이라는 공간과 이동에 대해 큰 스트레스를 받지 않겠지만 대부분의 고양이가 그렇지 않습니다. 간혹 진료를 예약하셨다가 취소하는 분들이 있습니다. 무슨 이유에서인지 여쭤보면 고양이가 동물병원에 가는 걸 어떻게 알았는지 숨어서 나오지도

않고 억지로 잡으려다 실패하고 결국 서로가 너무 힘들어서 포기하게 됐다고 토로합니다. 개와 다르게 고양이는 외출이라는 것을 하지 않는 실내생활을 하는 동물이다 보니 이렇게 동물병원 방문에 애를 먹는 상황은 매우 흔하게 있는 일입니다. 이런 고양이들에게 가장 추천하는 것이 바로 크레이트(이동장) 교육입니다. 크레이트는 일반 우주선 가방과 달리 위아래 분리형 구조로 경우에 따라 손잡이가 달린 뚜껑을 열었다 닫고, 이동 시에는 잠글 수 있습니다.

앞서 크레이트 교육에서 자세히 설명드렸지만 한 번 더 간단히 말씀드리면, 먼저 크레이트의 뚜껑에 해당하는 윗부분과 앞의 입구 문을 분리하고 나머지 아랫부분에서 좋아하는 사료와 간식을 먹도록 급여합니다. 이때 크레이트 안에 평소 고양이가 좋아하는 애착 담요 등을 깔아주면 더욱 좋습니다. 고양이가 크레이트 뚜껑이 없는 상태에서 편하게 앉아 있거나 밥과 간식을 먹는다면 이번엔 뚜껑 부분을 닫고 공간에 익숙해지도록 합니다. 이동장이지만 숨숨집 기능도 할 수 있으므로 전과 마찬가지로 크레이트 안에다가 간식과 사료를 지속적으로 주며 고양이가 들어가서 쉴 수 있게 합니다.

약 1주일 정도 고양이가 편안해하며 문제없이 잘 지낸다면 이제는 입구 문을 설치하고 열어둡니다. 만약 고양이가 크레이트 안을 자유롭게 드나들며 식사를 하거나 간식을 먹고 있다면 먹는 동안 입구를 닫고 편안해하는지 관찰합니다. 조금 불안해

한다면 문은 그대로 닫은 상태로 두고 크레이트의 옆 구멍을 통해서 간식을 조금씩 넣어주거나 짜먹는 간식을 먹게 해줍니다. 이 단계를 무사히 통과했다면 이제 동물병원에 갈 수 있는 준비가 거의 다 되었습니다. 평소 크레이트 안에 들어가 자주 쉬고, 간식과 사료를 먹는다면 크레이트 전체를 담요로 덮고 동물병원으로 이동하시면 됩니다.

하지만 크레이트를 편하게 느끼는 데 너무 많은 시간이 걸리고, 교육이 잘되지 않는다면 고양이가 앉아 있거나 쉬고 있을 때 조용히 담요를 든 채 다가가 고양이의 뒤를 전체적으로 감싸듯 안습니다. 크레이트 뚜껑을 분리해둔 상태에서 그대로 고양이를 담요로 감싼 채 안착시킵니다. 그리고 차례로 뚜껑을 덮고, 앞문을 닫아 편안하게 이동합니다.

어릴 때 접종을 마치고 중성화 수술까지 하고 나면 대부분의 보호자들은 동물병원에 그리 자주 방문하지 않습니다. 이렇게 방문 텀이 너무 길면 동물병원 방문 진료 시 고양이들이 극심한 스트레스와 공포성 공격성을 보이게 되며 치료는 물론 진료조차도 해주기 어려운 고양이가 돼버립니다.

개인적으로 **3개월에 한 번 정도는 동물병원에 방문할 것을 추천**합니다. 어릴 때 받는 접종이 끝난 경우 2회분의 기생충 예방약을 추가 처방 받아서 한 번은 동물병원에서 그리고 나머지는 집에서 목 뒤에 도포해줍니다. 그리고 3개월째 되는 시기에는 크레이트를 이용해 동물병원에 방문하여 체중 변화와 귀, 치아 상태는 깨끗한지 정기적인 신체검사를 받습니다. 또한 고양이의 나이가 일곱 살 이상이라면 6개월에 한 번, 여섯 살 이하라면 1년에 한 번 정도 건강검진을 받도록 합니다.

이렇게 방문시기를 정하면 최소 1년에 네 번 정도 동물병원에 방문하게 됩니다. 그러면서 크레이트에 더욱 익숙해지고, 평상시 고양이의 건강 상태를 주기적으로 체크 받을 수도 있으며 고양이 위생관리는 잘되고 있는지 담당 수의사에게 조언도 얻을 수 있습니다. 지금 당장은 힘들겠지만 주기적인 크레이트 교육과 동물병원 방문으로 고양이의 건강을 지켜줄 수 있기를 바랍니다.

9. 믿을 만한 동물병원은 어떻게 찾아야 하죠?

고양이 두 마리를 키우고 있습니다. 둘을 키운 지 벌써 1년이 넘어가는데도 불구하고 아직 동물병원을 정착하지 못했어요. 아무래도 비전문가다 보니 소위 말해 '잘하는 병원'인지 판단하기 어렵습니다. 혹시 판단하는 기준이 있을까요?

믿을 수 있는 동물병원이란 무엇을 뜻할까요? '진료비가 저렴하다?' '인터넷 커뮤니티나 카페 같은 곳에 홍보가 잘되고 있다?' 아니면 저처럼 '방송에 나오는 수의사가 있다?' 아쉽게도 이 모든 것은 정답이 될 수 없습니다. 믿을 수 있는 동물병원이란 고양이의 입양부터 자라온 성장과정 그리고 보호자와 고양이의 유대관계 등을 제일 잘 알고 있는 병원이라고 생각합니다. 다르게 이야기하면 주치의 선생님을 만드는 것이라고도 할 수 있습니다.

먼저 집에서 가까운 동물병원이 좋습니다. 그리고 그곳에 고양이에 대한 이해도가 높고 보호자와 이야기가 잘 통하는 수의사 선생님이 계시면 더욱 좋습니다. 이야기가 잘 통한다는 것은 보호자가 편하게 우리 고양이에 대해 이야기할 수 있고, 수의사 선생님은 이를 자세히 들으며 궁금증을 쉽게 풀어주고 적절한 진료나 치료를 할 수 있다는 뜻입니다. 동물병원에 방문했을 때 고양이에 대한 배려가 있는 곳이라면 더욱 좋습니다. 고양이 대기공간이 따로 마련되어 있거나 진료를 도와주는 간호사 선생님이 고양이를 잘 잡아준다거나, 수의사 선생님이 고양이를 무서워하지 않는다면 더할 나위 없습니다.

이렇게 기본적인 진료를 받을 곳을 정했다면 다음은 응급한 상황에 대비하는 24시 동물병원을 알아두는 것이 좋습니다. 인터넷 검색을 통해서도 24시 동물병원을 쉽게 찾을 수 있지만 웬만하면 주치의 수의사 선생님에게 추천받는 것이 좋습니다. 그 이유는 평소 보호자의 고양이에 대해 가장 잘 알고 있는 전문가이고 보호자의 상황에 대한 이해도도 높으므로 응급상황이 발생했을 때 24시 동물병원으로 기존의 질병이력이나 치료이력 등을 쉽고 빠르게 전달할 수 있기 때문입니다.

최근에는 특화진료를 행하는 곳들이 많이 생겼습니다. 안과, 심장, 치과 등 특정 부분을 전문적으로 진료하고 저처럼 행동문제를 상담하는 병원도 많이 생겼습니다. 이렇듯 특성화된 동물

병원들은 그만큼 특정 부분에 대해 다양한 진료 경험이 있고, 그만한 노하우를 가지고 있을 가능성이 크므로 특정 부분이 문제인 경우라면 특화진료 병원을 방문하시는 것도 방법이 될 수 있습니다.

동물병원에 대한 믿음이란 반려동물을 사이에 두고 사람(보호자)과 사람(수의사)이 만들어가는 **신뢰 쌓기의 과정**이라고 생각합니다. 보호자에게 둘도 없는 소중한 가족인 고양이를 수의사 선생님께 믿고 맡겨야 하기 때문입니다. 수의사 선생님 또한 보호자의 기대를 저버리지 않도록 온 마음을 다해 치료해야 합니다.

한곳에 정착하지 못하고 여러 병원을 전전하다 보면 고양이도 안정감을 느끼기 어렵고, 주치의 선생님을 정하는 데 어려움이 따르므로 두세 군데 정도 집 근처에 있는 동물병원에 방문하여 진료를 받아보고 평소 진료를 받을 수 있는 곳 하나, 응급상황에 갈 수 있는 곳 하나 그리고 조금 더 특수한 상황에 갈 수 있는 전문병원 하나를 정해둔다면 고양이가 아프고 걱정이 될 때 많은 도움을 받을 수 있을 것입니다.

보호자가 고양이의 사료 섭취량과 배변량에 신경 쓰는 이유는 물론 오늘 고양이가 정확히 몇 그램의 대변을 보았는지 소수점 둘째자리까지 측정하기 위해서가 아니다. 스스로의 컨디션 변화를 잘 드러내지 않는 고양이의 건강이상 징후를 미리 파악하기 위해서이다. 사료 섭취량, 음수량, 배변량과 배뇨량은 고양이 건강상태 체크에 있어 중요한 요소이다. 하지만 다묘 가정의 경우 사료와 물그릇은 물론 화장실도 여러 개 구비해야 하고, 각각의 고양이가 하나의 그릇이나 화장실을 골라 사용하지 않는 경우가 많아 고양이별 정보를 파악하기 어렵다.

보호자 자신의 체중 변화에는 민감하면서도 고양이의 체중 변화까지 정기적으로 체크하는 보호자는 생각보다 많지 않다. 동물병원에서 아픈 고양이의 건강상태를 판단할 때 체온과 체중이 적정 범위에 있는지 여부와 변화 양상이 대단히 중요한 정보로 취급되는 반면, 거의 대부분의 보호자는 이런 변화를 신경 쓰지 않거나 거의 눈치채지 못하는 경우가 많은 것이 현실이다.

하지만 고양이의 체중 변화는 그 폭이 크지 않다고 해서 가벼이 넘길 부분이 아니다. 간단한 예를 들어 지난 달 체중이 5킬로그램이었던 고양이가 이번 달에 4.5킬로그램이 되었다고 하자. 5킬로그램이든 4.5킬로그램이든 고양이의 체중이 정상범위에 있으니 괜찮은 걸까? 그렇지 않다. 사람을 기준으로 생각하면 500그램 정도는 하루에도 찌거나 빠질 수 있지만, 5킬로그램의 고양이에게 체중 0.5킬로그램은 전체의 10퍼센트에 달한다. 비율로 따지면 체중이 65킬로그램인 성인 남성이 한 달 만에 59킬로그램이 된 것이다. 사람이 이런 급격한 체중 변화를 겪고 있다면 얼굴은 반쪽이 되어 있을 것이며 사방에서 건강을 걱정해주겠지만, 안타깝게도 고양이의 온 몸은 털로 덮여 있어 체형 변화를 눈치채기 어렵다. 다묘 가정이라면, 사료의 양보다는 체중관리의 관점에서 접근해 보는 것도 좋은 방법이다.

탈수의 평가는 생각보다 어렵지 않다

음수량 역시 마신 분량을 직접적으로 파악하기는 어렵지만, 음수량이 부족할 때 직접적으로 드러나는 탈수 증상을 고양이가 겪고 있는지 여부는 비교적 간단히 파악할 수 있다. 스킨십이 가능한 고양이라면 고양이의 등 쪽 피부를 살짝 들어 올린 뒤 손을 떼고 피부가 어떻게 움직이는지 관찰하면 된다.

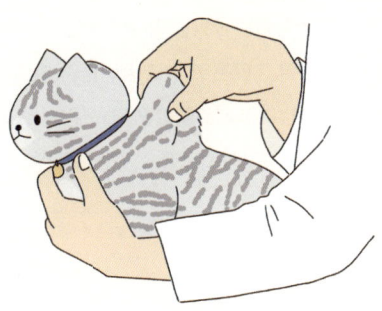

피부 탄력성 시험

체내에 충분한 수분을 유지하고 있는 고양이는 피부를 놓음과 동시에 제자리로 돌아간다. 만약 피부가 텐트 모양으로 유지되거나 돌아가는 시간이 지연된다면 분명한 탈수(체내에 필요한 수분의 5퍼센트 이상이 부족한 상태)를 의심할 수 있으며, 탈수의 원인을 파악하기 위한 검사가 수행되어야 한다. 고양이의 탈수 여부를 간단히 판단하기 위해 수행되는 이 방법은 피부 탄력성 시험skin turgor test이라고도 불린다.

이미 어떤 문제가 생긴 고양이가 건강을 되찾을 수 있도록 도와주는 일은 수의사가 가장 잘할 수 있지만, 평소 고양이 건강을 관리하고 미묘한 컨디션 변화를 가장 먼저 알아차릴 수 있는 사람은 보호자뿐이다. 사료를 잘 먹는지, 설사를 하거나 배뇨에 혈액이 섞여 있지는 않은지 체크하는 것도 당연히 필요한 일이지만 평소에 체중의 변화 양상과 탈수 여부를 주기적으로 체크하고 이상 징후를 객관적으로 파악할 수 있다면 다묘 가정 고양이의 건강관리에 큰 도움이 될 것이다.

고양이의 배변, 배뇨 실수의 원인에는 심각한 건강문제나 스트레스, 단순히 화장실 위치나 형태가 고양이 맘에 들지 않는 경우까지 아주 다양하다. 그래서 고양이의 배변, 배뇨 실수가 고쳐지지 않고 지속적인 문제행동으로 나타날 경우 건강상의 문제를 배제하기 위해 동물병원에서 건강검진을 받는 것이 권장되며, 별다른 이상이 없을 경우 화장실과 관련된 문제를 의심하게 된다.

이때 많은 보호자가 좌절을 한다. 고양이들 사이의 취향이나 선호의 편차가 워낙 크다 보니, 만족하는 화장실을 금방 찾아 정착하는 것이 어렵고 몇 번이든 시행착오의 과정을 거쳐야 하기 때문이다. 고양이들이 통계적으로 선호하는 화장실의 특성에 대해 연구한 여러 자료들이 있다. 고양이 화장실 테러로 고통받는 보호자를 위해 현재까지 알려진 자료를 소개하고자 한다.

고양이는 큰 크기의 화장실을 선호한다

캐나다의 43개 가정에서 74마리 고양이를 대상으로 화장실 크기 선호도를 연구한 자료가 있다. 연구자들은 집의 양쪽 끝에 서로 다른 크기의 플라스틱 화장실 2개(각각 56 x 38cm, 86 x 39cm)를 제공하고 나머지 조건은 동일하게 세팅한 뒤, 2주마다 두 화장실의 위치를 서로 바꾸어 총 28일간 고양이들이 어느 쪽 화장실을 더 자주 이용하는지 확인했다. 실험 결과 소변을 보기 위해 대형 화장실을 선호한 가정의 비율은 76퍼센트, 대변의 경우는 88퍼센트에 달해 고양이는 다른 조건이 같다면 대소변 모두 더 큰 화장실 사용을 선호하는 것으로 나타났다. 가정 내 화장실 이용 횟수의 경우, 소변을 볼 때 1.88배, 대변을 볼 때 2.16배 더 대형 화장실을 자주 사용하는 것으로 나타났다.

한편, 27마리 고양이를 대상으로 덮개가 있는 화장실과 없는 화장실에 대한 선호도를 비교한 연구도 있다. 전체적인 실험 디자인은 화장실 크기 선호도 연구와 비슷하지만, 덮개 선호도 연구자들은 화장실 이용 빈도가 아닌 매일의 대소변 총량(무게)을 비교했다. 실험 대상 고양이 중 4마리(15퍼센트)는 덮개가 있는 화장실, 다른 4마리(15퍼센트)는 덮개가 없는 화장실을 선호했다. 나머지 19마리(70퍼센트)는 덮개 유무에 대한 특별한 선호가 없었다. 고양이가 화장실을 사용할 때의 심리적 안정감 등을 고려해 개방형 화장실이 일반적으로 권장되지만, 고양이들의 화장실 선호도에 있어 덮개의 여부가 결정적이지는 않은 것으로 나타났다.

재질은 클레이(흙) – 실리카 – 펠렛 순으로, 같은 재질이라면 입자 크기가 작은 모래를 선호한다

유러피언 숏헤어 종 고양이를 대상으로 4주간 비슷한 크기의 우드펠렛Wood pellets 모래와 클레이 입자 모래, 마이크로 실리카 모래를 비교한 실험에서 고양이들은 우드펠렛을 거의 사용하지 않았으며 클레이나 마이크로 실리카 중 어느 하나의 모래를 선택해 사용하는 경향이 나타났다. 이때 클레이와 마이크로 실리카의 선호가 비슷하게 나타난 12마리 고양이를 다시 추려내 마이크로 실리카의 입자를 클레이와 비슷한 크기의 일반 실리카로 교체했을 때 많은 고양이가 클레이를 이용하는 것으로 나타났다. 종합해보면 고양이들은 큰 화장실과 실제 흙과 가까운 재질의 작은 입자를 가진 모래를 선호한다는 것이 현재까지의 결론이다. 모든 고양이가 이 기준을 따르는 것은 아니지만 화장실 테러 문제가 나타났을 때 고양이가 만족할 확률이 가장 높은 구성 기준으로 참고할 수 있을 것이다.

표현하기 전에 눈치채기

'고양이가 아픈 것을 어떻게 알 수 있을까?'라는 고민은 사실 보호자만의 것은 아니다. 고양이는 자신이 받는 스트레스나 통증을 숨기는 데 엄청난 재능이 있어서 고양이의 급성통증을 평가하는 평가지표UNESP–Botucatu Multidimensional Composite Pain Scale만 해도 10개의 평가항목을 하나하나 정량 평가해야 하고, 만성통증은 더욱 알아채기 힘들어 수의학계에서 통용되는 서로 다른 평가지표만 4개 이상 존재할 정도이다. 그만큼 고양이는 자신이 느끼는 통증이나 질환을 잘 드러내지 않는다. 실제로 일선 동물병원에서도 멀쩡해 보이는 고양이가 알고 보

니 굉장히 큰 질병이나 이미 심각하게 진행된 질환을 앓고 있는 경우를 드물지 않게 볼 수 있다. 보호자 입장에서는 우연히 검진을 받았다가 청천벽력 같은 소식과 부담스러운 진료비를 부담하게 되는 셈이니, 이런 경험들이 누적되고 보호자들 사이에 공유되면서 고양이의 건강상태에 대한 경각심을 갖게 되었을 것이다.

고양이가 왜 자신의 건강상태를 숨기는지에 대한 생태적 설명은 이미 나와 있다. 집고양이의 직접적인 선조인 아프리카 들고양이는 야생상태에서 작은 척추동물을 잡아먹는 사냥꾼이기도 하지만 동시에 자신보다 더 큰 포식자인 여우나 코요테, 대형 맹금류 등에게 잡아먹히는 사냥감이기도 하다. 이 때문에 통증을 겉으로 드러내면 포식자들의 손쉬운 목표물이 되어 생명에 직접적인 위협을 받게 된다.

이런 성향으로 미루어봤을 때 고양이가 몸을 제대로 움직이지 못하거나 소리를 지르는 등 직접적으로 통증을 나타낼 정도가 되었다면 이미 초동 대응에는 실패했을 가능성이 크다. 고양이의 건강이상 징후를 파악하기 위해서는 건강할 때의 상태를 잘 기억하고 있다가 변화가 나타나는 시점을 인식해야 한다. 그렇다면 보호자는 평소 고양이의 상태 이상을 알아채기 위해 어떤 점의 변화를 주시해야 하는가?

1. 전체적인 외관과 피모의 상태변화

비만문제를 다루며 살펴보았다시피, 의외로 많은 보호자가 자신의 반려묘의 적정 체형이나 외관 변화를 잘 알아차리지 못한다. 초음파나 혈액검사와 같은 진단기법을 활용할 수 있는 동물병원에서조차 고양이의 건강상태를 판단할 때 전체적인 외관과 신체 평가를 가볍게 생각하지 않는다는 점을 명심해야 한다. 눈곱이나 귀지처럼 얼굴만 보고도 금방 이상한 점을 파악할 수 있는 부분도 있지만, 고양이는 온몸이 털로 덮여 있어 외관만 보고는 신체 전반에 나타나는 변화를 눈치채기 어렵다. 이 때문에 평상시 부드러운 스킨십을 통해 보호자와 긍정적인 상호작용을 하는 동시에 고양이의 신체변화도 구석구석 체크하는 센스를 발휘해야 한다.

2. 식욕과 음수량의 변화

식욕과 음수량은 동물병원에서도 반려묘의 건강상태를 판단하는 데 중요한 정보이며 뭔가 이상이 생겼을 때 보호자들이 눈치채기 쉬운 부분이지만, 다묘 가정에서는 특히 측정하기 어렵다는 문제가 있다. 고양이가 사료를 잘 먹는지, 물을 잘 마시고 있는지의 여부가 궁극적으로 건강문제와 연결되어 있다는 것을 인지하고 솔루션을 참고해 평소 고양이 음수량과 식사량을 잘 파악해 두자.

3. 화장실과 배변&배뇨 양상의 변화

식사량에 비해 중요성이 상대적으로 덜 인식되는 경향이 있지만 고양이가 화장실에서 보이는 이상행동이나 배변&배뇨의 절대량, 혹은 패턴의 변화 역시 건강이상의 징후일 수 있다. 다만 화장실과 관련해 고양이가 보이는 문제는 화장실이 잘못 제공되었기 때문인지 고양이의 정신 혹은 신체 건강 문제 때문인지 구분하기가 어려우므로 앞의 고양이 환경 개선과 오줌 테러 부분을 참고해 고양이 화장실을 잘 관리하고 배변&배뇨 양상의 변화를 체크해야 한다.

4. 사회성과 생활 루틴의 변화

외관이나 식사량, 배변&배뇨량보다도 더 미묘해 알아차리기 힘든 부분이지만 질환을 가지고 있거나 통증을 느끼는 고양이는 사회관계의 변화, 예를 들면 잘 지내던 고양이가 갑자기 사람에게 공격적으로 반응한다든지 혹은 평소 항상 자던 시간에 일어나 활동하는 등 생활주기에 변화가 나타날 수 있다. 특히 생활 루틴의 변화가 사료나 물 섭취, 배변&배뇨 패턴과 관련해 평소보다 눈에 띄게 음수량이 늘어나거나, 화장실에 자주 들락거리는 등의 행동 변화가 나타나는 경우 건강이상의 징후일 가능성이 크므로 주의하고 전문의와 상담할 필요가 있다.

마치며 • 나응식

4가구당 1가구는 반려동물과 생활하고 있으며 고양이와 생활하는 가구의 숫자도 가파르게 오르고 있습니다. 고양이 300만 마리의 시대이지만 여전히 고양이를 양육하는 데 필요한 정보들은 제한적이고 팩트를 가려내는 데 어려움이 많이 따르는 것도 사실입니다. 온라인과 오프라인 모임을 통해 애묘인들과 이야기를 나누어보면 공통적으로 '고양이의 행복이 곧 나의 행복'이라고 말합니다. 마치 아이를 출산하고 육아하는 부모의 마음과 매우 흡사합니다. 그래서 고양이와 생활하면서 돌봐주는 것을 '육아'에 빗대어 '육묘'라고 칭하기도 합니다. 이러한 면에서 《대집사 고양이 상담소》가 육묘를 하는 데 현실적이고 전문적인 조언과 도움이 되기를 바라는 마음으로 흐뭇하게 집필할 수 있었습니다. 고양이에 대해 연구하고 여러분과 소통할 수 있어서 행복합니다. 부디 고양이와 함께 행복한 반려생활을 이어가시길 바라겠습니다. No cat, no life!

지면을 빌려 도움 주신 분들에게 인사를 전하고 싶습니다.

제 고양이 글의 여정에 항상 함께해주시고 힘써주신 김영사의 김민경 담당 편집자님, 애묘인들의 고민을 좀 더 알차고 쉽게 풀어내는 데 데이터적인 도움과 공동 집필까지 해준 양이삭 수의사 그리고 부족한 저를 항상 믿고 응원해주는 사랑하는 가족과 'With SIC' 서포터즈 분들에게 진심으로 감사의 말을 전합니다.

마치며 · 양이삭

동물, 그중에서도 회색곰Grizzly bear을 사랑한 남자가 있었습니다. 그는 원래 촉망받는 다이빙 선수였지만 대학 시절 허리를 다치는 바람에 운동선수로서의 경력에 치명타를 입고 술과 마약에 빠져들기 시작했습니다. 수년간 약물 중독과 재활 시도를 반복하며 방황하다 '너는 원래 동물을 좋아하지 않았느냐'라는 친구의 한마디 말에 알래스카로 떠나게 됩니다. 그리고 그곳에서 회색곰을 보고 큰 감명을 받아 회색곰을 지키는 데 생애를 바치기로 결심합니다. 새로운 삶을 위해 티모시 트레드웰Timothy Treadwell로 이름까지 바꾼 그는, 이후로 13년간 알래스카 카트마이 국립공원 일대를 캠핑하며 야생의 회색곰들에게 가까이 접근하는 영상을 촬영했습니다. 미국에서는 야생곰이 캠핑객을 습격하거나 민가까지 접근하는 일이 종종 있어 총기를 소지한 순찰대가 정기적으로 곰을 쫓아내곤 했습니다. 그러나 그는 개의치 않고 초대형 맹수인 회색곰을 상대로 아무런 무장도 하지 않은 채 촬영을 계속했습니다. 이 남자가 촬영한 자극적인 영상들은 언론의 관심을 끌기에 충분했습니다. 그는 2000년대 초반부터 유명인사가 되어 여러 텔레비전 프로그램에 출연했고, 야생곰 보호 운동 조직인 '그리즐리 서포트Grizzly Support'를 결성해 미국의 여러 학교를 돌면서 야생곰 애호 교육을 진행하기도 했습니다.

하지만 알래스카 국립공원 관리국의 입장은 달랐습니다. 야생동물이 사는 공원에는 생태학자들과 전문가들의 자문을 받아 사람과 동물의 영역을 구분하고, 서로의 안전을 지키기 위한 일련의 규정들이 있는데 이를 트레드웰이 무시하고 국립공원에 장기간 체류하며 야생곰의 위험 반경까지 접근해 오히려 회색곰을 자극해 의도하지 않은 희생자를 만들 수 있다고 판단한 것입니다. 트레드웰의 동물을 사랑하는 마음은 진심이었던 것으로 보이지만, 회색곰에게 애정을 표현할 수만 있다면 전문가들의 조언이나 안전 규정을 거의 무시한 것도 사실이었습니다. 옷을 벗은 상태로 곰이 있는 강에 들어가 회색곰을 향해 사랑한다고 소리치거나, 전자기기(캠코더) 충전을 위해 공원 내에서 사용이 금지된 휴대용 발전기를 사용하곤 했습니다.

야생동물 전문가들은 트레드웰의 동영상을 확인한 뒤 경악하며 곰의 생태영역을 존중하지 않고 근거리까지 접근하는 행동에 우려를 표했고, 관리국은 실제로 규정을 위반하고 텐트에서 음식물을 장기간 보관한 혐의(이런 행동은 먹잇감의 위치를 민감하게 탐지하는 야생동물을 자극하기 쉽습니다)로 트레드웰을 고소하기도 했습니다. 하지만 이러한 갈등들이 오히려 트레드웰을 더욱 유명하게 만들어주었습니다. 목숨을 건 활동기록들, 회색곰과 인간의 영상은 미국의 여러 지역에 방송되며 많은 성금을 모았습니다. 나중에는 야생동물 탐사를 위해 헬리콥터를 대여하고 전문 조종사까지 고용하는가 하면, 공원 내 장기간 체류 금지 규정을 피하기 위해 강에 모터보트를 띄워 캠프를 차리거나 공원 관리자들의 눈을 피해 덤불이 무성한 나무 위에 위장캠프를 차려 회색곰을 찾아다녔습니다.

그렇게 전국적인 유명인이 된 지 몇 년 지나지 않아, 회색곰을 향한 그의 애정은 비극으로 끝나게 됩니다. 카트마이 국립공원의 한 회색곰이 그의 캠프를 습격해 트레드웰은 일행과 함께 현장에서 즉사했으며, 국립공원 순찰대가 출동해 그 회색곰 역시 사살됐습니다. 그는 동물에 대한 애정은 충만했지만, 그들의 생태에 대한 이해는 부족한 활동가였습니다. 야생동물과 생태를 이상화하며 그들을 지키기를 바랐지만, 결과적으로 자기 자신은 물론 회색곰도 지키지 못한 셈이지요.

고양이는 귀엽습니다. 물론 단순히 귀엽다는 이유로 동물에게 애정을 가지는 것 자체가 나쁜 것은 아닙니다. 하지만 애정만 가지고 고양이와 살기 시작해 그들과 심각한 '미스 커뮤니케이션'을 겪는 사례도 드물지 않게 보게 됩니다. 그래서 글 자체가 다소 어렵게 느껴질 수 있음을 감수하고라도 우리나라의 현실적인 고양이 양육환경을 수치화해 분석하며 가능한 한 과학적 사실에 기반해 조언을 담아내려고 했습니다. 이번 작업이 독자분들은 물론 함께 사는 고양이들 사이의 불필요한 오해를 예방하고, 인간과 동물 모두에게 도움이 될 수 있는 해결책과 배경 지식을 제공하는 데 보탬이 되었기를 희망합니다.

마지막으로, 분석의 시작을 가능하게 해주신 나응식 원장님과 '대집사 설문조사'에 응해주신 모든 애묘인분들, 작업을 계속할 수 있게 지지해주신 가족과 동료분들, 부족한 원고가 세상에 빛을 볼 수 있도록 책으로 마무리해주신 김민경 편집자님과 김영사 관계자분들에게 이 자리를 빌려 깊은 감사의 인사를 올립니다.

참고문헌

- McCune, S. (1995). *The impact of paternity and early socialisation on the development of cats' behaviour to people and novel objects.* Applied Animal Behaviour Science, 45(1-2), 109-124.
- Stammbach-Geering, K. (1986). *Der Einfluss der Fütterung auf die Katze-Mensch-Beziehung* (Doctoral dissertation, Verlag nicht ermittelbar).
- Dinis, F., Martins, T., 2016. *Does cat attachment have an effect on huzman health?: A comparison between owners and volunteers.* Pet. Behav. Sci. 1, 1-12.
- Watanabe, S., Izawa, M., Kato, A., Ropert-Coudert, Y., & Naito, Y. (2005). *A new technique for monitoring the detailed behaviour of terrestrial animals: A case study with the domestic cat.* Applied Animal Behaviour Science, 94(1-2), 117-131.
- Hall, S.L., 1998. *Object play by adult animals.* In: Bekoff, M., Byers, J.A. (Eds.), *Animal Play: Evolutionary, Comparative, and Ecological Perspectives.* Cambridge University Press, UK, pp. 45-60.
- Hall, S.L., Bradshaw, J.W.S., Robinson, I.H., 2002. *Object play in adult domestic cats: the roles of habituation and disinhibition.* Appl. Anim. Behav. Sci. 79, 263-271
- Alho, A.M., Pontes, J., Pomba, C., 2016. *Guardians' knowledge and husbandry practices of feline environmental enrichment.* J. Appl. Anim. Welf. Sci. 19, 115-125.
- Fillion, T., & Blass, E. (1986). *Infantile experience with suckling odors determines adult sexual behavior in male rats.* Science, 231(4739), 729-731.
- Kiddie, J. (2009). *Intercat aggression within the household.* Veterinary Nursing Journal, 24(5), 51-52.
- Cope, R. B. (2005). *Allium species poisoning in dogs and cats.* VETERINARY MEDICINE-BONNER SPRINGS THEN EDWARDSVILLE-, 100(8), 562.
- Hewson-Hughes, A. K., Hewson-Hughes, V. L., Colyer, A., Miller, A. T., Hall, S. R., Raubenheimer, D., & Simpson, S. J. (2012). *Consistent proportional macronutrient intake selected by adult domestic cats (Felis catus) despite variations in macronutrient and moisture content of foods offered.* Journal of Comparative Physiology B, 183(4), 525-536.
- *Managing Feline Obesity*, WSAVA/FECAVA/BSAVA World Congress 2012, Allison German
- Scarlett JM, Donoghue S, Saidla J, Wills J. *Overweight cats: prevalence and risk factors.* International Journal of Obesity and Related Metabolic Disorders: Journal of the International Association for the Study of Obesity. 1994 Jun;18 Suppl 1: S22-8.
- Mugford R A (1977). *External influences on the feeding of carnivores.* In Kane M R and Maller O (eds), The Chemical Senses and Nutrition
- Wyrwicka, W. (1978). *Imitation of mother's inappropriate food preference in weanling kittens.* The Pavlovian Journal of Biological Science: Official Journal of the Pavlovian, 13(2), 55-72.
- Demontigny-Bédard, I., Beauchamp, G., Bélanger, M.-C., & Frank, D. (2015). *Characterization of pica and chewing behaviors in privately owned cats: a case-control study.* Journal of Feline Medicine and Surgery, 18(8), 652–657.